哲學研究叢書・宗教研究叢刊

臨濟宗妙心寺派在臺布教史
（1895-1945）

林欐嫚　著

目次

陳序

　　林檽嫚女士於民國98年以文化大學日本研究所碩士的資格，考進文化史學研究所博士班就讀，修學期間，選修本人所開授的「臺灣宗教藝術專題」課程，因對日治時期日式佛教藝術所反映的在臺布教史蹟，產生了濃厚的興趣，在入臺佛教的八宗十四派傳教史中，探討其基本教義的宣揚，社會教育、社會服務事業的開拓。因從一尊藥師如來本尊像，而導入了臨濟宗妙心寺的創設佛教慈愛醫院。經過與本人討論後，便以「日治時期臨濟宗妙心寺派在臺之教育與醫療」為題，開始撰寫博士論文。其後數年間，所撰寫的論文，兩度通過四至五位評審教授的口試，而於104年7月正式獲得教育部頒發的博士學位。

　　文中第二章起首先描述日本佛教的入臺，由從軍僧的支援日軍，到日系各宗佛教，包括日蓮宗、真言宗、真宗本願寺派、曹洞宗、真宗大谷派、臨濟宗、淨土宗等的傳入經過，從渡臺、選定地點、設立寺院，到開始布教。而從諸宗中，引出臨濟宗妙心寺派，此派最早在澎湖布教，以馬公觀音亭為開教據點，宣教之外，並設立醫療院。稍後再赴臺北布教。

　　行文第三章進入論文的核心，即討論妙心寺派的教育事業，此派在臺北圓山設立「臨濟護國禪寺」，自1899年立寺由大本山派遣了梅山玄秀擔任第一位總監以來，總計十位總監來臨濟禪寺任職。

　　第二任總監長谷慈圓創立鎮南學林，納臺南開元寺、觀音山凌雲寺為臨濟宗的末寺。雖鎮南學林僅經營六年便宣布廢校，但臨濟禪寺

致力於教育福利事業，依然持續，如設幼稚園、日曜學校等。第八任總監高林玄寶來臺後更成立國語講習所、佛教專修道場、佛教講習會等。並且致力於尼僧教育，如開設尼眾講習會，派遣日籍尼僧來臺布教，挑選優秀臺籍尼僧赴京都臨濟宗大本山留學等。

　　第四章是繼教育事業之後，討論臨濟宗的醫療事業，文中描述了高雄佛教慈愛醫院的成立過程，先成立佛教慈濟團，在高雄巡迴演講，以勸募籌建醫院的經費，在委員長東海宜誠歷經數年的努力奔走下，1929年終於假高雄鹽埕町正式開院。開院之後，於院內二樓供奉了藥師琉璃光如來尊像，由此得以突顯佛教的慈悲救渡精神。至於院方醫療救濟的實際運作，應是得到各階級與民眾的肯定，因此院方於1935年刻銘立碑，兩年後又設立了大港埔分院。這座首度由佛教界所創辦的醫院，自成立以下，便年年獲得官方的獎助，共持續十三年，直至日治結束為止。

　　欄嫚在最後的第五章結論中，總結了日本臨濟宗妙心寺派在教育與醫療對臺灣的貢獻，再加個人的研究心得，是依據史實的無可否定的平實之論。

　　論文的整體內容，就大範圍而言，應是歸屬於臺灣史中的社會文化史，以斷代而言，是屬於日治時代。一般國內日治時代的臺灣史學者，多數是朝向政治社會或經濟史，而就臺灣的社會史而言，追溯前清或明鄭時代的宗教史或寺廟史，屬於漢人的信仰系統中，是鮮有辦學或醫療的歷史。因此，本文記錄了臺灣社會文化史中，自前清以下，由封建時代轉向近現代的一段革新面貌，是十分珍貴的。若是就佛教史的角度而言者，一般多以諸宗義理的闡揚為目標，較少著力於佛教的社會福利事業。因此本文詳細而有條不紊的著墨內容，在佛教史的著錄中，亦是不多見的。

　　本文所參考的資料，除了基本的古籍外，當代的學術論著，先蒐

集了在臺日治臺灣史學者的中文論著，更網羅了日籍學者所發表的日本領臺時期史績，包括專書、學位論文、期刊論文，以及其他報章雜誌所刊文獻、網路所載者等，總計將近兩百種之多，可謂引用資料豐富，中日兼備。而其中屬於日文資料者，達三分之二以上，中文論著而參考逾半外文資料，是本文撰述的一大特色。

本文行文中，在章節段落中，往往穿插附圖，使得全書翻閱，圖文並茂，增加情節上無比的生動。而此附圖，除了是百年以來發行的刊物，今已絕版者，如JACAR（亞細亞歷史資料中心）、《正法輪》、《密嚴教報》、《淨土教報》、《曹洞教報》、《臺灣日日新報》、《臺灣總督府檔案》、《宗報》、《臺灣佛教名蹟寶鑑》、《臺灣宗教資料繪編》、《臺灣總督府公文》等等。亦有一些是櫺嫚親自採訪，得自受採訪者提供。是故行文中每頁附圖或表格或舊照片，均珍貴無比。而最難得的是櫺嫚親手繪製的圖表。總計所附圖像共計120幅，而表格亦達41幅，而最後尚有附錄表十一幅，作為最後的墊底。

這篇花費數年，耗盡精力所完成的十餘萬字鉅著，由論文轉為專書，櫺嫚將題目改成「臨濟宗妙心寺派在臺布教史（1895-1945）」。以下本人再次以三個視度來肯定這一段歷史：一者，處於繼清代以下，臺灣的社會文化，走向大幅改變，教育與醫療面臨全面革新之際，臨濟宗的布教措施，正是提升當時的文化水平，邁向現代化社會的起點。二者，由妙心寺派系的日人策劃募款，臺人捐獻土地、錢財、勞力而創建的佛教慈愛醫院，在臺灣醫療史上是一創舉。但是到了戰後，這項史實，便被沉寂、淡忘，而走向消逝中。因此，史績的整理著錄，重新彰顯，自是意義非凡。三者，就臺灣佛教史而言，此事蹟正可彌補前人撰述佛教醫療服務史實的不足。總之，臨濟宗妙心寺派在臺的布教史實，是具有高度的社會價值與文化意義。

欣聞櫺嫚所撰寫的博士論文改成專書，即將付梓，本人捻為指導

教授，回溯多年來，櫪嫚一面在日文班授課，從事教職，一面蒐集文獻資料，訪問耆老，以便撰述，真是備極辛勞。而今論著終將出刊，欣慰之餘，爰綴數語，聊表祝賀，是為序。

陳清香

丁酉年端午過後月圓日於志成園畔

自序

> 如果早知道念博士班是那麼地操勞，末學一定會逃跑。由日文
> 轉攻歷史，真的好辛苦。但是，在諸多眾緣的支持鼓勵下，終
> 於完成了博士論文。

　　本書是將博論《日治時期臨濟宗妙心寺派在臺之教育與醫療》，修改部份而付梓的。從小最討厭寫作的末學，居然可以出書，而且是有關臺灣佛教史的書，著實由衷感恩。

　　非常感謝文化大學日文系前主任陳鵬仁教授，因他的鼓勵，末學毅然地下定決心，辭去部分兼課，考取文化史學所。晚上教書回家後，半夜苦讀中國浩瀚的歷史。那時的末學看不懂大陸簡體字，人名、地名、書名，中國文字跟日文漢字都混在一起，所以這六年半的求學過程中，書桌、棉被常常都是淚水、鼻涕及口水。身體雖然累，但在精神上告訴自己，一定要努力。

　　進了博士班，花了兩年半修完博士24學分，以及大學、碩士班須補修的29學分。晚上則教書為自己的生活負責，咖啡、提神飲料一瓶一瓶喝，完全不知道是如何撐過來的。博二時，末學選修指導教授陳清香老師的「臺灣宗教藝術專題」，開始注意到日治時期的佛像藝術。之後在偶然的機緣下，末學認識了臺南黃君珊師兄、黃玉灼女士、以及高雄陳專美女士。黃玉灼女士一邊看著昔日的照片，很親切地告訴末學，有關她在京都花園大學留學的經驗。黃君珊師兄也給末

學一張由臨濟宗大本山京都妙心寺下賜的「佛教慈愛院本尊藥師如來尊像」的照片。末學第一眼看到此佛像照片時，覺得祂莊嚴無比，也十分漂亮。

黃師兄載著末學南下高雄，拜訪陳專美女士，得知她於1942年曾參加臨濟宗舉辦的尼眾講習會。接著，她帶我們去「佛教慈愛院」（高雄市建國四路303號）。之後，我們又去訪問日治時期「佛教慈愛院」創辦者——東海宜誠師父的弟子李居士。他告訴我們，此尊藥師佛是東海宜誠從日本抱來臺灣的。戰後，東海宜誠因心繫此尊佛像，故而專程來臺尋找，聽聞是被某位信徒抱回家後，東海宜誠便特地去該信徒家中。直到親眼看到此尊佛像，方能放心。看著此尊藥師佛的照片，末學決定潛心研究日治時期「臨濟宗妙心寺派」在臺的布教史。

人一旦開始努力，就彷彿會得到全世界的幫助。末學將玉灼女士留日的故事寫成論文發表，因此認識了圓光佛學研究所的前教務長性一法師，在她的介紹下末學認識了木村俊彥教授（他正是玉灼女士留日時恩師木村靜雄老師的公子），如此奇妙的因緣，支持著末學完成博論。

宗教或許多少具有不可思議的力量，也許就是所謂的「有願，就有力」。等了三年，終於聯絡到旅居日本的臺灣佛教耆老吳老澤老師，並指點末學要注意「日本人的布教態度」。這句話讓末學想了三晚，思索何謂「布教態度」？於是末學每天熬夜，逐一找出總督府的記錄，將日治時期入臺的八宗十四派的信徒數據作成圖表（本書圖2-2-29）。一周後，末學再次請益，吳老師笑著點頭。末學這才領悟出，即使是文科，若是搭配圖表，更能佐證史實。於是在本書中加入了大量圖表。

1895年，臺灣成為日本的殖民地，日本佛教的布教師也隨著軍隊入臺，各宗派陸續開始在臺布教。因日治時期的資料，多在日本各宗

派的大學圖書館，於是末學多次自費赴日取得原始史料，跟臺灣總督府的官方記載、民間文獻，以及目前學界較少注意到的日治時期的臺灣地籍資料，交叉比對。雖然很辛苦，但也樂在其中。末學認為，能夠運用所長，為佛教界盡力，再累都是值得的。

本書共分為五章。從1894年中日甲午戰爭爆發，日本佛教各界支援明治政府參戰行動，作為研究開端，探究「從軍僧」、「慰問使」派遣至軍隊的由來。接著，臺灣成為日本殖民地後，日本佛教有八宗十四派相繼入臺傳教。臨濟宗妙心寺派先以澎湖為據點，待臺北圓山的臨濟禪寺完成後，開始訓練臺灣的佛教僧侶、人才，從事社會教育事業。此外，更集結臺灣人的愛心及捐款，於高雄建立「佛教慈愛醫院」，並於二樓供奉「藥師如來尊像」，可說是臺灣地區第一所有規模、分科別、有分院的佛教醫療機構。但是，這段日治史，隨著戰後便沉默寂靜，而逐漸地被淡忘，此尊藥師佛像亦沉睡在臺灣某處。末學深感惋惜，遂將此段歷史發表於本拙作中。

本書得以完成，首先要感謝黃玉灼女士、陳專美女士、吳老澤老師、屏東廣修禪寺達性法師、黃焄珊師兄、「圓光佛學研究所」性一前教務長、證淨師父，以及「高雄佛教慈愛院」林理事長、文大史學所前所長王吉林教授、指導教授陳清香教授、陳鵬仁教授、文化大學師長們、家禎助教、俊安助教、秀玉助教及同班同學們。此外，也特別感謝日本四天王寺大學名譽教授木村俊彥教授，愛知專門尼僧堂堂長青山俊董尼之特別指導。

還有感恩摯愛的雙親、家人的支持，及小川美佐子小姐、高栖留美子小姐、古田智康賢伉儷、學姐張淑惠小姐、學弟游能睿先生、林MOMO先生、蔡依芬小姐、曹蓮香女士等人，還有於謝誌中提到的各所圖書館、機構及萬卷樓圖書公司。末學才疏學淺，不盡完備之處，懇請專家賢達賜教。

要感謝的人太多了，末學在此合掌誠摯銘謝。

最後，末學在此深深祈願，期待因緣成熟時，大家能夠看到此尊具有臺灣佛教醫療救濟之代表的「佛教慈愛院本尊藥師如來尊像」。

林欐嫚 合掌

2017年6月30日

第一章
緒論

　　西漢末期佛教傳入中國洛陽，東晉初期開始盛行，繼之與儒家、道家之傳統文化相斥、融合，於唐朝大放異彩。6世紀時百濟將中國之佛經典籍，進貢給日本皇族，佛教在日本皇室之保護與重用下，發展出「鎮國、護國」之特性。時至鎌倉時代（1185-1333），在武士爭權、戰爭不斷的時代背景下，以往之貴族佛教發展成平民佛教，各派宗主相繼提出「興國」、「護禪」之論述，佛教與武家政權關係密切。1603年德川家康統一天下，德川政權為阻擋西方天主教之進入，大力扶植佛教，更設立了「大本山」與「末寺」[1]之制度，透過此本末之制度以便掌控全國戶籍、財政。日本佛教自古即與政治有著依存關係，1894年8月中日爆發甲午戰爭，日本佛教各宗派亦支援了此戰，除獻金、協助公債之外，亦派遣從軍布教師、慰問使等至軍隊。隔年（1895）清廷戰敗，臺灣、澎湖割讓給日本，日本佛教僧侶亦隨著日軍移防臺灣而入臺，此為日本佛教正式入臺之開端。相繼入臺的日本佛教各宗派，努力開拓臺灣這塊新領地，亦是總督府治臺之隱性助力。

第一節　研究動機與目的

　　因緣際會，筆者看到一張「佛教慈愛院本尊藥師如來尊像」（臨

1　「大本山」與「末寺」為類似公家單位的上、下關係。大本山保護末寺，而末寺依寺階之等級不同，有對大本山繳交費用等的應盡義務。

濟宗大本山京都妙心寺下附[2]）之照片，得知是日治時期日本臨濟宗妙心寺派在高雄設立「佛教慈愛醫院」所供奉之佛像，於是筆者開始注意臨濟宗妙心寺派在臺之布教事業。

　　日治時期有關日本佛教傳入臺灣之開端，目前學界之研究皆多止於「日本佛教的傳入臺灣，是由領臺當時，從軍布教師隨征討軍駐錫本島、努力開教為濫觴。」[3]筆者好奇「從軍布教師」之由來，因此以甲午戰爭作為本論文之研究起點，探究在日本的戰爭史中，是否已有「從軍僧」的出現？甲午戰爭中，日本佛教界同時派遣「從軍僧」及「慰問使」至軍隊，目前的研究都只注意「從軍僧」而未注意到「慰問使」，所以筆者於論文中論述二者之任務異同。

　　日本治臺五十年，根據總督府統計資料，日本佛教相繼有八宗十四派來臺布教，以從軍僧入臺之宗派有：真宗本願寺派、真宗大谷派、曹洞宗、淨土宗、日蓮宗、真言宗等是最先進入臺灣的，所以其他派別應是以不同的方式入臺。其中日本學者松金公正於〈日據時期日本佛教之臺灣佈教——以寺院數及信徒人數的演變為考察中心〉提出：八宗十四派入臺時間分為四個時期入臺：一是領臺初期，以從軍布教使來臺；二是領臺後明治時期；三是大正時期來臺；四是昭和時期來臺，但未於文中論及入臺之方式。在明治28、29年（1895、96）的《臺灣日日新報》中，已有真宗本願寺派、真宗大谷派、曹洞宗、淨土宗、日蓮宗、真言宗之記載，到了明治30年（1897）才出現有關臨濟宗於澎湖布教的報導。由此推測臨濟宗妙心寺派有可能是比較晚才入臺。然而是以何種方式入臺？為何是選擇在澎湖，而不是在臺北

2　「下附」為發給、授與之意。

3　原文：「內地佛教の本島傳來は、領臺當時征討軍に加はれる從軍布教師の本島に駐錫して、開教に努めしものあるに濫觴す。」丸井圭治郎《臺灣佛教》，出版地不詳，出版單位不詳，出版年不詳，頁14。

開教？故本論文於第二章「日本佛教之入臺」首先欲釐清日本佛教之入臺方式，才能正確地探討出臨濟宗在臺的布教事業。

其次，有關日本佛教傳入之研究，臺灣學者釋慧嚴於《臺灣與閩日佛教交流史》之第三篇〈日本佛教的傳入〉中，詳述了明治34年（1901）各宗派在臺灣之發展狀況，為日治佛教史中之傑作。日治初期臺灣人民識字率甚低，有關明治28年至34年（1895-1901）的臺灣佛教，因史料的關係，相關之研究較少，於是筆者運用日本資料交叉比對，整理出明治28年（1895）以從軍僧隨軍隊較早入臺之宗派，並按當時的臺灣地籍資料及總督府之統計佐證，彙整出當時日本佛教各宗派在臺設置布教所之狀況，期待能補足目前日治佛教史中最缺乏的研究。

以臨濟宗為主題之論文中，有松金公正〈日本統治期における妙心寺派台湾布教の変遷：臨済護国禅寺建立の占める位置〉引用總督府之統計，其創新的研究方式，啟發筆者以總督府之統計資料，突破目前學界之研究，提出八宗十四派在臺之布教態度，以便釐清臨濟宗與他派相異之處。

本研究之第三章將考察「臨濟宗妙心寺派在臺之教育」。妙心寺派於明治44年（1911）建設臨濟護國禪寺後，開始積極地展開教育事業。因近年總督府資料的開放，有幸發現先行研究中未注意到的資料，在大正6年（1917）初申請設立鎮南學林之公文中，記載有臺南開元寺、嘉義大仙岩、臺北凌雲寺皆出資贊助，這表示此三寺與臨濟宗在大正6年（1917）前應已有合作之關係。繼之，鎮南學林於大正11年（1922）廢校，先行研究均只提出：「是因支持經費來源的道友會經營不善，所以決定廢校」。但筆者認為這些道友會的支持成員皆是當時政商關係良好的仕紳，因此應著眼於是哪些因素造成「經營不佳」？大正3年至7年（1914-1918）歐洲發生第一次世界大戰，因急

需物資，而帶動日本景氣。但大戰結束後，大正9年（1920）起歐洲
列強景氣快速復甦，將物資大量輸入日本，日本經濟開始衰退，股票
市場暴跌，是否也影響臺灣的經濟，以至於道友會的運作發生困難？
大正10年（1921）臺灣的教育令有修改，鎮南學林又是如何因應此新
的學制？除臨濟宗自身的問題外，筆者欲加入當時之社會經濟背景、
日本佛教各派之辦學競爭，再考察鎮南學林之廢校原因。

　　鎮南學林於大正11年（1922）廢校，但自隔年起，臨濟宗之臺籍
信徒數開始迅速增多，臨濟宗應是轉換了布教策略。日本佛教的源流
在日本，只使用臺灣地區之資料是無法提出完整研究，筆者以臨濟宗
發行之《正法輪》、總督府資料之數據與《臺灣日日新報》等之資料
對照，欲釐清在教育事業失敗後，臨濟宗布教之方向。

　　臨濟禪寺第八任總監高林玄寶於昭和7年（1932）到臺，鑒於臺
灣沒有道場訓練臺灣僧侶，在經費拮据下於昭和9年（1934）在臨濟
禪寺開設專修道場。兩年後高林玄寶於昭和11年（1936）起，陸續送
臺灣學生至京都留學。這批受到專修道場、臨濟宗大本山訓練的留學
僧（生），對於戰後臺灣佛教界有何影響，亦是筆者欲探討的重點。

　　除了僧侶的培養，筆者也於「社會教育」一節中，考察臨濟宗對
於日曜學校、幼兒教育、佛教講習會之進行。昭和15年（1940）大本
山派東海昌道尼、澤木弘道尼來臺開教，於大崗山開設講習會訓練臺
灣尼僧，尼僧教育的發展是值得探討的一課題。另外，當時的布教尼
僧澤木弘道尼，戰後歸化臺灣，於1989年圓寂於屏東廣修禪寺。日籍
尼僧戰後在臺的布教作為，應是新的研究課題。

　　第四章則是討論臨濟宗在臺的醫療事業「佛教慈愛醫院」。日本
治臺之前，基督教已在臺北、臺南蓋有醫院為民眾治病，而臨濟宗所
創設的佛教慈愛醫院，是如何凸顯「佛教」色彩與基督教的醫院有所
不同，因有關佛教慈愛醫院之先行研究中，均未對此有所著墨，所以

筆者以佛教中「藥師如來佛醫病」的信仰，及日本信奉藥師如來佛之由來導入此章主題。筆者不僅蒐集到當時置於佛教慈愛院之碑銘[4]，也找到昭和8年（1933），由臺北三位富豪捐資，於日本鑄造送至臺灣，供奉於佛教慈愛院二樓之藥師如來尊像的照片，希望能真實還原當時之史實。

　　《臺灣日日新報》報導佛教慈愛醫院原本計劃設在臺南，但是高雄地區勞動人口比臺南多，為服務更多的信徒，於是改設於高雄。先行研究中均未說明此點，所以筆者引用臨濟宗臺灣全島信徒之數據資料，並與在臺布教較有成績的真宗本願寺派、曹洞宗作對照，考察臺南與高雄地區的信徒數之變化，探討何以設在高雄較為適當。佛教醫療事業在日治時期就已出現，但是臺灣的醫療史中大多介紹基督教在臺醫療歷程，只有在《高雄醫療史》中簡述此佛教慈愛醫院。筆者在此也希望經由此章的研究，讓學界注意到臺灣「佛教醫療史」之議題。

　　最後，筆者於第五章提出研究心得。綜觀臨濟宗妙心寺派在臺發展教育與醫療，將其布教事業之歷程圖表化，使讀者能一目瞭然，並歸結個人研究淺見。

第二節　研究方法與運用之資料

　　「宗教與政治社會之關係，固甚重要。」[5]「政治與宗教，常有密切與疏遠，但總持有著一種關係。」[6]日本佛教在社會發展之背景

4　財團法人佛教慈愛院碑銘已於戰爭中損毀，此尊藥師如來尊像目前不知在何處。

5　湯用彤，〈緒言〉，《隋唐佛教史稿》（武漢，武漢大學出版社，2008）1版，頁2。

6　土屋詮教，〈日本文化史上的佛教價值〉，《南瀛佛教》昭和10年（1935），第13卷，第5號，頁6。

下，原本即與皇室、武家政權關係密切，筆者不在此「具有政治之特色」著墨，而是透視日本佛教成為殖民政治之「輔助工具」的框架下，就佛教之基本教義──慈悲喜捨、廣渡眾生、自利利他之觀點，來探討臨濟宗妙心寺派在臺灣，所做的教育與醫療事業。

日治時代被統治的臺灣人無發言權，資料多由日本人記載，日方多少會有「自我保護」、「為己方說話」之立場。筆者將日本之紀錄與臺灣的資料對比，也將日本佛教各派之間的相關報導對照探討，希望能盡量還原「真正之史實」。

筆者以日本從軍僧侶參加甲午戰爭為研究之開端，繼以第二章引用明治27、28年（1894、1895）的報紙《明教新誌》、臨濟宗之《正法輪》、真言宗的《密嚴教報》、《傳燈》等，以及至今先行學者未曾注意到的日本官方資料「JACAR（アジア歷史資料センター）」找出記載從軍僧侶之公文。筆者也蒐集到甲午戰爭中，日本軍隊大本營發給臨濟宗之「從軍僧侶證」，除上述資料外亦使用明治時代之文學雜誌《太陽》，交叉比對分析文獻。其次，於地政事務所取得日治時期之寺院地籍資料，並引用總督府之調查記載，逐一統計整理數據，將其圖表化。

第三、四章討論妙心寺派在臺之教育與醫療事業，資料之運用以妙心寺派發行之《正法輪》為主軸，比對臺灣本島的《臺灣日日新報》、《南瀛佛教》、《高雄州社會事業》，總督府公文、總督府統計書，臨濟宗在臺發行的《宗報》。筆者也於臺北圓山臨濟禪寺、高雄慈愛醫院進行實地調查，整理、歸納史料，結合數據，並以公文、照片佐證。筆者將流程列表如下：

表1-2-1　本論文研究方法之流程

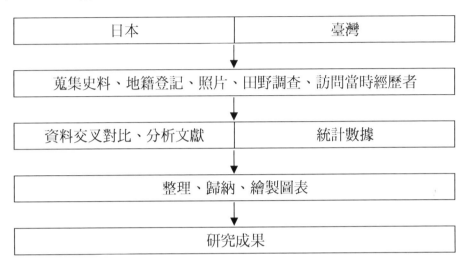

日本	臺灣
蒐集史料、地籍登記、照片、田野調查、訪問當時經歷者	
資料交叉對比、分析文獻	統計數據
整理、歸納、繪製圖表	
研究成果	

第三節　研究成果與回顧

　　日治時期的臺灣佛教史，首推江燦騰先生之研究，讓學界注意到此議題，實地考察蒐集到貴重資料，其著作《臺灣佛教史》中第二卷介紹了〈日治時代臺灣佛教史〉。此外，《日據時期臺灣佛教文化發展史》、《臺灣佛教百年史之研究》，皆是研究日治時期的臺灣佛教發展狀況的傑作。其他如：梁湘潤、黃宏介《台灣佛教史》以日本布教師在臺之活躍期，闡述當時日本佛教宗派之發展分期；闞正宗《臺灣佛教史論》、《臺灣佛教一百年》；張曼濤《中國佛教史論集・臺灣佛教篇》；大陸學者吳敏霞之《日據時期的臺灣佛教》亦有提及日本統治時代中的臺灣佛教，均是日治佛教史之佳作。但比較遺憾的是上述著作都只有採用臺灣的資料，或多是介紹特定人物，未能引用日本的一手史料。對於日治前期的臺灣整體佛教狀況研究較少，特別是有關日本統治臺灣初期之明治28至34年（1895-1901），相關之論述不多。

　　有關「從軍僧」之研究，有闞正宗〈從「從軍僧」到「臺灣開教使」──日據初期（1895-1912）佛教各宗的臺灣開教〉（《護僧》第45期，2006年12月）。考察日本佛教各宗派遣從軍僧及慰問使參與甲午戰爭的經過，以及各宗派之入臺從軍僧在臺開教經歷，對欲了解日本佛教入臺之經緯有很大的參考性。但是隨著新資料的出現，若能再次考察深論，應會有新的研究成果。

　　有關日治時期之臺灣佛教，釋慧嚴除臺灣資料外，亦充分地蒐集了日本之淨土宗《淨土教報》、曹洞宗《宗報》、臨濟宗《正法輪》等資料，是此領域之第一者。

　　可能因為史料蒐集不易之關係，目前尚未見到臨濟宗妙心寺派相關之專書，多半只是日治時期臺灣佛教專書中的一章。相關著作中，首推釋慧嚴《臺灣與閩日佛教交流史》第三篇〈日本佛教的傳入〉，其中第三章〈臨濟宗妙心寺派僧侶來台開教〉實為佳作，文中巧妙運用臺灣本土之《南瀛佛教》、《臺灣日日新報》等資料，更是首位掌握前述日本史料之學者，除詳細地介紹日本佛教傳入臺灣之始末，亦細述分析臨濟宗妙心寺派在臺的「鎮南學林」之發展、「佛教慈愛醫院」的成立過程，是與本論文最為相關之著作。

　　其次闞正宗《臺灣佛教史論》之「日據時期篇」〈殖民後期日本臨濟宗的在臺布教〉探討第八任總監高林玄寶對臺灣佛教教育之重視，提出了因高林玄寶及東海宜誠的努力，臺灣之舊慣寺廟、齋堂得以保存。另外《臺灣日治時期佛教發展與皇民化運動：「皇國佛教」的歷史進程（1895-1945）》中，第四章〈日系禪宗的教育事業與聯絡寺廟的結成〉，比對臨濟宗與曹洞宗的教育事業，雖對「鎮南學林」介紹較少，不過對高林玄寶於昭和9年（1934）「專修道場」的成立，則有詳盡的探討。筆者在本論文中加入新的史料，考察「專修道場」的設立之詳細經緯、該道場之結業學生與大本山之關係。

　　期刊論文部分，有日本學者松金公正〈植民地時期台湾における
日本仏教寺院及び説教所の設立と展開〉（《台灣史研究》第16號，
1998年10月）。〈日據時期日本佛教之台灣佈教──以寺院數及信徒人
數的演變為考察中心〉（《圓光佛學學報》第3期，1999年2月）。〈日本
統治期における妙心寺派台湾布教の変遷：臨済護国禅寺建立の占め
る位置〉（《宇都宮大學國際學部研究論集》第12號，2001年）。以圖
表列出臨濟宗妙心寺派在臺之寺院、布教所等，並運用總督府之統計
數據，考察該派信徒之人數變遷，詳述臨濟宗在臺初期至臨濟護國禪
寺完成之發展狀況，是極有研究成果之佳作。松金公正的研究成果豐
富，竭盡地蒐集臺、日史料，並將總督府之統計逐一圖表化，資料結
合數據的研究成果更能接近史實，其研究貢獻值得尊敬。胎中千鶴
〈日本統治期台湾の仏教勢力──1921年南瀛仏教会成立まで〉（《史
苑》58卷2號，立教大學史學會編，1998年3月，23-45頁）。〈日本統
治期台灣における臨濟宗妙心寺派の活動──1920～30年代を中心
に──〉（《台灣史研究》第16號，1998年，3-17頁）。考察了臨濟宗
妙心寺派與其之聯絡寺廟之間的發展及關係，對於臺灣1920年以後的
佛教整體發展，以及臨濟宗妙心寺派與臺灣寺廟之合作關係有詳盡的
研究，極具參考價值。

　　有關臨濟宗尼僧之教育，筆者專訪曾赴臨濟宗之「宗榮尼眾學
林」及花園大學留學的黃玉灼女士後，發表了〈由訪談玄祐尼（黃玉
灼女士）中－論日治時期臨濟宗妙心寺派在臺之尼僧教育〉（《圓光佛
學學報》第22期，2013年）。此篇是以黃玉灼女士求學的歷程，來探
討高林玄寶培育臺灣之尼僧。筆者於本論文中，以臨濟宗之角度，延
伸剖析尼僧之教育。

　　此外，1996年王見川於〈日據時期台灣佛教史二論〉，大量引用
《臺灣日日新報》的記載，僅論述佛教慈愛醫院的建設過程。江燦騰

〈日據時期臨濟宗妙心寺派日僧東海宜誠來台經營佛教事業的策略及其成效〉（一）、（二）及王見川〈略論日僧東海宜誠及其在台之佛教事業〉，此二篇著作均是以在臺布教三十年的東海宜誠為中心，探究臨濟宗妙心寺派在臺布教事業之兩大高峰，「鎮南學林」及「佛教慈愛醫院」。釋慧嚴於《臺灣與閩日佛教交流史》、闞正宗於《臺灣日治時期佛教發展與皇民化運動：「皇國佛教」的歷史進程（1895-1945）》均有提出有關佛教慈愛醫院的研究，但筆者欲在本論文中，探討該院之本尊「藥師如來佛」對於醫療的意義，及戰後該院之傳承。

至於博士論文，有闞正宗《日本殖民時期臺灣「皇國佛教」之研究「教化、同化、皇民化」下的佛教（1895-1945）》（成功大學歷史學系博士論文，2010年），針對日治時期五十年間日本佛教在臺之發展作一介紹的博士論文，藉此釐清日治佛教在臺之歷程，具參考價值。其中第二章第一節從「從軍僧」到「臺灣開教使」，第四章第一節、第二節之臨濟宗的教育事業及該派與本土寺廟的聯絡，與本論文之第二章及第三章有關，亦是本論文之先行研究。但筆者引用全新的史料與既有的史料比對，於本論文提出更完整的研究成果。

碩士論文，則有釋提寬《日據時期台灣佛教「教育事業」之研究》（圓光佛學研究所碩士論文，2000年）。其中第三章〈臺灣佛教教育事業之微觀研究〉中的〈（一）臨濟宗「鎮南學林」〉，以《臺灣日日新報》之記載，將「鎮南學林」之成立始末，與曹洞宗佛教中學林之成立做對比，釐清兩校成立之時間。在當時有限的史料環境中，算是很詳盡的研究。王宣蘋《日治時期留學日本的尼僧》（臺灣師範大學，臺灣史研究所，2013年），探討日治時期約有二十多位尼僧曾經到日本「曹洞宗關西尼學林」、「淨土宗尼眾學校」、「私立駒澤大學」、「臨濟宗宗榮尼眾學林」留學，以勝光法師為探討中心，但對臨濟宗的尼僧教育事業著墨甚少。

　　江燦騰於2005年曾提出在日本殖民統治體制下的臺灣佛教史，有
六點值得研究之理由，其中一項是「它是日治時期臺灣宗教史的重要
部分，卻未有系統和深入的說明。」[7]有關日本佛教各宗派在臺之布
教，目前雖已有傑出之單篇論文及整體之著作，但尚未出現以一宗派
為主軸之全盤性研究。臨濟宗妙心寺派雖比其他派別晚入臺，卻能以
「臺北臨濟護國禪寺、高雄佛教慈愛醫院」之教育與醫療的布教方
式，在昭和17年（1942）時，使該派臺灣人信徒總數超越了其他派
別。此段歷史值得深入研究，也是臺灣的日治佛教史中極為欠缺的一
環，所以筆者以臨濟宗妙心寺派在臺發展作為本書之主題，討論妙心
寺派在臺灣之整體作為，並以佛教的視野探討該事業所呈現的佛教精
神與意義。

7　〈臺灣近代（1895-1945）佛教史研究之再檢討〉，《佛學研究中心學報》第10期，
　　2005年。

第二章

日本佛教之入臺

　　本章首先介紹佛教於日本之發展歷程，說明其「護國、鎮國、興國」的特色由來，並探討中日甲午戰爭中，日本佛教界派遣從軍僧侶參與戰爭之過程。其次，考察日本領臺後，從日本佛教各宗派傳入臺灣之方式，由八宗十四派在臺的布教態度中，探討臨濟宗在臺布教之過程與其特殊性。繼之，探究該派先於澎湖布教之原委以及在臺北建立臨濟護國禪寺之經緯。

　　日本為一東亞海域上領土狹長之島國，與中國隔海遙望。中國古代稱日本列島之居民為倭人，稱其政權、國家為倭國。中國有關日本最早之記載為《山海經》：「蓋國在鉅燕南，倭北。倭屬燕。」[1]次為班固《漢書‧地理志》：「夫樂浪海中有倭人，分為百餘國，以歲時來獻見云。」[2]王充《論衡》〈增儒篇〉：「周時天下太平，越裳獻白雉，倭人貢鬯草。」[3]〈恢國篇〉：「成王之時，越裳獻雉，倭人貢暢草。」[4]《後漢書》亦有提及：「倭在韓東南大海中，依山島為居，凡百餘國。」[5]然而兩國正式交流往來則要至東漢光武帝建武中元2年（西元57年），「倭奴國奉貢朝賀，使人自稱大夫，倭國之極南界也。光武賜以印綬。」[6]西元747年日本之書籍《元興寺緣起》中，亦有「大倭國

1　郭璞，《山海經》（三）海內北經第十二（北京市，中華，1985），頁106。
2　《漢書》地理志第八下（北京市，中華，1966），頁1658。
3　《論衡》卷八‧增儒篇，頁89。
4　《論衡》卷十九‧恢國篇（北京市，中華，1966），頁211。
5　《後漢書》（十）〈傳〉九‧東夷列傳第七十五（北京市，中華，1966），頁2820。
6　《三國志》魏書三十（北京市，中華，1966），頁854-858。此金印於日本江戶時代

佛法，創自斯歸嶋宮治天下天國案春岐廣庭天皇御世……」[7]之記載。

　　在日本最古之官史《日本書紀》記載，日本欽明天皇13年（中國西魏廢帝元年・552）冬10月，「百濟聖明王遣西部姬氏達率怒唎斯致契等，獻釋迦佛金銅像一軀、幡蓋若干、經論若干卷。」[8]此為佛教傳入日本皇族之最早史書記載。僧人皇圓於《扶桑略記》[9]詳細說明該佛像尺寸：「百濟明王，獻阿彌陀佛像（長一尺五寸）、觀音勢至像（長一尺）。」[10]該書亦說明信仰佛教之益處：「臣聞：『萬法之中，佛法最善。世間之道，佛法最上。』天皇陛下，亦應修行。」[11]而佛教傳入日本民間，最早則在日本繼體天皇16年（中國北魏孝明帝正光3年・522）壬寅，「大唐漢人案部村主司馬達止，此年春二月入朝，即結草堂於大和國高市郡坂田原，安置本尊，歸依禮拜。」[12]但當時日本民間將佛教斥為異域神明，無人信奉，「及（蘇我）馬子鄉佛，（司馬）達等首翼贊之，相與修行不懈，佛法自此始興矣。」[13]由此可知，在經由百濟正式獻上佛像、經文給日本皇族之前，佛教已於民間流傳。

天明4年（1784），甚兵衛於博多灣之志賀島發現，現收藏於日本福岡市立博物館。可參考福岡市立歷史資料館編集《「漢委奴國王」金印展：金印発見二百年》（福岡市，福岡市立歷史資料館，1984）

7　古典保存會編，《元興寺緣起：醍醐寺本》（東京，古典保存會，1927），無頁數。

8　《日本書紀》720年之作品，日本現存最早之正史。黑板勝美・國史大系編修會編，《日本書紀》卷19（東京都，吉川弘文館，1986），頁76-77。

9　11世紀之作品。

10　黑板勝美編，新訂增補國史大系12，《扶桑略記》（東京都，吉川弘文館，1999），頁28。

11　黑板勝美編，新訂增補國史大系12，《扶桑略記》（東京都，吉川弘文館，1999），頁28。

12　黑板勝美編，新訂增補國史大系12，《扶桑略記》（東京都，吉川弘文館，1999），頁29。「大和國高市郡坂田原」為現今之：奈良縣高市郡明日香村坂田。網址：http://www.bell.jp/pancho/travel/asuka-ji/sakatadera_ato.htm（2014年3月7日查閱）

13　源光圀修，《大日本史》仏事志1（東京，德川篤敬，1900），頁4。

　　佛教傳至日本後，受國家最高統治者之推崇，聖德太子[14]制定十七條憲法，第二條即是「篤敬三寶，三寶者佛、法、僧也。則四生之終歸，萬國之極宗。」[15]執政者於國家憲法明定信奉佛教，太子也建蓋四天王寺，且於該寺設置「四箇院」：施藥院、療病院、悲田院、敬田院。施藥救濟民眾，為日本最早之佛教慈善事業。亦派遣小野妹子等之遣隋使至中國學習。在四次遣隋使之後，繼之派遣了十八次遣唐使到中國，其中日本的正式官員前往長安朝見唐朝帝王，而隨行之人員則依職業、身分，在沿岸等地區學習大唐文化。隨著兩國僧侶之往來、佛寺之興建、教義之傳播，在國家保護之下，佛教於日本逐漸盛行。受皇室禮遇之僧侶們則提出，以佛教「鎮護國家」的思想，為

圖2-1-1　真言宗總本山　東寺

資料來源：2013年9月筆者拍攝於京都

---

14 聖德太子（573-622）。
15 黑板勝美，國史大系編修會編《日本書紀》卷22（東京都，吉川弘文館，1986），頁142。

奈良時期（710-794）之佛教特色。此時盛行法相宗、俱舍宗、三論宗、成實宗、華嚴宗、律宗，稱為南都六宗。

日本桓武天皇延曆23年（中國唐德宗貞元20年・804），空海[16]、最澄[17]二人隨遣唐使入唐求法。空海於長安師承印度僧般若三藏、青龍寺之惠果和尚，學習密教。回日後的空海，受嵯峨天皇禮遇，弘仁14年（823）賜給空海東寺（位於京都）[18]，空海於東寺講堂內「安奉仁王護國之曼荼羅，嚴修奉行覺王華藏之密法」。[19]此後東寺成為真言宗鎮護國家之道場。此外，與空海一起入唐的最澄，則在中國學習天臺宗，回日後於晚年時期創設「大乘戒壇」（授予大乘戒之戒壇）。因此平安時期（794-1185）盛行因空海而傳入之真言宗，以及由最澄帶回日本的天臺宗。

日本後鳥羽天皇建久3年（中國南宋光宗紹熙3年・1192）源賴朝以征夷大將軍任官，日本進入幕府時代。「祇園精舍之鐘聲，有諸行無常之響音。娑羅雙樹之花色，顯示盛者必衰之哲理。」[20]文學作品中亦多見釋教之教義。於此征戰不斷之時代背景下，奈良時期之貴族的、皇族的佛教，在此時發展成平民化的鎌倉新佛教。其中，淨土系統發展出淨土宗、淨土真宗、時宗[21]；以法華經為主要經典的天臺宗、日蓮宗；臨濟宗、曹洞宗則出自禪宗系統。各宗派相繼提出「佛教護國」之教義。臨濟之榮西禪師於建久九年（1198），藉《仁王護

---

16 空海和尚（774-835）諡號：弘法大師，真言宗之宗祖。

17 最澄（767-822）諡號：傳教大師，日本天臺宗之開祖。

18 嵯峨天皇（日本第五十二代天皇。786-842）。淳和天皇（日本第五十三代天皇。786-840）於天長2年（825）賜與東寺勅號為：「教王護国寺」。

19 山本忍梁，《東寺沿革略誌》（京都，教王護国寺，1916），頁7。

20 《平家物語》之冒頭，為1240年之前的作品。原文：「祇園精舍の鐘の声、諸行無常の響きあり。娑羅双樹の花の色、盛者必衰の理をあらわす。」（筆者譯）

21 一遍（1239-1289），時宗（亦多稱為「時衆」）之宗祖。將日常視為臨命終「時」，常念佛號因故稱做「時宗」。

國般若波羅密多經》之題號撰寫出《興禪護國論》[22]，主張：禪宗以戒為基本，若信奉禪宗，則諸天守護國家。曹洞之道元禪師曰：「國家若弘通真實之佛法，則諸佛、諸天無限護衛……。」[23]淨土真宗之開祖親鸞聖人[24]闡述：「若為皇室、國家念佛，應是可賀。」[25]日蓮宗宗祖——日蓮上人著《立正安國論》[26]，鼓吹以法華經為正法，即會國泰民安。佛教各宗派多以護國、安國之教義依附於政權統治者，此為日本佛教之一大特色。天皇、皇族出家成為佛僧，也有貴族女性剃度為尼僧。花園天皇亦捐獻離宮作為禪寺[27]，皇族與佛教關係深厚。

　　日本後水尾天皇慶長8年（中國明神宗萬曆31年・1603），德川家康取得政權，國師天海和尚引用《仁王護國經》之「七難即滅，七福即生，萬姓安樂，帝王歡喜。」[28]建議德川，社稷之生息泰平在七福。之後，「佛教成為防禦天主教之利器，受到朝廷及幕府禮遇。」[29]幕府設計了「諸宗寺院法度」[30]，透過佛教各派之「本末制度」[31]，

22　榮西禪師（1141-1215），臨濟宗之宗祖，平安時代末期至鎌倉時代初期之僧侶。

23　道元（1200-1253），鎌倉初期之禪僧，日本曹洞宗之開祖。〈辨道話〉收錄於《正法眼藏》（東京，国母社，1896），頁14。原文：「国家に真実の仏法弘通すれば、諸仏・諸天ひまなく衛護するがゆえに、王化太平なり、聖化太平なれば、仏法そのちからをうるものなり。」（筆者譯）

24　親鸞（1173-1262），鎌倉前半期至中期之日本僧，淨土真宗之宗祖。

25　《親鸞聖人御消息集》收藏於《国訳大蔵経：昭和新纂》宗典部，第4卷（東京，東方書院，1932）頁458。原文：「朝家の御ため、国民のために、念仏を申しあはせたまひ候はば、めでたう候ふべし。」（筆者譯）

26　日蓮（1222-1282），鎌倉時代之佛教僧，日蓮宗（法華宗）之宗祖。於文應元年（1260）向北条時賴提出《興禪護國論》。

27　花園天皇（1297-1348），日本第九十五代天皇。此禪寺為日後之臨濟宗妙心寺。

28　石川一郎，《江戶文学俗信辞典》（東京，東京堂，1989），頁164。

29　万朝報社新日本史編纂局，《新日本史》第3卷（東京，万朝報社，1926），頁140。

30　司法省大臣官房庶務課編，《德川禁令考》62卷，後聚40卷・第五帙（東京，司法省調查課，1932）頁34-136。

31　「德川家康……為天下永保於德川家族……。亦對宗教做了各種設計，樹立了整然

掌控全國戶籍。在德川政權保護下，身著金襴綢緞袈裟之僧侶們安逸於寺祿，佛教開始衰敗。

日本明治天皇慶應3年（中國清穆宗同治6年・1867）江戶幕府第十五代將軍德川慶喜大政奉還，德川政權落幕。明治元年（1868）10月12日明治天皇即位，此時明治政權財政困窘，真宗本願寺派立即捐款「三千兩，次日再捐五千兩。」[32]國內政局不穩，內有德川幕府舊勢力之困擾，本願寺派也充當京城之保衛者，保護明治天皇。為求國家進步，以對抗歐美列強之經濟、軍事之干涉，明治天皇進行一連串改革，是為明治維新。由封建社會到現代國家，為確保天皇之權威性，明治天皇採取國學者之建議，提升神道為國教，王政復古，一洗舊弊，實施「神佛分離」（將神道與佛教分離）政策，而造成了「廢佛毀釋」。促使自江戶時代以來受德川幕府保護而逐漸僵化、腐敗的佛教界驟然驚醒。日本佛教面對內有明治政府欲扶持的神道，以及外來之西洋教會的積極傳教，深知必須加速改革自肅，其復興佛教之線路可分：

> 第一是參加維新政權之佛教再編成。舉著「鎮護國家」、「王法為本」、「興禪護國」等，近代以前以說教（方式）來參加（明治政權），以及理解海外近代國家（發展情勢）來參與，是啟

之組織，首先也在宗教界成立了中央集權之態勢，嚴格地決定本山與末寺之本末制度。此為德川幕府所採取的宗教政策之最大特色，末寺之於本寺幾乎是必須完全服從。本寺與末寺有爭執時，大多都是本寺勝利，在法令上幕府束縛了寺院、總本山、大本山、中本寺、小本寺等，從本寺到末寺有其各種階級，僧侶的正式服裝亦有所區別，雨傘、鞋子、乘坐工具皆細項規定。」資料來源：加藤美命，《日本文化吾等の仏教常識》（東京，朝香屋書店，1923）頁99-100。

32 北畠玄瀛，〈明如上人傳〉，《本願寺》（京都，本派本願寺教務部，1919），頁186。（筆者譯）

蒙的、開明的狀況。第二是反省因僧侶之安逸所招致的廢佛，以自律自戒之姿態回歸佛教本來的面貌。[33]

　　江戶末期發生天災，天保期間之大饑饉、安政時期之大地震，明治2年（1869）發生凶作[34]等，佛教界也積極地參與社會救助。當歐美各國頻頻叩門，要求明治政府開港貿易之際，日本佛教界意識到西方教會傳教之態勢，需開拓出新的教義方向以因應時代之變化。目睹中國清廷不斷地被西方列強侵略，瞭解到已無法再向停滯不進之中國佛教學習，於是擺脫古代空海和尚、傳教大師等「智識名僧之渡航唐土，研究其教法」[35]吸收佛教之模式，轉向「以教法視察為目的，渡航歐美」[36]。其中真宗最為積極，為自覺運動之率先宗派[37]，真宗本願寺派之梅上澤融、島地默雷隨明治政府之岩倉使節團赴歐美，考察西洋教會之發展及社會現狀，堀川教阿、赤松連城、光田為然則赴英、德留學，[38]此五人為最先赴西洋學習之僧侶[39]。日本僧侶赴歐美各國，積極地觀摩西方教會文化，其中「開明的代表（者）為島地默雷」[40]。

　　而日本國內則有大內青巒、加藤九郎、原坦山、大洲鐵然等，成

33　吉田久一，《日本佛教近代社會史研究》（東京，吉川弘文館，1964），頁11。（筆者譯）

34　吉田久一，《日本佛教近代社會史研究》（東京，吉川弘文館，1964），頁50。

35　石井研堂，〈佛僧洋行之始・本願寺派五名〉，《明治事物起原》（東京，橋南堂，1908），頁27-28。

36　石井研堂，〈佛僧洋行之始〉，《明治事物起原》（東京，橋南堂，1908），頁27-28。

37　菊池寬，《明治文明綺談》（東京，六興商会出版部，1943），頁114。

38　石井研堂，〈佛僧洋行之始〉，《明治事物起原》（東京，橋南堂，1908），頁28。

39　石井研堂，〈佛僧洋行之始〉，《明治事物起原》（東京，橋南堂，1908），頁27-28。

40　吉田久一，《日本佛教近代社會史研究》（東京，吉川弘文館，1964），頁11。島地默雷：真宗本願寺派之僧侶（1838-1911）。

為佛教之啟蒙層。[41]在日本國內之僧侶，亦有提倡回歸傳統佛教之教義，以身作則、自我內省，僧侶們應遵守佛陀之慈悲為懷、廣渡眾生、嚴守戒律之教導，莫再怠惰安逸，其「自戒的代表（者）為福田行誠」[42]。名僧、居士們提供了佛教界革新之方向。

　　繼之，佛教各宗派相繼派遣僧侶至西方考察，學習在資本主義發達下之西洋教會制度。也挑選優秀的學生至英國、印度，直接由梵文、巴利文學習佛教經典、哲學思想，急速革新宗風。僧侶們亦積極地參與地方之社會事業、全國性的救濟活動，於東京成立「佛教醫院」[43]、「日本佛教圖書館」[44]，亦參加了明治26年（1893）於「美國芝加哥所舉辦之萬國宗教大會」[45]，讓政府知道佛教已非往昔腐化停滯之貌，佛教各宗派極力地參與社會之醫療、文教，與世界各宗教互通訊息、學術交流，以證明佛教對國家、社會是有益的。

第一節　日本佛教界派遣從軍僧支援甲午戰爭

　　日本歷史中發動對外征戰，最早是在西元3世紀時神功皇后征伐三韓[46]。7世紀，中國唐高宗與天智天皇，曾在663年發生白江口之戰，

---

41 吉田久一，《日本佛教近代社會史研究》（東京，吉川弘文館，1964），頁35。

42 吉田久一，《日本佛教近代社會史研究》（東京，吉川弘文館，1964），頁11。福田行誠（1809-1888）淨土宗之僧侶。

43 〈布教と病院〉，《正法輪》3號，明治25年2月25日，頁15。

44 〈日本佛教圖書館〉，《正法輪》12號，明治25年11月15日，頁25。原文為「（真宗）大谷派松本順乘氏、居士大內青巒氏等鳩合同志……此次與日本教育會協議……開設閱覽所，於本（十一）月十一日起開館。」（筆者譯）

45 《正法輪》17號，明治26年4月15日，頁24。

46 《古事記》、《日本書紀》中雖均有記載神功皇后征戰三韓，但因年代久遠，且無史料能明確佐證神功皇后確實征伐過三韓，所以目前日本學界對於此說法，持保留之態度。

唐朝與新羅聯軍大勝日本與百濟之聯軍。《新唐書》〈東夷傳〉記載唐軍與日軍海戰，四戰皆克，焚四百船，海水為丹。此戰為中日第一次征戰，中國大勝。九百年後的1592年，戰國時代之名將豐臣秀吉征伐朝鮮（日本稱為「文禄の役」，朝鮮稱「壬辰倭乱」），但未成功。

時至清光緒20年（日本明治27年・1894）7月因朝鮮東學黨之問題，清廷與日本船艦於朝鮮豐島海面爆發戰事，7月25日開始交戰[47]，因時序甲午，是為甲午戰爭（日本稱為「日清戰爭」）。

一 佛教各宗派支持明治政府

國家發生對外戰爭，日本佛教界立即展開行動，支持明治政權。

（一）真宗本願寺派首先表態

日本與中國發生戰爭，與明治天皇關係良好之真宗本願寺派的明如上人[48]立即於明治27年7月「25日……捐獻清酒五十石、陣中名號[49]數千幅、若干書籍贈予軍隊。」[50]「31日又獻納軍資五千圓」。[51] 8月30日，又「因應軍事公債募集之諭告，本山立即募款五十萬圓」[52]

---

47 東洋経済新報社，《明治金融史》（增訂4版，東京，東洋経済新報社，1912），頁186。

48 大谷光尊（1850-1903），淨土真宗僧侶，西本願寺二十一世法主。法名：明如上人。德川幕末明治天皇即位，明如上人大力提倡「勤王之大義」，資助、支援明治政權。可參考北畠玄瀛，〈明如上人傳〉，《本願寺》（京都，本派本願寺教務部，1919），頁184-198。

49 大本山配給出征士兵之「南無阿彌陀佛」名號。該實物請參閱附錄表一：陣中尊號。

50 北畠玄瀛，〈明如上人傳〉，《本願寺》（京都，本派本願寺教務部，1919），頁228。（筆者譯）

51 北畠玄瀛，〈明如上人傳〉，《本願寺》（京都，本派本願寺教務部，1919），頁228。（筆者譯）

52 富井隆信，《明如上人御一代略伝》（京都，興教書院，1903），頁17-18。（筆者譯）

明治天皇於（同年）8月1日頒布「宣戰之召」與清廷開戰。真宗本願寺派之明如上人則即刻於大本山設置了「臨時事務部」，派使僧至各府縣對門下之信徒示喻大義，又呼籲、鼓勵信徒恤兵捐獻。[53]

（二）真言宗舉行祈禱法會支持

在真宗本願寺派捐獻物資、軍資之後，真言宗亦立刻捐獻三百圓及舉行祈禱法會，其記載為：

> 今回對日清關係，說明鎮護國家祈禱之必要，……不僅本（八）月十日向恤兵部獻納三百圓，且本月四日於教王護國寺傳法院開白（誦經祈願）一週。[54]

真言宗又仿效13世紀時擊退蒙古之祈禱儀式，以及豐臣秀吉於16世紀末征伐朝鮮之際的祈禱。[55]祈禱時讀誦之經文如下：

> 敬白，真言教主理智法身，摩訶毘盧遮那如來金剛胎藏兩部曼荼羅……，神國皇威，海外光輝，清國怨敵，急速退治，敬白。[56]

為國祈禱捷勝，8月11日真言宗向宮內省獻納經文。[57]此外，更積

---

53 富井隆信，《明如上人御一代略伝》（京都，興教書院，1903），頁17。（筆者譯）

54 〈國家安全武運長久の御祈禱と恤兵〉，《傳燈》75號，明治27年8月13日，頁1。（筆者譯）

55 〈國家安全武運長久の御祈禱と恤兵〉，《傳燈》75號，明治27年8月13日，頁1。（筆者譯）

56 〈國家安全武運長久の御祈禱と恤兵〉，《傳燈》75號，明治27年8月13日，頁1。（筆者譯）

57 〈日清事件臨時御祈禱〉，《傳燈》75號，明治27年8月13日，頁29。（筆者譯）

極地派遣巡教使至國內各地，說明鎮護國家之宗義。同時，也計畫欲派遣慰問使至戰地，犒賞軍士。[58]但其他派別行動更快，「聽聞真宗已著手此舉，淨土宗亦有此議。」[59]

（三）臨濟宗妙心寺派捐款支持

臨濟宗妙心寺派也「向陸、海軍共捐贈了壹百五拾圓。」[60]

由此可知，甲午戰爭爆發時，真宗本願寺派立即率先表態，捐款支援明治政府，且派遣使僧至國內各地曉以護國之義。繼之，真言宗亦獻納軍資，仿效古代國家面臨對外戰事之際，讀誦經文希求佛法護國佑民、祈禱戰勝，亦派遣巡教使到國內各地闡述佛教護國之義理，更積極地欲派遣僧侶至戰地以資鼓勵軍士。臨濟宗妙心寺派，也捐獻經費以表資助政府。

（四）其他宗派亦表態支持

（明治27年）9月，明治天皇將指揮作戰之大本營，由東京「移至廣島，親自統帥軍務。祈願國民一致，皆能報效」，[61]於是佛教界相繼呼應，《密嚴教報》記載如下：

不問各宗各派團體及個人，皆專注祈禱戰勝及兵勇健全。又開設演說教導之筵，竭盡說明報恩盡忠之義，奔波恤兵獻金及救

---

58 〈國家安全武運長久の御祈禱と恤兵〉，《傳燈》75號，明治27年8月13日，頁1-2。（筆者譯）
59 〈國家安全武運長久の御祈禱と恤兵〉，《傳燈》75號，明治27年8月13日，頁1-2。（筆者譯）
60 《正法輪》33號，明治27年8月15日，目錄次頁之廣告。（筆者譯）
61 三浦周行，《中等教育日本史教科書‧上級用》（東京，開成館，1913），頁120-121。（筆者譯）

護士兵、遺族者亦不少。於此，應知我佛教僧侶之於愛國事業
的熱忱，吾人逐一報導獻金、祈禱等事，……。[62]

真言宗之泉湧寺、醍醐寺等寺院，僧正（最高僧階者）則立即行
動，前至廣島，贈送護身符及慰問軍隊，記載如下：

泉湧寺鼎僧正率領釋玄猷僧正，另門跡寺總代之醍醐寺的寺島
僧正等，及天臺妙法院之村田僧正一同於去（九）月底，靜伺
良機飛錫廣島，奉獻大勝金剛之護符及祕訣書。且慰問第五師
團，施與大勝金剛之護符和軍人垂示數萬部。[63]

而真宗本願寺派及大谷派以恤兵、獻金、軍人遺族之慰問為目
的，派遣布教師至全國。正興寺派管長至第五師團慰問並傳授佛法，
並待時機訪問政府之各大臣官員。[64]淨土宗之日野管長（「管長」為該
宗派之最高負責人。每宗派之稱謂不一）也等待時機訪問參謀長、各
大臣，且探訪陸軍豫備醫院，垂示軍隊。此外，也於宗務局設置臨時
恤兵部，派遣數名慰問使至全國各教會，徵集募款及布教。[65]臨濟宗
大本山則策畫「於各寺院向寺班攤派獻金，別格地[66]徵收十圓、壹等
地徵收五圓。」[67]曹洞宗永平寺亦「向恤兵部捐獻了手巾一萬條、半

---

62 〈各宗日清事件における動靜〉，《密嚴教報》119號，明治27年9月12日，頁22。
（筆者譯）

63 〈各宗の動靜〉，《密嚴教報》121號，明治27年10月12日，頁22。（筆者譯）

64 〈各宗の動靜〉，《密嚴教報》121號，明治27年10月12日，頁22-23。（筆者譯）

65 〈各宗の動靜〉，《密嚴教報》121號，明治27年10月12日，頁23。（筆者譯）

66 臨濟宗將門下之末寺依「寺班」（等級）區分為：「特例」、「別格」、「一等」、「二
等」、「三等」、「四等」、「五等」、「六等」、「七等」、「八等」，明定其應對大本山之
義務等。《臨濟時報》931號，昭和17年5月，頁11。

67 〈各宗の動靜〉，《密嚴教報》121號，明治27年10月12日，頁23。（筆者譯）

紙[68]兩萬帖。該宗務局強力執行募集恤兵、獻金，金額達數千圓。」[69]
日蓮宗派遣「守本文靜等人，以報國會慰問使身分渡韓。得其該申請
之許可後，赴平壤地方之戰境。」[70]天臺宗早已派遣使僧赴朝鮮，「渡
韓之足立順道師於歸國途中，與各宗各派，於該地各自努力團結一
致。又數寺單獨祈念恤兵，不勝枚舉。」[71]

　　戰事爆發後一個月，明治天皇向各界呼籲全國要同心一致、國民
合力護國，於是佛教各宗派亦相繼地捐獻金錢、守護符、手用毛巾、
紙張等。各宗派管長們也待時機至廣島大本營，探視軍事長官、慰問
軍隊、陸軍豫備醫院。且於自宗之宗務局設置恤兵部，繼續援助募
款。各宗派也派遣布教師至全國向各地之教徒宣傳支援此戰，展現出
日本佛教自古以來既有的鎮國護民之特色。

　　然而，各宗派其實也有互相較勁，向政府表態之意，真言宗之
《密嚴教報》於（明治27年）10月12日記載：

　　　　看呀！他宗他派尤其在宗務所設置了募集恤兵、獻金，且頻頻
　　　　催促。又派臨時布教使至一般地區說明宣戰之宗旨，宣示報國
　　　　盡忠之大義，尤以慰撫軍人遺族為目的。亦派遣慰問使至朝
　　　　鮮，以軍隊說教為目的（僅允許方便之處）。也視察朝鮮教學
　　　　之現狀及風土人情，尤以作為他日布教之主因……。總之，此
　　　　等皆是一宗門之體面，奮力為之……。[72]

68　日式紙張，長約35cm、橫約25cm。
69　〈各宗の動靜〉，《密嚴教報》121號，明治27年10月12日，頁23。（筆者譯）
70　〈各宗の動靜〉，《密嚴教報》121號，明治27年10月12日，頁23。（筆者譯）
71　〈各宗の動靜〉，《密嚴教報》121號，明治27年10月12日，頁23。（筆者譯）
72　〈（二）日清事件における本宗の施設〉，《密嚴教報》121號，明治27年10月12日，
　　頁12。（筆者譯）

　　由前述內容來探討此段引文，筆者認為真言宗所指之「他宗他派」，應是指真宗本願寺派。江戶幕府末期，該派明如上人擁護明治朝廷政權，積極地捐款支援政府，注意到要安撫軍人遺族之心情，照顧自宗派之信徒，更派遣慰問使至戰場慰問軍人，甚至視察朝鮮之民風以便作為日後布教之參考，極力表態讓政府知道。所以真言宗不可落後「他派」，更需展現自古以「護國」為教義主軸之鎮國護民的行動，與其他宗派相互競爭較量之意味濃厚。此國家對外戰爭非常之際，也促使各宗派較勁之陣線，由國內延伸至派遣從軍僧侶至軍隊戰場。

二　各宗派相繼派遣從軍慰問僧

　　（明治27年）9月，明治天皇將指揮作戰之大本營由宮中（東京）移至廣島後，各宗派管長們也至廣島靜待機會，巡錫教化各師團，開啟軍隊布教之端緒。

（一）從軍僧派遣之嚆矢

　　甲午戰爭一開戰，（明治27年）7月25日，真宗本願寺派為了在朝鮮的信徒及軍隊慰問，立即派遣了慰問使僧[73]。佛教界除了獻金、念誦經文祈禱戰勝之外，更派遣了僧侶至軍隊，「淨土宗從軍僧荻原雲台師於11月1日抵達平壤。」[74]本願寺派的明如上人也於「11月1日派遣臨時部長大洲鐵然赴朝鮮」[75]，「（11月）25日獲大本營許可，派遣

73　北畠玄瀛，〈明如上人傳〉，《本願寺》（京都，本派本願寺教務部，1919），頁228。
　　（筆者譯）
74　〈淨土宗從軍僧荻原雲台師〉，《明教新誌》3527號，明治28年1月12日，頁6。（筆者譯）
75　北畠玄瀛，〈明如上人傳〉，《本願寺》（京都，本派本願寺教務部，1919），頁231。
　　（筆者譯）

從軍布教師十二名，至朝鮮、威海衛、遼東半島或臺灣，隨軍所進之處慰問布教。」[76]其他佛教各宗派亦跟進，打算派遣僧侶至軍隊中以鼓舞士氣，表態支持政府：

> （我國）公布了宣戰之大詔，為助朝鮮之獨立，皇軍建立義旗，與清交戰。豐島、牙山高舉日旗之名，平壤、旅順頃間攻陷，……處處設置民政廳治理新順之民。……然六師辛勞之外，戰死者亦不少，新順之民尚未皇化潤順，因此有派遣從軍布教師至軍隊慰問，及追悼使（祭葬）戰死者。名雖如此，但對於清、朝鮮之順民的布教，亦在其中。[77]

此引文說明日本為幫助朝鮮獨立，因而與中國開戰。日本軍隊有六個師隊，攻克之處即設立民政廳，用以管理當地新歸順之民眾。日軍雖然奪取平壤、旅順，但極需軍事以外之後援，是以藉從軍布教師之力慰問士兵之辛勞、處理戰死者後事，協助新歸順之中國、朝鮮的民眾，並進而對其傳教。

從軍布教使「如同所讀之字，與軍隊共同進退，因應委託舉行演說法語、加持祈求、葬祭追悼，以培養軍人之精神為任務。」[78]然而有關「從軍布教師」之由來，筆者將蒐集到之資料整理出，說法有二。一是自古即有，依《明教新誌》所載，曰：

---

76 佐竹智応，《本願寺第二十一世明如上人御伝絵鈔》（京都，顯道書院，1904），頁76。（筆者譯）

77 長谷寶秀記，〈從軍僧慰問使の發錫〉，《傳燈》84號，明治27年12月28日，頁7。（筆者譯）

78 岩堀智道（真言宗從軍布教師），〈從軍布教と師軍隊〉，《傳燈》107號，明治28年12月13日，頁26。（筆者譯）

文慶之朝鮮征伐時有此事，其中記載有云：端坊明勝（僧）在朝鮮軍營中，法談真宗安心之道，……無庸置疑，從軍布教之舉確實是有的。[79]

釋慧嚴於《臺灣與閩日佛教交流史》中提出「為何日本軍隊中配置有從軍布教師？……是由江戶時代寺請制度的建立」[80]，日本醫學史研究學者服部敏良也於其著作《室町安土桃山時代医学史の研究》中提出「近代戰爭中，可看到應能稱之為從軍慰問使的，出身時宗（眾）之頓阿[81]，應可視為從軍慰問使之嚆矢吧。」[82]另亦有「軍隊中有僧侶從軍，正式上之從軍雖以今日（日清戰爭）為始，但追溯古史，則有相當之案例。」[83]的記載。

二是「日本軍律中並無僧侶從軍之規」[84]。《明教新誌》有記載，甲午戰爭中，曹洞宗之從軍僧侶佐佐木珍龍提到：「我日本帝國自開闢以來，僧侶之從軍以此（日清戰爭）為嚆矢」[85]。

---

79 翠村隱士，〈素堂雜纂〉，《明教新誌》3528號，明治28年1月14日，頁8。
80 江戶時代（1603-1867）。慧嚴法師，《臺灣與閩日佛教交流史》（高雄市，春暉，2008），頁279。《臺灣與閩日佛教交流史》，頁279：「……為何日本佛教僧侶會隨（軍隊）之來臺，也就是說為何日本軍隊內，均有從軍布教師呢？這是由於日本自江戶時代起，幕府為彈壓基督教徒而將檀家（信徒）法制化，即寺請制度的建立起，全國士庶皆固定歸屬某宗某派的某寺，因此整個軍隊將領士兵的宗派所屬自然不同，隨之從軍布教師的僧侶也就來自不同宗派。」
81 時宗（眾）為日本佛教之一宗派。請參閱註21。頓阿（1289-1372），時宗之僧侶、詩人。
82 服部敏良，《室町安土桃山時代医学史の研究》（東京，吉川弘文館，1971），頁445。
83 真言宗從軍布教師岩堀智道，〈從軍布教と師軍隊〉，《傳燈》107號，明治28年12月13日，頁26。（筆者譯）
84 〈僧侶從軍願〉，《傳燈》83號，明治27年12月13日，頁16。（筆者譯）
85 佐佐木珍龍，〈萬里遠征從軍教記第三回〉，《明教新誌》3551號，明治28年3月2日，頁7。（筆者譯）

　　或許古代尚未有「從軍僧」、「從軍慰問使」之名稱，但已有佛教
僧侶隨軍隊移動，從事布教、慰問之例。而且在室町時代（1336-
1573）軍隊也曾出現過「陣僧」[86]，主要工作是：「幫忙在日常贊助寺
院的武士，於戰死之際，助其迴向。」[87]其中以時宗最盛行派遣陣
僧。所以筆者認為第一說，自古即有僧侶在軍隊中從事布教、慰問、
幫忙處理喪葬，較為可信。

　　（明治27年）11月末，由真言宗大本山泉湧寺長老鼎龍曉、勸修
寺門跡釋內海寂兩僧正發起，建議派遣從軍僧至軍隊，其建言如下：

　　　　向各宗協會提出僧侶從軍之議，該會緊急召開共同會議，滿場
　　　　一致贊成此議，由釋內僧正為申請書起草委員並完稿。天臺宗
　　　　妙法院門跡田村寂順僧正及釋內僧正為各宗總代表申請委員，
　　　　兩僧正十一月二十七日由京都出發至廣島，向大本營提出此
　　　　事，百方盡力後以特別之詮議，由各宗派遣三名（真言宗一
　　　　名、天臺一名、妙心寺派一名）從軍之議，終獲認可。[88]

　　真言宗積極奔走於各宗，提議僧侶從軍之舉獲得各宗共識，並以
「各宗總代表申請委員」之身分，於（同年）11月27日由京都至廣
島，向軍隊之大本營提出派遣僧侶從軍的請願。但對大本營來說，因
無前例可循且僧侶不同於軍人，多少有不便之處及管理上的困難，所
以只「許可少數之從軍」[89]，終於准許真言宗、天臺宗、臨濟宗妙心
寺派各遣一名僧侶至軍隊。

86　伴隨武士赴戰場之僧侶。
87　吉田政博，〈戰国期における陣僧と陣僧役〉，《戰国史研究》（東京，戰国史研究會，
　　吉川弘文館）30號，1995年8月，頁1-11。（筆者譯）
88　〈從軍願の顛末〉，《密嚴教報》126號，明治27年12月25日，頁19。（筆者譯）
89　《正法輪》44號，明治28年7月15日，頁21。（筆者譯）

然而臨濟宗有「京都七山、鎌倉二山及永源寺多重分派」[90]，妙
心寺派管長蘆匡道，於（同年）12月1日向同宗之其他各派提議：

> 為對國家盡最大義務，各宗協同捧呈從軍請願之由，與天臺、
> 真言兩宗交涉，當派與兩宗合同，選拔十名之僧眾入清軍隊慰
> 問，又依狀況，為表從軍之決心，向本宗各派上呈此意，……
> 懇請答覆。[91]

妙心寺派向同宗其他派別報告「與他宗共同派遣從軍僧」之提
議，但是臨濟宗之各派並非都贊同此舉，有完全不同意之派別，亦有
雖有意願但財資不足而拒絕的派別，也有願意共同分攤些許費用之派
別。[92]由此可知臨濟宗之各派別並非意見齊一。

其後，根據〈建議理由書〉之內容，可得知佛教各宗對派遣慰問
使及從軍僧之主張，引文如下：

> 此般與清國起兵，我佛教信徒幾萬同胞遠赴海外敵地從軍，或
> 戰斃或病死其數不少，僧侶前赴宣揚教義者尚無。……國家大
> 事當前，（僧侶）在國內祈禱追悼等。……何況隨從信徒之戰
> 地，對奔走於彈丸雨注之間者，應有必要論述教義，於此建議
> 本案，所以盼各宗協贊。[93]

進而由臨濟宗妙心寺派撰文向政府上呈了〈從軍請願書〉：

---

90 〈從軍師派遣顛末〉，《正法輪》38號，明治28年1月15日，頁24。（筆者譯）有關臨
　濟宗之派別請見第三章。

91 〈從軍師派遣顛末〉，《正法輪》38號，明治28年1月15日，頁25。（筆者譯）

92 〈從軍師派遣顛末〉，《正法輪》38號，明治28年1月15日，頁25。（筆者譯）

93 《正法輪》37號，明治27年12月15日，頁25。（筆者譯）

此回曩時宣戰大詔發布之際，我等佛教各宗僧侶盡臣民之本分，深慮國家大事……。

……原本僧侶修佛法之功德，使信徒得安心為國家不惜身命，臨終正念一心決定等，以指導安心立命為責任。今日於各自之分業，應相盡確立其（任務重）道，如僧侶應當率先而出，此際佛教各宗選拔數名派遣赴戰地，當以教化為任，……右（上述）派出員從軍之儀，特請許可，各宗代理聯署段此奉請願也。

……從軍人員各宗合限三人，真言、天臺及我臨濟宗各派一人從軍。慰問使則真言、臨濟二宗各派遣三名。……妙心寺派之選定慰問使及從軍僧任命如下：

陸、海軍慰問使　三名

駿河國菴原郡興津町別格地清見寺住持　　坂上宗詮　五十三年

甲斐國東山梨郡松里村別格地惠林寺住持　圓山元魯　四十八年

美濃國不破郡荒尾村壹等地圓成寺住持　　日吉全識　三十四年

從軍僧　壹名

豐後國大野郡野津市村別格地普現寺住持　原圓應　　三十年[94]

由上述引文得知，佛教界以佛法護國之教義，認為國家有難，佛教僧侶應率先奮起為國盡忠。甲午之戰於明治27年7月底爆發，到了嚴冬12月，軍人們忍受著在外征戰之酷寒，飲食衛生之不便，為國捐軀者亦增多了，佛教界各宗派的態度已非如戰爭剛爆發之時，踴躍地捐獻、派布教使於國內各地宣揚盡忠報國之義，而是欲派遣從軍僧至朝鮮、中國慰問日本軍人，協助軍務，其從事工作如下：

94　此「年」為歲數之意。《正法輪》37號，明治27年12月15日，頁25-26。（筆者譯）

> 遵從軍司令部之指揮，布教、讀經、葬祭、追悼，以及埋葬死屍、火葬等，盡可能從事軍隊慰問之事務，對國家報效萬一，其次慰藉往生者與遺族、友僚之哀情。[95]

如圖之2-1-2日本公文之記錄，日本軍人有記載「（明治28年）4月9日此夜，從軍僧侶二名來說法」[96]。從軍僧協助鼓舞軍心、處理亡者之祭葬，把佛教護國之行動延伸至第一戰線，護佑自宗信徒士兵，祈禱國家捷勝。

圖2-1-2　第1師團陣中日誌　卷7

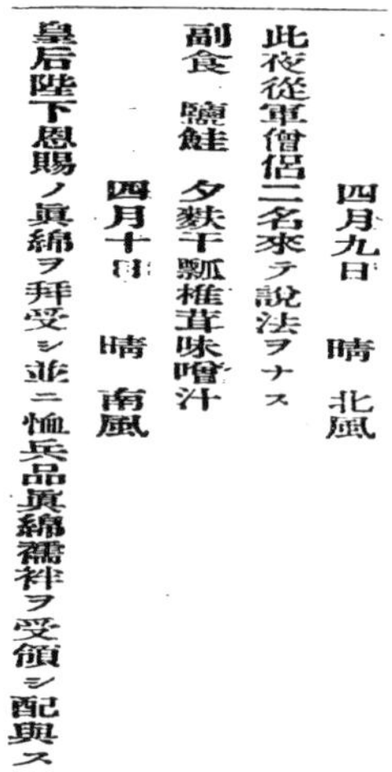

四月九日　晴　北風
此夜從軍僧侶二名來テ說法ヲナス
副食　鹽鮭　夕　麩干瓢椎茸味噌汁
四月十日　晴　南風
皇后陛下恩賜ノ眞綿ヲ拜受シ並ニ恤兵品眞綿襦袢ヲ受領シ配與ス

資料來源：「JACAR（アジア歷史資料センター）Ref.C13110321800、第1師団陣中日誌（卷7）。明治27-28年役（防衛省防衛研究所）」

---

95 〈本宗錄事・臨時第五號〉，《密嚴教報》127號，明治28年1月12日，頁26。（筆者譯）

96 「JACAR（アジア歷史資料センター）Ref.C13110321800、第1師団，《陣中日誌》卷7。明治27-28年役（防衛省防衛研究所）」。（筆者譯）

（二）從軍僧與慰問使

1 從軍僧與慰問使之性質

　　派遣至軍隊之僧侶需有「教師以上之資格」[97]，其性質細分有二：一是「從軍布教師」、二為「慰問使」。從軍布教師與慰問使，負責的工作不同，說明如下：

> 兩者性質不一，前者持有大本營之許可證明從軍，一切受軍隊之指揮。後者僅有旅行券，從事慰問軍隊、追悼戰死者等。[98]

　　所以從軍布教師隸屬軍隊，必須是年輕身強之僧侶，若面臨衝鋒陷陣之戰，「所有在軍中之進退動作，應依照其司令官之指揮」[99]，人數限制嚴格，各宗派只能派遣一位從軍僧。當時大本營發行之公文（圖2-1-3），亦有記錄真言宗之特派從軍僧欲施予清國人物品，須向大本營報備，申請渡行許可。原文內容如下：

> 一一五号臨着第一八二六号
> 「真言宗特派從軍僧、号別紙甲号写ノ通リ、清国人ノ某物施与ニ付主任僧トシテ、二名本国□□寄□旨趣ヲ以テ、願出候ニ付、渡航御許可有。之度此段申進候也。」
> 二十八年二月一日
> 第二軍司令伯爵大山巖　代理
> 第一師團男爵山地元治　發

---

97 〈從軍僧の特許〉，《密嚴教報》131號，明治28年3月12日，頁26。（筆者譯）
98 〈從軍布教師與慰問使〉，《傳燈》83號，明治27年12月13日，頁26。（筆者譯）
99 《密嚴教報》127號，明治28年1月12日，頁17。（筆者譯）

大本營

參謀總長熾仁親王殿

譯文：

「真言宗特派從軍僧，號如別紙甲號之書寫，為施予清國人之
某物，以主任僧之身分二名，由本國提出申請渡行許可，為此
申請。」[100]

圖2-1-3　真言宗僧侶特派從軍之件

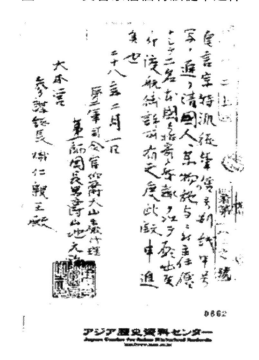

資料來源：「JACAR（アジア歴史資料センター）Ref.C06061425300、明治28年1
月22日至明治29年4月9日「臨着書類綴庶」（防衛省防衛研究所）」

---

100 「JACAR（アジア歴史資料センター）Ref.C06061425300、明治28年1月22日至明
　　治29年4月9日「臨着書類綴庶」（防衛省防衛研究所）」。（筆者譯）

　　從軍僧必須遵守軍營之所有規定。當軍中發生流行病時，從軍布
教師亦須與軍人一同接受消毒、診察，與軍隊同進同出。（明治28年）
大本營之公文有此〈私共大連湾より捷報丸に便乗航海中流行病発生〉
（我等由大連灣搭乘捷報號，於航海中發生流行病）請見圖2-1-4。

圖2-1-4　我等由大連灣搭乘捷報號，於航海中發生流行病

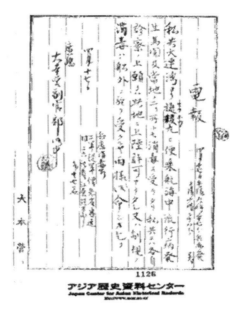

資料來源：「JACAR（アジア歴史資料センター）Ref.C06061037400、「明治28年
自4月11日至5月21日「来電綴（十一）」（防衛省防衛研究所）」

圖2-1-4譯文如下：

　　電報　四月十七日午後九時　兵庫
　　我等由大連灣搭乘捷報號，航海中發生流行病，於馬關及當地
　　二處接受消毒。我等各自診察後允許著陸此地，又規制之消毒
　　於船外接受……。

　　四月十七日　兵庫消毒所

　　　　二軍從軍僧朱雀專達[101]

　　廣島

　　大本營副官部御中[102]

　　慰問使則必須有相當布教之經驗、擅長說法鼓舞人心、處理葬儀之較年長僧侶，具文筆能力記錄布教狀況回報大本山，《明教新誌》中記載如下：

　　　　大照圓朗為《教海》之主筆。山縣玄淨為《傳燈》主筆，岩堀智道則為《密嚴教報》之傑出人才。[103]

　　大照圓朗、山縣玄淨、岩堀智道均具寫作能力。因需較多人力，各宗可派三位慰問使。由引文中得知臨濟宗妙心寺派從軍僧之原圓應，當時為三十歲，而該派之三位慰問使平均年齡則是四十五歲。

　　各宗派遣人員如下：
　　真言宗　從軍者　和田大圓
　　　　　　慰問使　山縣玄淨、岩堀智道、五十嵐光龍
　　天臺宗　從軍者　大照圓朗
　　　　　　慰問使　琳伽覺定

---

101 朱雀專達為淨土宗西山派之僧侶。

102 「JACAR（アジア歷史資料センター）Ref.C06061037400、「明治28年自4月11日至5月21日「来電綴（十一）（防衛省防衛研究所）」。（筆者譯）

103 〈送大照、山縣、岩堀三師〉，《明教新誌》3512號，明治27年12月8日，頁2。（筆者譯）

　　臨濟宗　從軍者　原圓應

　　　　　慰問使　坂上宗詮、圓山元魯、日吉全識[104]

2 從軍僧與慰問使之許可證

　　從軍僧與慰問使之任務並非一致，大本營會頒給「許可證」，讓從軍僧與慰問使能在軍隊行進間行動無礙。妙心寺派之從軍僧——原圓應獲大本營所發行的許可證及介紹狀如下：

圖2-1-5　甲午戰爭中大本營發行給臨濟宗之從軍僧——原圓應的許可證

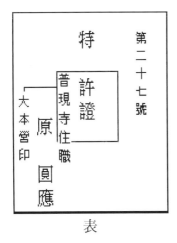
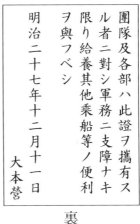

表　　　　　　　　　　裏

資料來源：《正法輪》38號。明治28年1月15日，頁28。

圖2-1-5（裏）譯文如下：

　　團隊及各部隊對於攜有此證者，於無礙軍務下供給其衣食，及應給予乘船等之方便。

　　明治27年12月11日

　　　　　　　　　　　　　　　　　　　　　　　　　　大本營

104　《密嚴教報》126號，明治27年12月25日，頁21。

　　圖2-1-6大本營所發給臨濟宗之慰問使的許可證，與發給從軍僧的許可證（圖2-1-5）稍有不同。

圖2-1-6　甲午戰爭中大本營發給臨濟宗之慰問使的許可證

右今般葬祭布教の為め第二軍所在地へ
派遣許可侯條軍務に差障無之限リハ給
養乘船其他諸般ノ事二關シ可成便宜ヲ
與フヘシ

明治二十七年十二月三十日

大　本　營

印

各部司令官團隊長兵站監

臨濟宗教師

姓　名

資料來源：《正法輪》38號，明治28年1月15日，頁28。

圖2-1-6譯文如下：

　　右（者）此回因祭葬布教，許可派遣至第二軍所在地。基於無礙軍務下，關於給予供養、乘船、其他諸項之事，盡可能給予方便。

明治27年12月30日

　　　　　　　　　　　　　大　本　營　印
　　　　　　　　　　　各部司令官團隊長兵站監

3 從軍僧及慰問使之派遣

繼之，妙心寺派管長交給四名即將赴戰場之僧侶〈從軍僧及慰問使派遣主意書〉，內容如下：

> 帝國軍義興，干戈之間與清國相見，海陸軍隊深入敵地，無免冷熱，不憚危險棄命，一意就義效答皇恩之萬（分之）一，其忠勇義烈恆貫古今，通達萬國，罕有比類。偶觸敵彈，殞命於戰陣，曝屍於敵地，赤誠之照帝國青史，有如與日月爭光明，猶亦殊榮也。
>
> 帝國之臣民未離（中國）母胎前，於佛教已有深繫結托夤緣，於生死大兆已有深固決心，今逮更何。有謂釋尊四十九年隨機說法開無量之方便門，誨諄諄佛法之妙理，所要覺破無明之迷闇到達彼岸之妙果。達摩西來發揮直指單傳之妙旨，所期明定一心之處決。此心若決，處生死之間，忠君愛國至誠，豈會變轉，何況起臥於干戈，生畏怖之念，縱令不運，斃命敵人毒手，其已盡帝國臣民之本分，功勳永與國家共榮光，有何遺憾之。滿清之地原屬胡虜，無辨人民世道為何物，何況德義，何況宗教，對帝國之義軍往往舉動頑陋涉蒙昧，抑之有為，感化教導如此頑迷彼徒為我義軍排除障礙，此豈不正是我佛教徒之急務也。此際心住慈悲三昧冤親平等，誘導彼徒至文明，應竭盡佛教之力，派遣從軍僧及慰問使纂錄當要告示。
>
> 明治廿七年十二月
>
> 妙心寺派管長　蘆匡道[105]

---

[105] 〈從軍僧及慰問使派遣主意書〉，《正法輪》37號，明治27年12月15日，頁4-5。（筆者譯）

此派遣主旨一文中內分三段，首段說明日本與清國交戰，軍人進入敵陣，效忠國家、報答皇恩，為國捐軀，是有如日月之光芒、殊勝之榮耀。第二段轉至日本與佛教之深厚關係，日本未脫離母胎中國文化時，已深受佛法之薰陶，之於生死早已參透。帝國之民亦要持抱釋尊之於佛法的堅持，牢記佛法之妙果，以達彼岸。要有如達摩之堅定信心、追求明心見性，置生死於度外。心若堅定，於干戈中如遇不幸，即是為國、為佛法的貢獻，盡臣民之本分，榮耀與帝國永存。第三段則闡述清國人民智識蒙昧，不知遵道德、盡臣民義務，也不懂宗教。所以感化、教導該國民眾，不僅是發揮佛教慈悲博愛之精神，亦可間接地幫助日本軍人排除阻礙，所以從軍僧及慰問使須為佛教奉獻己力。

妙心寺派於其代表刊物《正法輪》中，也有說明慰問使於軍隊所做之工作應為：

> 一、慰問在外士兵之事。二、民政廳設置地方布教之事。三、看護負傷者之事。四、祭葬戰死者之事。五、軍陣教說之事。[106]

此第一、三、四、五項之內容，慰問鼓勵陣前之軍人，於軍營休息中講述佛法安頓軍心，照顧受傷生病、祭拜埋葬戰死之士兵，皆是從軍慰問使隨軍移陣之基本工作。其中有關第四項處理戰死士兵，《明教新誌》有記載如下：

> 尤其大谷派亦派有火葬人夫同行，依各隊之期望，執行火葬，逐一添附火葬證明書送至家鄉。[107]

106　《正法輪》37號，明治27年12月15日，頁6。（筆者譯）
107　〈從軍布教使の運動〉，《明教新誌》3533號，明治28年1月24日，頁6。（筆者譯）

　　大本營亦有公文記載，真宗本願寺派之從軍僧，將軍人遺骨送至家屬，如圖2-1-7：「……有關故林田中尉之死亡證書御申越之旨，承右證書，……又遺骨托本願寺從軍使，於次期船運直送遺族可致。」[108]由此可知大谷派有火葬人夫跟隨軍隊，依各隊之需求處理火化喪葬遺體。而從軍僧不只照顧戰場士兵，亦將火化後之戰亡士兵的骨灰，送返其家族，讓遺屬安心，延伸佛教之慈悲關愛。

圖2-1-7　混成支隊參謀松石安治寄給大本營副官真鍋斌　有關故林田中尉遺骨並遺物之件

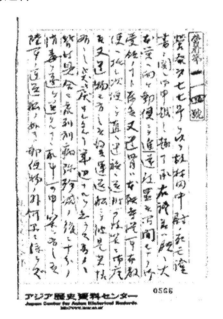

資料來源：「JACAR（アジア歴史資料センター）Ref.C06061577100、明治28年4月「営着書類庶」（防衛省防衛研究所）」

108　JACAR（アジア歴史資料センター）大本営-日清戦役書類綴-M28-22-148（所藏館：防衛省防衛研究所）〈混成枝隊参謀松石安治発大本営副官真鍋斌宛故林田中尉遺骨並遺物に係る件〉。明治28年4月「営着書類庶」Ref.C06061577100。（筆者譯）

　　而上述五項慰問使於軍隊應盡之務的第二項：「民政廳設置地方
布教之事」，是值得注意的。日軍在朝鮮、中國佔領一地後，即會設
置民政廳以管理當地，此時日本僧侶可透過同為信仰佛教為媒介，以
柔化朝鮮、中國民眾進行傳教，幫忙民政廳輔導民眾歸順，亦可調查
記錄當地之習俗文化，蒐集情資，成為軍隊的後援。《正法輪》中有
此記載：

　　　……蠻奴屢對我義軍做無理之舉，此時帝國僧侶當應教化誘導
　　　彼輩，一為撤除彼我間猜忌之心，一為說示道義告知人道是為
　　　何物，以佛教的感化力懷柔我新佔領地之民，此為僧徒將為之
　　　事業，間接地亦助國家之功。派遣使僧應注意此點。[109]

　　日本將中國軍人視為蠻奴，日本佛教界期待從軍僧除跟隨日軍，
行於軍中之務外，也應向中國民眾傳教啟蒙智識，以佛教的力量感化
懷柔中國民眾對日本皇軍之敵對態度，期待透過此舉能成為軍隊之後
盾，建功立業於國家。

　　（明治27年）「12月16日從軍僧一行諸氏由京都出發，各自手持
錫杖，身背（類似書包之）柳包，身著黑素絹布之金襴輪袈裟，頭戴
各宗自定之帽。」[110]有關從軍僧侶之裝備，曹洞宗之從軍僧佐佐木珍
龍於《明教新誌》說明如下：

　　　半衣（短上衣）、一。上中絡子[111]、三。上金襴七條[112]、一。
　　　持鉢、一組。珠數（佛珠）、一。錫杖、一。外套軍艦羅紗、

109　《正法輪》37號，明治27年12月15日，頁6。（筆者譯）
110　《密嚴教報》126號，明治27年12月25日，頁21。（筆者譯）
111　日本僧侶胸前掛的托鉢袋。
112　一種含有金色絲線的花紋名稱。「金襴」中文稱為織金。

一。紫支那純子上衣、一。水色支那純子袴褲、一。鳴鈴、一。拂子、一。毛料襯褲、一。毛料襯衫真棉背心。肉色襯衫、肉色內褲和服綿入、二。止血皮栓。手套、二。毛料襪數雙。腹卷。毛線料腰卷。深藍織金六角帽。毛皮帽。白縐綢圍巾。真綿防寒用圍巾。長短皮靴、三雙。長褲（褲管有鬆緊帶）、一。帆布榻榻米提包、三。手提包、一。過去帳（歷代祖先之紀錄）、一。本尊掛物、一對。筆墨紙。小鍋、一。藥品數種。五種香線香、許多。慰問用物品數種等。[113]

可得知多半是僧侶禦寒之衣物，與布教相關之佛教用具、書寫文具，及簡易醫療藥物、用品。

次日「17日由兵庫縣出發，18日至廣島」[114]，19日「各宗一行於廣島攝影，正午至宇品港，從軍僧三名搭船赴清。」[115]。而「慰問使一行，開往馬關之佐波川號入港」[116]。

當真言宗、天臺宗、臨濟宗聯合送出從軍僧之後，因信徒分置於各軍團，若是一軍團只配置一宗派之僧侶，勢必有所不公。而其未參與此次派遣從軍僧侶至軍隊之其他宗派，也相繼表態，支援此戰。因此佛教界覺得有必要增派從軍僧，於是各宗派先集合「說明各宗協議之必要，於25日集會協議之末，決定委員再次赴廣（島）」[117]。代表向大本營上呈從軍申請書，退營之時終獲大本營許可「各宗派遣人員合計十六名」[118]。

---

113 佐佐木珍龍，〈萬里遠征從軍教記第二回〉，《明教新誌》3549號，明治28年2月26日，頁8。（筆者譯）

114 《正法輪》38號，明治28年1月15日，頁27。（筆者譯）

115 《密嚴教報》127號，明治28年1月12日，頁19。（筆者譯）

116 《正法輪》38號，明治28年1月15日，頁27。（筆者譯）

117 《正法輪》38號，明治28年1月15日，頁27。（筆者譯）

118 《正法輪》38號，明治28年1月15日，頁27。（筆者譯）

（三）各宗派聯合派遣從軍僧

此時天臺宗、真言宗、臨濟宗、淨土宗、淨土宗西山派、曹洞宗、日蓮宗等，各宗派聯合向參謀總長熾仁親王殿下上呈了〈葬祭布教師派遣之儀御願〉，說明此國家之非常時期，各宗欲派遣僧侶至軍隊，照顧自宗派信徒，進行慰問、鼓舞士兵、處理喪葬之儀，原文如下：

圖2-1-8　葬祭布教師派遣之儀御願

資料來源：《密嚴教報》第131號，明治28年3月12日，頁18-19。

圖2-1-8譯文如下：

> 此回征伐大軍御出發之時，以軍人戰死為首，人夫、雜役等，
> 其中罹患諸種病症，為異域不歸之客者甚多局面，此在軍國全
> 是常有之事，而隔海懸軍，不可免除儀式。但考察其遺族悲悼
> 之情況時，實為愍然之至，本分上難以止於沉默，大致上因各
> 宗派之信徒分散於各師團，不妨由各宗派遣配置人員，就第一
> 軍及第二軍所在之地，遵從軍司令部指揮，行布教、讀經、葬
> 儀、追悼其他火葬死屍，安慰鼓勵軍隊之事。進請對國家報
> 效萬分之一，慰藉死者及其遺族友僚之哀情，期間供給食糧乘
> 船之儀，宣布認可。各宗派本山協議之後，特此以總代奉上
> 請願。

由此請願可知日本軍隊設有二軍，軍人分置於各師團。軍人在外
征戰生病或戰死為常態，但須服從軍令，報答國家皇恩。佛教各派為
照顧信徒，幫忙處理葬儀、追悼、火葬大體，並協助遺族家屬。於是
向大本營提出派遣葬祭布教師至軍隊，並希望給予搭船、供食之方
便。由此可知各師團之軍人並非為單一宗派之信徒，故軍隊中不會僅
有單一宗派之從軍布教師。

圖2-1-9　3月13日大本營副官大生定孝寄給第2軍副官山田保永　司令官御申立添附文書退回之件

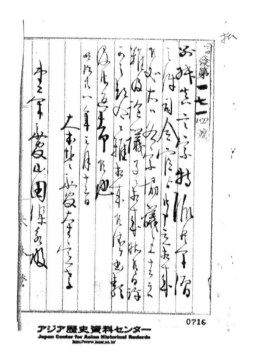

資料來源：「JACAR（アジア歴史資料センター）Ref.C06061313700、明治28年自2月11日至5月9日「臨発書類綴庶」（防衛省防衛研究所）」。

圖2-1-9原文：

別紙真言宗特派従軍僧之件、司令官ヨリ御申立相成候処、右ハ各宗協議之上ナラテハ、難及詮議事ニ相成居候間、許可之都合ニ難相成候依テ、書類及御返却候也。

明治二十八年三月十三日

大本営副官　大生定孝

第二軍副官　山田保永宛

譯文：

> 別紙真言宗特派從軍僧之件，由司令官御報告。在右之各宗協
> 議後，（余）因難及詮議之事，難以許可方便，書類及御回覆
> 也。

　　為何是派遣「十六名」從軍僧，其因是：原本大谷派執事之渥美
契緣向大本營提出從軍僧之申請，但收到：

> 大本營佐伯大尉之文書告知，對於各宗共要求二十六名之從軍
> 者，只允許二十名各宗協議上已告知之姓名者可直接登（大
> 本）營，但東、西兩本願寺已申請數名之從軍，大谷派僧侶二
> 名、人夫二名，本派僧侶三名、人夫三名，共計十名。[119]

　　二十六名從軍者扣除東、西兩本願寺之十名僧侶，即剩十六名。
而真言宗已派四名、天臺宗派一名、妙心寺派派三名及淨土宗西山派
已派遣一名，共計九名之慰問使如下：

第一軍	天臺宗教師	琳伽覺定
第一軍	真言宗教師	山縣玄淨
第二軍	同	岩堀智道
第二軍	同	五十嵐光龍
第一軍	同	岩佐大道
第二軍	臨濟宗教師	圓山元魯

---

119 《正法輪》38號，明治28年1月15日，頁28。（筆者譯）東本願寺派正式名稱為
　　「真宗大谷派」。西本願寺派正式名稱為「真宗本願寺派」。

第一軍　　　同　　　　　　　　　坂上宗詮

第一軍　　　同　　　　　　　　　日吉全識

第二軍　　　淨土宗西山派教師　　朱雀專達

餘七名尚在挑選中，另追付之。[120]

　　曹洞宗派遣「愛知縣名古屋市梅屋寺住持水野道秀，北海道後志國壽都郡龍洞院住持佐佐木珍龍……」[121]為從軍僧。但「妙心寺派委員藤島了穩與其（大本營）協議後，……人夫五名不算，許可派僧侶二十一名。」[122]繼之，因要求各宗協議之事項，於四條寺町淨教寺開會協調後，決議為：

　　對於第一軍、第二軍之從軍僧侶二名，附其從僕一名，搬運行李、處理埋火葬。但其比例為：

真言宗　　　　　　　　二名

臨濟宗往第一軍　　　　一名

臨濟宗併曹洞宗　　　　一名

合併向第二軍

天臺宗合併向第一軍　　一名

曹洞宗

其他宗派未定[123]。

　　因各宗派派遣之從軍布教師的時間不一，且不止派遣一回，《明

120　《正法輪》38號，明治28年1月15日，頁28。

121　〈曹洞宗從軍者の任命〉，《明教新誌》第3525號，明治28年1月8日，頁6。

122　《正法輪》38號，明治28年1月15日，頁28-29。

123　《正法輪》38號，明治28年1月15日，頁29。其他宗派尚有「黃檗宗、法華宗」。

教新誌》中有報導「淨土宗派遣第二回從軍僧」[124]，「大本營共許可佛教各宗教師三十餘名從軍」[125]。於是筆者就蒐集到之相關資料彙整如下頁之表2-1-1，並標註灰框者，表示隨日軍來臺之從軍僧。

124　〈淨土宗從軍僧送別演說〉，《明教新誌》第3558號，明治28年3月16日，頁6。（筆者譯）

125　〈從軍布教師と軍隊〉，《密嚴教報》第139號，明治28年7月12日，頁17。（筆者譯）

表2-1-1　甲午戰爭中，日本佛教各宗派派遣從軍僧及慰問使之所屬師團

軍團	第二軍	第二軍	-	第一軍	第一軍
師團　　宗派	第一師團	第二師團	第六師團	第三師團	第五師團
真宗大谷派	平松理英佐佐木圓慰[126]	千原圓空	佐佐木靈秀	秦數江伊藤大忍	
天臺宗	大照圓朗[127]千葉德常			琳伽覺定	
真言宗	和田大圓岩堀智道	五十嵐光龍		岩佐大道	山縣玄淨
臨濟宗		圓山元魯	原圓應	坂上宗詮	日吉全識
真宗本願寺派			鹿多正現弓波明哲		木山定生香川默識伊藤洞月
曹洞宗			佐佐木珍龍[128]	水野道秀	
淨土宗				岩井智海	
淨土宗西山派		朱雀專達			
日蓮宗					
日蓮宗妙滿寺派					

標註灰框者，為之後有隨日軍進入臺灣之從軍僧。

資料來源：筆者整理，《明教新誌》第3527-3571號。《正法輪》41-43號。《曹洞教報》第2-3號。《佛教》第100-104號。《真宗本派本願寺　臺灣開教史》頁1-3。「-」為無記載。

126　林彥明，〈臺灣通信餘報〉臺南府逗留日誌，《淨土教報》236號，明治28年12月5日，頁8。「11月5日上午9時於大北門外舊練兵場舉行大追弔祭，……僧侶有……，真宗東派佐佐木圓慰。」（東派為大谷派）

127　「……大照圓朗（天臺宗）之諸氏為從軍布教，向臺灣出發」《佛教》104號，明治28年7月，頁36。

128　佐佐木珍龍，《從軍實歷夢遊談》（東京，鴻盟社，1900），頁1：「……日清戰爭時我從軍，然後到中國的滿州，再到新領土臺灣布教。」（筆者譯）

軍團 師團 宗派	近衛師團	第四師團	大都督府	第七師團	臺灣混成支隊	未註明所屬師團
	-	-	-	-	-	-
真宗大谷派		三浦六雄				平居梅龍
天臺宗	加藤慈晃[129]					
真言宗	椋本龍海[130]	小林榮運				
臨濟宗						
真宗本願寺派	大江俊泰[131]	磐井宗成	平谷德龍		下間鳳城 名和淵海[132]	伊藤洞月
曹洞宗						若生國英 城井一秀
淨土宗	林彥明[133]			橋本定幢[134]		荻原雲台 大門了康
淨土宗西山派						
日蓮宗						伊藤武彥、守本文靜、脇田堯懍、野澤義真、伊東智靈、武田宣明[135] 久保田要瑞
日蓮宗妙滿寺派						河野日台 山內日櫻

---

129 天臺宗原本是要派遣奧田貫照，但因生病之故，改派加藤慈晃。《佛教》102號，頁38。

130 〈南征通信〉，《密嚴教報》143號，明治28年9月12日，頁24：「余臺北府滯留」。

131 〈臺灣僧得度式に招かる〉，《明教新誌》3627號，明治28年8月4日，頁8：「6月20日臺北府艋舺街……余（佐佐木珍龍）等此日與近衛師團之林、大江、椋本三氏共同招應。」

132 大橋捨三郎，《真宗本派本願寺 臺灣開教史》（臺北市，真宗本派本願寺臺灣別院，1935），頁2：「三月我軍占澎湖，命下間鳳城師、名和淵海二名於四月七日從屬混成支隊赴澎。上陸後惡疫猖獗，下間鳳城於同島馬公港病歿，名和淵海為照顧患者及死者葬儀甚為辛苦。」（筆者譯）

133 〈林彥明師臺灣行〉，《明教新誌》3602號，明治28年6月14日，頁3：「淨土宗從軍僧林彥明師下（7）月23日跟從近衛師團，由旅順出發，為臺灣布教……」（筆者譯）

134 〈淨土宗渡臺布教師〉，《曹洞教報》32號，明治28年8月5日，頁31：「橋本定幢氏與第七混成旅團之凱旋於六日安抵神戶，近日派遣至臺。」（筆者譯）

135 「……武田宣明、久保田要瑞（日蓮宗），……之諸氏為從軍布教，向臺灣出發。」《佛教》104號，明治28年7月，頁36。（筆者譯）

第二節　日本佛教入臺

　　甲午戰爭中國敗北，明治28年4月簽訂馬關條約，臺灣、澎湖成為日本殖民地。「樺山總督、水野公使等一行三百七十人，於昨（5月）25日下午5時，搭橫濱丸由宇品出發，直航朝向臺灣淡水。」[136] 從軍僧亦隨日軍入臺。

一　日本佛教入臺之形式

　　臺灣納入日本版圖時，即有「日本宗教家，尤以佛教家之腦海中有所思考。各宗派共同，或由從軍布教師，或派宗教觀察使（至臺）。」[137]以此記載得知日本佛教最初入臺的方式有三：一是日本領臺前，由各宗共同派遣，記載如下：

> 聽聞為了在新領地臺灣弘揚真宗，東、西兩本願寺此回在該地應建立別院，近日派遣（真宗）本（願寺）派之島地默雷、（真宗）大（谷）派之南條文雄渡行。[138]

　　其次是以「從軍布教師」之身分隨軍隊入臺。此種方式為目前學界所公認，是日本佛教入臺之正式管道。有真宗本願寺派、真宗大谷派、曹洞宗、真言宗、淨土宗、日蓮宗之從軍僧隨軍直接入臺。其中曹洞宗之代表刊物《曹洞教報》記錄為：

136　〈樺山總督一行の出發〉，《明教新誌》3593號，明治28年5月26日，頁3。（筆者譯）
137　〈臺灣と宗教〉，《曹洞教報》19號，明治28年12月25日，頁25。（筆者譯）
138　〈臺灣と兩本願寺〉，《明教新誌》3589號，明治28年5月18日，頁4。（筆者譯）

　　兩本山日前派遣於第二軍從軍之佐佐木珍龍師於上（五）月二
十四日安抵廣島。現為宗教上之視察，授命派赴臺灣，該師由
廣島直接出發赴臺。[139]

佐佐木珍龍也自述：

　　……日清戰爭時我從軍，然後到中國滿州，再到新領土臺灣布
教。[140]

　　第三種方式是派「宗教觀察使」到臺灣，如：真言宗之「權大僧
都小柴豐嶽、少僧都椋本龍海，為臺灣開教視察之由，命令派遣四月
赴行，……」。[141]真言宗之小柴豐嶽來臺後，於（同年）5月5日回報
大本山之記載：

　　……。淨土宗有位名叫橋本定幢者，在以前之關係上為附隨第
七師團，實地活動於一宗公會後報告，另外，真宗有主從八
名，曹洞宗有五名左右來臺，其他宗派尚無來臺。[142]

　　除上述三種，筆者於此提出第四種日本佛教入臺之方式：「僧侶
個人來臺」。臨濟宗妙心寺派之僧侶細野南岳於明治30年個人渡臺，
其記載為：

139　〈臺灣視察の派遣〉，《曹洞教報》6號，明治28年6月10日，頁22。（筆者譯）
140　佐佐木珍龍，《從軍實歷夢遊談》（東京，鴻盟社，1900），頁1。（筆者譯）
141　〈本宗錄事〉告示，《密嚴教報》157號，明治29年4月12日，無頁碼。（筆者譯）
142　〈臺灣近信・各宗の動靜〉，《密嚴教報》160號，明治29年5月25日，頁29。（筆者
　　譯）

……以個人身分到臺，此次決意臺灣開教之志，上（2）月
末，獨影飄然踏上南征之途。[143]

所以日本佛教入臺的方式有：一、日本領臺前，由各宗共同派
遣。二、以「從軍布教師」之身分隨軍隊入臺。三、派「宗教觀察
使」到臺灣。四、僧侶個人來臺。

---

143 〈南征〉，《正法輪》63號，明治30年2月15日，頁26。（筆者譯）胎中千鶴引用江
木生〈仏教各宗派の台湾伝来と変遷及び現勢〉於〈日本統治期臺湾の仏教勢
力──1921年南瀛仏教会成立まで〉《史苑》58卷2号，立教大学史学会編，1998年
3月，32頁提到：「1896年細野南岳を台湾に派遣したのが最初の台湾布教とい
う」。（譯文：明治29年派遣細野南岳至臺灣，為臺灣最初之布教）筆者對此說法
持保留態度。黃葉秋造《鎮南記念帖》1913，頁3〈鎮南山緣起〉中，亦記載細野
南岳至臺灣的時間為明治30年。

圖2-2-1　真宗本派本願寺臺北布教所

上、中：臺北布教所（至道宮）。

下：第一回報恩講（明治30年1月）。

資料來源：《真宗本派本願寺臺灣開教史》，無頁數。

　　各派入臺後相繼展開布教活動，其中曹洞宗佐佐木珍龍因公回
日，《曹洞教報》職員請教臺灣布教之狀況，佐佐木告知該報職員：

> ……各宗之布教師各自努力選取樞要之地，將其所在之寺院成
> 為自宗所屬。而現今之狀，可說曹洞宗最有勢力。曹洞宗在臺
> 北艋舺街龍山寺內設置宗務支局，管理所屬之末寺，布教師則
> 有陸鉞巖教師、芳川雄悟師及余人等數名。淨土宗則在臺北小
> 南門外設置布教場，有兩名教師從事布教。真言宗在艋舺街書
> 院一帶有布教場，小柴及另一名布教師。真宗以臺北城北門外
> 之至道宮兼充布教場，設立臺灣人學校，布教師兩名。……又
> 余人在艋舺新后宮設置臺灣人學校，七月一日起授課，目前學
> 生約有二十名，其中寄宿生五名，皆正值成年時期……。[144]

　　由此引文可得知於明治29年8月，曹洞宗、淨土宗、真言宗、真
宗（本願寺派）都已進入臺北，其中曹洞宗已於7月在艋舺龍山寺設
置「布教本部」[145]，積極地宣教，將臺灣寺廟納為末寺。且各派布教
師們也各自尋找要地，相繼設置布教場，準備開始布教。另外也開始
向臺灣人民教授日語，以利日後培養自宗人才。筆者整理如表2-2-1：

144　〈臺灣に於ける布教の狀況〉，《曹洞教報》33號，明治29年8月18日，頁24。（筆
　　者譯）
145　〈臺灣布教傳道一班〉曹洞宗，《臺灣日日新報》明治31年10月6日，日刊，2版。

表2-2-1　明治29年（1896）8月入臺之宗派及活動據所

宗派別	據所	據所性質	布教師人數	設立臺灣人學校
曹洞宗	臺北艋舺街龍山寺	宗務支局	陸鉞巖教師、芳川雄悟師及佐佐木珍龍等數名	○
淨土宗	小南門外	布教場	兩名[146]	－
真言宗	艋舺街書院一帶	布教場	小柴及另一名布教師	－
真宗本派	至道宮	布教場		○

資料來源：〈臺灣に於ける布教の狀況〉《曹洞教報》33號，明治29年8月18日，頁24。「○」：有。「－」：無。筆者整理。

　　然而日軍入臺初期，「軍務倥傯之際，宗教上之建築物皆供軍用，佛像、祀具等多被破壞毀損。」[147]臨濟宗之代表刊物《正法輪》亦有記載：

　　　　……以寺院充當軍隊營舍時，要和當局者交涉，應注意破壞佛祖尊儀等及缺禮之事。二十七、八年之戰時對於臺灣，聽說有從軍僧自己破壞歷代之牌位等，此為宗教家最應忌諱之事。[148]

　　由此可知，有從軍僧侶為了在臺布教的方便，趁著軍務混亂之際，破壞臺灣原有寺廟中之佛像等，於是總督府立即下令於明治29年

146　此二名應是指「……仲谷德念、武田興仁兩師於去（7）月30日平安抵達臺北。」〈淨土宗渡臺布教師〉，《曹洞教報》32號，明治28年8月5日，頁31。

147　沈德融（靈泉寺禪林設立者），〈臺灣佛教應進之道〉，《臺灣佛教》，21卷，1號，昭和18年1月15日，頁9。（筆者譯）

148　〈從軍僧に對する意見〉，《正法輪》107號，明治33年8月25日，頁10-11。（筆者譯）

8月18日，以總督之名發出告示，以保護既有之宗教設施，其告示如
下：

> 本島既有之宮廟寺院等，其建立雖有公、私之區別，簡言之，
> 遵從信仰之結果，為德義之標準，秩序之本源，於治民保安上
> 不可或缺。因而，目前暫時下令軍務倥傯之際，不得已權充一
> 時之軍用，應特別注意勿隨意傷壞舊觀。不許破毀宮廟寺院中
> 之靈像、散亂器物等，亦即自今日起應更加強注意保存之同
> 時，且供應軍需之物應迅速恢復舊態之樣，特此諭告。[149]

宗教具有教化之功能，亦可安定社會秩序。雖然臺灣本島之廟宇
有官廟與私廟之分，但都是臺灣人民信仰之據所，對於治理社會秩
序、保護民眾，有很大的功用，不可欠缺，更不可破壞。總督府發現
日軍入臺，既有之寺廟被破壞，立即下令，要保存既有之寺廟，不得
損壞寺院中之佛像、佛具，並要求恢復原貌。所以寺廟中，仍保有自
明清以來傳承之中國閩浙地區佛教的寺院樣式。

日籍布教師努力教導臺灣民眾說日文，唱誦日語版的經典。由於
此時尚未把日式之佛像、供具放置寺廟中，臺灣信徒便仍是膜拜原本
就供奉的中國式的佛像，於是日本布教師提出要廢除既有之寺廟，建
蓋日式之寺院，《南瀛佛教》有此記載：

> ……其中亦有提出廢除既有之寺廟，申請建立新的日本式寺
> 院，成為純粹的日本式寺院。因二者皆屬便宜行事、可說幾乎

---

149 沈德融（靈泉寺禪林設立者），〈臺灣佛教應進之道〉，《臺灣佛教》21卷，1號，昭
和18年1月15日，頁9-10。（筆者譯）

完全沒有接受日本各宗之宗制教育、能堅定信仰佛法之宗意。[150]

所以最早入臺之日本佛教教派，首先需解決在臺之布教據點，希望將寺廟、佛像、供具等皆改為日本樣式。但在語言不通的情況下，要以何種方式進行布教，為此時日本僧侶之課題。

二　日本佛教各宗派在臺之布教

真宗本願寺派、真宗大谷派、曹洞宗、真言宗、淨土宗、日蓮宗隨日軍移防臺灣，為最早進入之日本佛教宗派，其他宗派也相繼來臺布教。

（一）各宗派在臺布教之狀況

隨著日軍正式接收臺灣後，臨濟宗妙心寺派之布教師大崎文溪敘述當時日本佛教各派大本山對臺之態度為：

> 停止從軍慰問之同時，各宗派中之曹洞、真宗、淨土、真言、日蓮等，為經營戰後教界，每年以壹萬至壹千圓之金額，議定臺灣布教費，特派二十餘乃至數人之布教使。吾派於從軍慰問花費三千餘金，又（明治）二十九年本派議會決定，以壹萬圓分五年，為北海道、臺灣之布教及信徒救恤費之支出。[151]

---

150 沈德融（靈泉寺禪林設立者），〈臺灣佛教應進之道〉，《臺灣佛教》，21卷，1號，昭和18年1月15日，頁10。（筆者譯）

151 大崎文溪，〈臺灣本派開教を述べて其が援護會及ぶ〉，《正法輪》121號，明治34年3月25日，頁7。（筆者譯）

　　由此引文可知戰後曹洞宗、真宗、淨土宗、真言宗、日蓮宗等，大本山已決定對於臺灣之布教經費，有多至一萬圓的，也有較少的一千圓，且有計畫地派遣布教師來臺。而臨濟宗妙心寺派也於明治29年在議會中決定，以一萬圓分五年為北海道、臺灣之布教經費及信徒救濟費，其費用每年只有一千圓，與其他經費充裕之宗派相較，只有十分之一。之於臺灣的開教，臨濟宗投入之財力比其他宗派較少。

　　明治30年5月臨濟宗妙心寺派之大崎文溪到臺視察時，有描述當時各宗布教狀況如下：

　　　　其他各宗布教使有二十四名，皆因教費不充分為由，不能擴張布教。除真宗、曹洞宗之外，皆是二、三宗同居。其他新竹、彰化、臺中、嘉義、臺南、鳳山、恆春、臺東、宜蘭等，所到之處皆有常駐或是出張布教場，全都屬於教界事業家之真宗、曹洞宗其兩、三派。曹洞宗熱衷佔領既有之寺廟，真宗努力結集移民信徒，又對臺灣人之布教，著手私立國語學校，教育臺灣人弟子。且各宗布教師為謀安全及方便，多只聚集於臺北，懼怕危險及困難，向各地布教只見真宗、曹洞宗之五、六名布教師，零星在各地，但皆是對公卿（權貴）的布教……（後略）。

　　　　吾人曾嘗試對在臺各宗布教會提議：分割布教區，各布教師以抽籤方式，分攤其各布教區。勿以卑劣之手段，激烈競爭，勿互相侵害其他之布教方向。相互和敬，期待對於國民的布教。但為某野心貪婪之一、二派阻礙，終遂未成。又欲向各宗管長會議建議，但未得時機。[152]

---

152 大崎文溪，〈臺灣本派開教を述べて其が援護會及ぶ〉（つづき），《正法輪》122號，明治34年4月10日，頁4。（筆者譯）「出張布教場」為臨時布教所之意思。

　　此二、三宗同居應是指「淨土宗布教所，該所在海山館，仲谷德念、武田興仁兩氏駐在。日蓮、真言兩宗亦合同，佐野、小山兩氏從事各宗之布教。」[153]但是各宗派互相競爭之醜態，明治31年《臺灣日日新報》都曾記載如下：

> 各宗派相爭相鬥互相猜疑，其醜態暴露於社會，此為內地佛教而佔領臺灣以來，各宗各派為布教接連派遣布教師渡臺，東奔西走南北奔波，其間偶有發生衝突，為世人所嗤笑……[154]

　　可知各宗派在臺灣為了布教之戰線，於激烈競爭之下也發生了互忌互鬥之醜態。

　　淨土宗於明治31年在該代表刊物《淨土教報》中，記錄各宗之布教人員數，見表2-2-2：

153　〈南針記〉，《正法輪》67號，明治30年6月15日，頁34。（筆者譯）

154　〈各宗親睦會〉，《臺灣日日新報》，明治31年12月4日，日刊，2版。（筆者譯）

表2-2-2　明治31年（1898）各宗在臺之開教人員數（單位：人）

宗派\地名	真宗本派		曹洞宗		臨濟宗		日蓮宗		真宗大谷派	
	布教師	助勤[155]	布教師	助勤	布教師	助勤	布教師	助勤	布教師	助勤
基隆	1	1	1	-	-	-	-	-	-	-
臺北	2	1	1	4	-	-	-	1	1	1
新竹	1	-	1	1	-	-	1	1	-	-
苗栗	1	1	-	-	-	-	-	-	-	-
臺中	2	-	-	-	-	-	-	-	-	-
鹿港	1	-	-	-	-	-	-	-	-	-
彰化	閉		1	-	-	-	-	-	-	-
嘉義	1	-	1	1	-	-	-	-	-	-
臺南	2	1	1	1	-	-	-	-	-	1
鳳山	1	-	1	-	-	-	-	-	-	-
雲林	1	-	-	-	-	-	-	-	-	-
恆春	閉		-	-	-	-	-	-	-	-
臺東	1	-	-	-	-	-	-	-	-	-
宜蘭	1	-	1	-	-	-	-	-	-	-
澎湖	1	-	-	-	1	-	-	-	-	-
總計	16	4	8	7	1	0	1	2	1	2
	20		15		1		3		3	

資料來源：〈各宗の開教〉，《淨土教報》318號，明治31年3月15日，頁5。「-」為無記載。筆者整理。

---

155 「助勤」為布教師之助手。

　　根據上述資料，筆者做成圖2-2-2「明治31年（1898）各宗在臺之布教師及助勤人員數」，以及圖2-2-3「明治31年（1898）各宗在臺之開教人員總數」。真宗本派派遣十六位布教師來臺，人力比第二大派曹洞宗高出兩倍。其次是曹洞宗八名布教師，臨濟、日蓮、真宗大谷派各只有一位。而助勤人數則以曹洞宗七名最多，臨濟宗沒有，可見真宗本派財力較別派雄厚。此資料為淨土宗所記載，但卻未見淨土宗之開教師人數紀錄，亦不見真言宗之狀況，所以跟表2-2-1「明治29（1896）年8月入臺之宗派及活動據所」比對，有可能是淨土宗之開教師武田興仁，因病於明治30年6月19日在臺往生，淨土宗未能明確記錄當時之布教師人數，以及無法掌握真言宗之布教人數之數據。

圖2-2-2　明治31年（1898）各宗在臺之布教師及助勤人員數（單位：人）

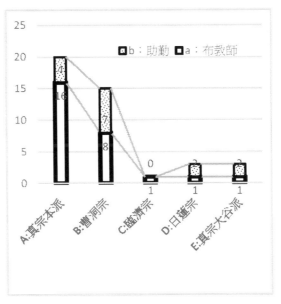

資料來源：〈各宗の開教〉《淨土教報》318號，明治31年3月15日，頁5。筆者繪製。

圖2-2-3　明治31年（1898）各宗在臺之開教人員（布教師）總數（單位：人）

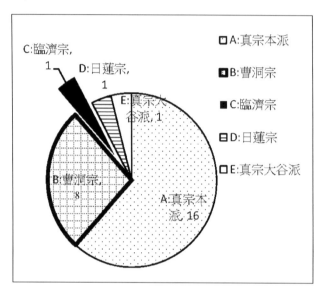

資料來源：〈各宗の開教〉《淨土教報》318號，明治31年3月15日，頁5。筆者繪製。

又以圖2-2-3「明治31年（1898）各宗在臺之開教人員總數」來分析，真宗本願寺派之布教總人數，幾乎佔日本佛教各派在臺布教總人數的二分之一。其次，曹洞宗為第二大派，有八位布教師。日蓮、真宗大谷派雖只有一位布教師，但皆有兩位助勤，而臨濟宗只有一位布教師，為五宗派之末。

其次，明治32年1月之《正法輪》有記載各宗在臺狀況如下：

> 十一日曹洞宗布教場內舉行發會式，信心銘提唱之開筵，此為臺地未曾有之事。……大谷派連枝[156]來臺（舉行）報恩講修

---

156 「連枝」為該派布教師之高階僧職。布教師之階職及稱謂，各派不同。請見附錄表十一。

行。本願寺派計畫於城內建立別院，紫雲玄範、田中行善二氏
為主任，四處奔波。曹洞宗佐佐木珍龍氏昨春以來，苦心經營
之共同墓地喪儀堂，因去年八月暴風雨之關係破損半潰，在苦
心募緣之成果下，完成了正面九間、進深五間之堂宇，十八日
應會舉行入佛式。真言宗小山佑全氏主任，計畫於新起街建立
大師堂，正面七間、進深七間，庫裡正面七間、進深五間，預
估經費需四萬八百圓，目前奔波中。日蓮宗於新起街建立清正
堂，渡邊布教師回日，目前新任者已到。淨土宗入江上人布教
監督，隨行五名布教師，於府後街設置本部，目前舉行十夜法
會中。[157]

　　由此引文可知，各派布教師積極地布教舉行法會，亦努力籌措經
費，建立在臺之寺院，不再依賴臺灣之民家或既有廟宇。而曹洞宗之
佐佐木珍龍更是積極，已於三橋町三板橋建立火葬場[158]，幫助處理喪
祭，但因天災而半損（見圖2-2-4及圖2-2-5）。

---

157 〈臺北近信〉，《正法輪》86號，明治32年1月17日，頁30。（筆者譯）
158 當時此地屬三橋町，現今之臺北市林森北路與南京東路交叉一帶，地名源自三板
　　橋，亦稱三板橋墓園，第七任臺灣總督明石元二郎（1864-1919）即葬於此。可參
　　考闞正宗〈日僧佐佐木珍龍的臺灣開教：佛教曹洞宗在殖民初期（1895-1901）的
　　活動〉《圓光學報》第21期。2013年6月。

圖2-2-4 昭和5年（1930）三橋町三板橋之位置圖

資料來源：國立臺灣圖書館「日治時期臺灣文獻全文影像系統」。石原幸作，〈臺北市地圖〉，昭和5年。粗體字為筆者自行標註。

圖2-2-5 三板橋葬儀堂

資料來源：《臺北写真帖》，頁37。

　　明治32年起，各宗派欲興建在臺之道場，開始擇地、購買，但似乎並非都很順利。同年4月《臺灣日日新報》中，記載各宗之土地交涉狀況為：

　　　最近曹洞宗之佐佐木珍龍師，為新建稱為南海山臺灣寺回日，但是否能於內地順利地募集淨財？是一難事。（真宗）大谷派本願寺，目前連枝亦駐錫中，對臺灣之布教相當努力，該派布教使普遍生氣十足，又本月中應會將六館街之說教所轉移至北門街二丁目內的自有房屋。（真宗）本願寺派，之前為視察建立別院，應稱之為該派之大藏大臣[159]的蓮居執行來臺，內定於北門街三丁目內田孝太郎氏所持有之房屋（所在地）建蓋別院，之後回日。但與該地之地主交涉不順，暫時之契約破局。此次決定建蓋於新起街一丁目之已收購的土地，預算為三萬五千圓。又同派之信徒發起的教會，此次組織更替，聽說有推選商議員，此回由大分新顏出任。聽聞真言宗於新起街一丁目裡，久米組宗之土地建立寺院，但似乎不順利，不知是當中有內訌之事？將來布教之成績似乎不明朗。淨土宗入江師因歸京中，該宗之布教不太興盛。日蓮宗雖現正計畫普請清正公[160]之堂宇，應是位於現今本堂的鄰地。臨濟宗之足利天應師，時時為道友會之講師，每週於淡水舘席上提倡，聽眾逐漸增多。[161]

　　因各派陸續向總督府提出申請，欲在臺北建立布教所，所以明治34年總督府規定其建立寺院之標準為：

159　大藏大臣：負責財務。

160　加藤清正（1562-1611）安土桃山、江戶時代之武將和莊園領主，日蓮宗之熱忱教徒，建造了不少佛寺，特別以日蓮宗佛寺最多，往生後被稱為「清正公」。

161　〈臺北布教の狀況一班〉，《臺灣日日新報》明治32年4月20日，日刊，2版。（筆者譯）

近來在臺灣申請社寺建立者很多，現今總督府訂出下列標準，欲申請者基於此標準完成調查後，應進達向各地方長官通達其標準。

一、社寺之建築物，神社、本殿應一坪半以上，同拜殿十二坪以上，社務所又神職宿舍十二坪以上，寺院、本堂二十二坪以上，同庫裡十三坪以上。

二、境內之區域為建築物總坪數之三倍以上。

三、為充分有修繕其他之經費，希望一年至少四百圓以上之收入。

四、為維持費用備有相當基本金，又每年一定之定期儲蓄為漸次基本財產等。[162]

　　總督府除了規定建蓋之地基大小之標準外，亦要求要有修繕其他之經費，備有相當基本金，以防備臨時需要費用。所以要建蓋一寺廟除了建築費之外，也需要相當之備用金。

　　到了明治34年末，淨土宗於《淨土教報》中，則有詳細地記載各宗派在臺之布教狀況，如下：[163]

1　日蓮宗

明治二十九年八月渡邊英明、佐野是秀二氏奉宗命渡航，寄宿真言宗布教所（艋舺黃氏曆），渡邊氏到新竹。三十年四月佐野氏寄宿淨土宗布教所（艋舺），三十一年二月宗務廳派視察員到臺，佐野氏辭任。甲斐本耀氏（獨立渡臺）設置暫時之臺

---

162 〈臺灣に於ける社寺建立の標準〉，《正法輪》125號，明治34年5月25日，頁9。（筆者譯）

163 原引文中有「臺灣」、「渡台」，譯文統一以「臺」記載。

北布教所，由此該氏計畫於新起橫二丁目[164]建立布教所。渡邊氏回臺北從事建築，六月岩井惠濟氏渡臺。三十二年七月本堂落成，三十三年十一月渡邊氏為主任，三十四年七月岩井氏至臺南，八月渡邊氏期滿，同氏現今於新起橫街二丁目日蓮宗臺北布教所布教。[165]（見圖2-2-6及圖2-2-7）

圖2-2-6　日蓮宗臺北布教所

資料來源：《臺灣全臺寺院齋堂名蹟寶鑑》，頁20。

---

164 根據臺北地政事務所之資料應為「新起橫街二丁目」。
165 《淨土教報》465號，明治34年（1901）12月15日，頁12。（筆者譯）

圖2-2-7　日治時期日蓮宗之寺院地籍登記

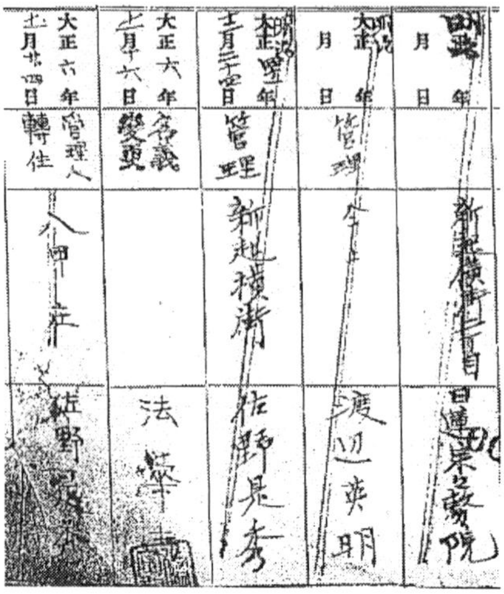

資料來源：臺北市政府地政事務所，筆者於2013年查閱。

2　真言宗

　　明治二十八年椋本龍海氏（軍隊布教師）隨從征臺軍渡臺。二
十九年至彰化開辦學校教化臺人，在留一年。期間，宗務廳任
命小柴豐嶽、小山佑全為布教師，留錫臺北，以艋舺黃氏厝為
布教所，之後因事寄寓淨土宗。三十年春，移至大稻埕建成街
林本源所有之瞿公厝布教，本山再派三名布教師。三十一年八
月其中兩名至臺南。三十二年七月該三名卸任，小山氏為募集
布教場建築費返日，小芝（臺北主任）卸任。三十三年七月因
真言宗分離問題紛擾之由，中止開教，富岡返日。至三十四年
四月主任布教師從缺，島田隆範氏留守，五月三日現今之主任
寺林祐海渡臺。[166]（見圖2-2-8及圖2-2-9）

---

166 《淨土教報》465號，明治34年12月15日，頁12-13。（筆者譯）

圖2-2-8　真言宗弘法寺

Koboji (Outside of west gate)　（街外門西）　寺法弘

資料來源：《臺北写真帖》，頁35。

圖2-2-9　日治時期真言宗之寺院地籍登記

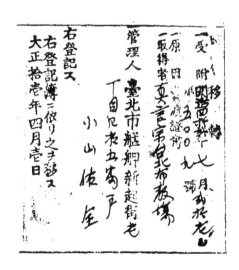

資料來源：臺北市政府地政事務所，筆者於2013年查閱。

3 真宗本願寺派

　　明治二十九年三月紫雲玄範、井上清明依本山之命，以從軍兼臺灣布教師之身分來臺，寄宿總督府官舍。其後借住以北門外某厝為據點之兵站指令部，不久由鐵道部命令撤退。乃因軍隊之葬禮為無謝禮，以依各宗之行大型葬儀為條件而借予的，（本願寺派）請求暫緩。八月田中行善氏渡臺，九月組織真宗臺北教會。三十年底，本山武田學務局長來臺視察全島結果，洩露將於臺北建築大寺院之要旨，允諾此事，時時催促本山。三十二年春，本山執行來臺決定於城內買收相當之土地，即今之梅甌街，談妥欲購買三千坪。十月田中氏帶一名信徒上京陳情且攜有來自總督之介紹狀，乃集會決定下賜金二萬五千圓。三十三年五月動工，三十四年九月落成。[167]（見圖2-2-10及圖2-2-11）

圖2-2-10　真宗本願寺派別院

資料來源：《真宗本派本願寺臺灣開教史》，明治34年9月。

---

167 《淨土教報》465號，明治34年12月15日，頁13。（筆者譯）

圖2-2-11　日治時期真宗本願寺派之寺院地籍登記

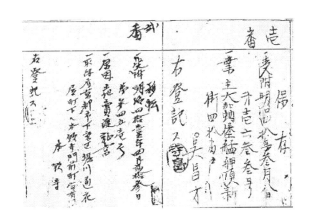

資料來源：臺北市政府地政事務所，筆者於2013年查閱。

4 曹洞宗

明治二十八年佐佐木珍龍以從軍布教師身分渡臺，二十九年本山於各處建立國語學校，開布教之初端。陸鉞巖氏至臺南（滯留五年），以艋舺龍山寺及書院街充當現今之布教所，現多在此處。三十二年向仁濟院借用境內有七十七坪、建築物有三十一坪之臺灣人家屋，稱為曹洞宗大本山臺北布教所，佐佐木氏回日，同年正覺慈觀氏渡臺，三十三年歸國。四月菅原慶禪氏代之為主任，三十四年四月返回日本。同六月現任主任山田祖學來臺，在臺北之布教所有十四個派出所。[168]（見圖2-2-12及圖2-2-13）

---

168 《淨土教報》465號，明治34年12月15日，頁13。此「派出所」類似「出差所」。每宗派稱法不一致。（筆者譯）

圖2-2-12　曹洞宗臺北別院

資料來源：《臺灣全臺寺院齋堂名蹟寶鑑》，頁12。

圖2-2-13　日治時期曹洞宗之寺院地籍登記

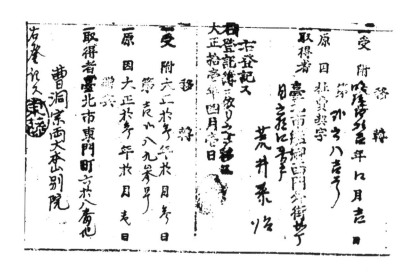

資料來源：臺北市政府地政事務所，筆者於2013年查閱。

5 真宗大谷派

　　明治三十年五月大山慶哉氏以布教師身分渡臺，寄宿大稻埕千秋街之民屋。三十一年一月准參務和田圓什氏以布教視察身分來臺，繼之三名布教師（本多文雄於臺南、廣岡荷識於鳳山、加藤廣海於臺北）。二月岡本覺亮氏以臺灣布教事務錄事之身分停留臺北，於同處設置臺灣寺務出張所。此外，設置真宗大谷派說教所，大山為此負責人，同時借用六館街鮫島倉庫，並將該說教所轉移至此處。七月加藤至廈門，九月石川馨以臺灣寺務出張所長身分來臺，岡本因病回日。十一月能淨院連枝結束對岸視察，留錫臺北。三十二年春移至府前街二丁目之新建築舍。三十四年五月連枝至彰化。三十三年五月佐野即悟氏來臺，大山至臺南。三十四年一月山內等氏來臺、加藤氏來臺，現仍滯留在臺北。稱為真宗大谷派本願寺。[169]（見圖2-2-14及圖2-2-15）

圖2-2-14　真宗大谷派布教所

資料來源：〈臺北の寺院（二）真宗大谷派布教所〉，《臺灣日日新報》，明治43年2月20日，日刊，7版。

---

[169] 《淨土教報》466號，明治34年12月22日，頁2。（筆者譯）

圖2-2-15　日治時期真宗大谷派之寺院地籍登記

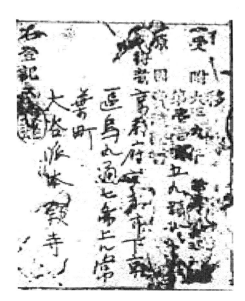

資料來源：臺北市政府地政事務所，筆者於2013年查閱。

6 臨濟宗

純獨立與本山絲毫無關，於圓山公園設置道場，稱為鎮南山護國寺，梅山秀夫氏為此負責人。另於新起街（一丁目）建立堂宇，稱為滬山大悲閣，高橋醇良[170]氏為負責人。因俱相當之信徒，是否全為個人事業呢？因此吾需深入該設施調查，故未能詳述。日後更加採取的是關涉主義、放任主義、或是援護主義？無法論述何得何失，現未能評論此宗之設施。[171]（見圖2-2-16至圖2-2-18）

---

170 根據〈臺北の寺院（四）臨濟宗滬山大悲閣〉，《臺灣日日新報》，明治43年2月23日，日刊，5版。應為「高橋醇領」氏。

171 《淨土教報》466號，明治34年12月22日，頁2-3。（筆者譯）

圖2-2-16 臨濟宗滬山大悲閣

資料來源：〈臺北の寺院（四）臨濟宗滬山大悲閣〉,《臺灣日日新報》, 明治43年2月23日, 日刊, 5版。

圖2-2-17 臨濟宗護國禪寺

資料來源：《臺灣全臺寺院齋堂名蹟寶鑑》, 頁10。

圖2-2-18　日治時期臨濟宗之寺院地籍登記

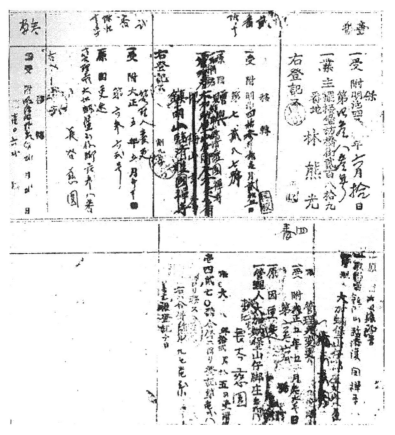

資料來源：臺北市政府地政事務所，筆者於2013年查閱。

7 淨土宗

橋本定幢氏於明治二十八年以征臺軍之從軍布教師身分入臺，
駐錫臺北艋舺營盤頂街海山館布教。二十九年六月故武田、仲
谷二氏至臺北，橋本氏歸國，二氏為個人之布教師，臺灣傳道
援護會及宗務所援助之，九月嶺原惠海氏亦來臺。三十年五月
探慰武田之往生，白石堯海、岩井智海氏視察本島，其結果於

三十一年之宗會中，將本島及澎湖島編入開教區，自五月十五日起成為本宗事業。六月仲谷氏往生，鈴木臺運氏入臺，九月嶺原氏及鈴木氏為開教副使。十月開教使長入江泰禪氏來臺，掌管本島開教之樞務。十一月由艋舺之布教所移置城內府直街，由此宗光漸輝。三十二年一月松本活道、榊原貞祥二開教副使來臺，榊原氏常駐新竹布教所，松本常駐基隆布教所。繼之，方言研究生永瀨哲哉、木村信仰氏赴任，鈴木氏至臺南出張所。三十三年一月設立教務支所，直屬宗務所。三十二年三月方言研究生之稻岡龍善氏渡臺，六月木村、稻岡二氏為副使，八月稻岡氏辭職。九月岡本貫玉氏以視察之由出差，由府直街之布教所移至大稻埕建成街瞿公厝（林本源所有之原真言宗布教所）將此視為宗勢不振之直接原因。十二月松本辭職歸國，使木村氏代替之。三十三年四月永瀨研究生辭職，同月入江氏辭任歸國。石井大亮氏開教使長、野口定學副使到任，野口氏至基隆，五月適逢林家請求撤出瞿公厝，七月榊原氏辭任歸國，嶺原氏代之，十二月遷至現今之布教所（臺人所有之民屋）。十二月木村副使返國靜養，同月西中一也氏為方言研究生。三十四年二月嶺原氏返回臺北，西中氏代之，嶺原氏赴任為淡水常駐布教師。三月千野錄事以視察為由來臺，野口氏辭職歸國，基隆出缺。四月石井辭任回日，嶺原氏為使長返臺北處理事務，七月西中氏往生，該月居然選了位狂夫而汙瀆使長之職，八月赴任，同時嶺原氏返回淡水。九月木村副使返任，藤井教進氏為研究生來臺。十一月芝崎澄純、余鄉辨從二開教使赴任，芝崎氏於基隆常駐……。[172]（見圖2-2-19及圖2-2-20）

172　《淨土教報》466號，明治34年12月22日，頁3。（筆者譯）

圖2-2-19　淨土宗（忠魂堂）

資料來源：《臺北写真帖》，頁4。

圖2-2-20　日治時期淨土宗之寺院地籍登記

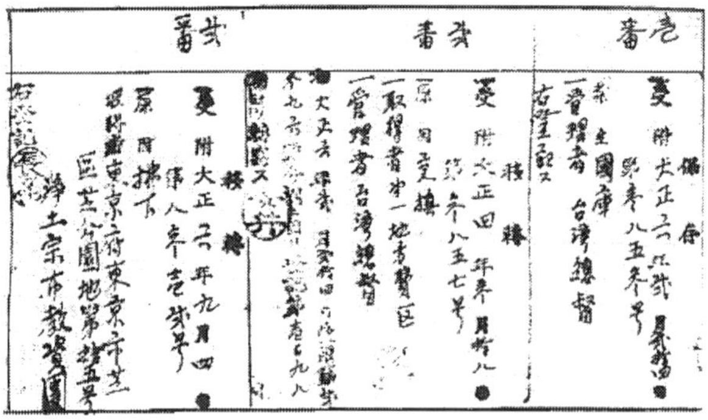

資料來源：臺北市政府地政事務所，筆者於2013年查閱。

其次，筆者就明治34年松本赫然記載的〈各宗の比較〉表格做一分析，整理如表2-2-3：

表2-2-3　明治34年（1901）各宗在臺布教之比較

宗派＼內容	真言宗	淨土宗	臨濟宗	曹洞宗	真宗本派	真宗大谷派	日蓮宗
依所名	臺北布教所	臺北布教所	鎮南山護國寺	臺北布教所	臺北別院	大谷派本願寺	臺北布教所
地名	新起橫街	大稻埕建成街	圓山公園	城內[173]書院街	新起街	城內府城街	新起橫街
主任	寺林祐海	松本赫然	梅山秀夫	山田祖學	紫雲玄範 田中行善	佐野即悟	渡邊英明
土地性質	無料借地	借地	所有地	借地	所有地	所有地	所有地
家屋	堂宇	民家	堂宇	民家	堂宇	堂宇	堂宇
土地坪數	五百二十坪	三十五坪	一千五百坪	七十七坪	三千五百坪	三百坪	一千三百坪
僧侶	一名	五名	三名	五名	七名	三名	一名
日本人信徒	四百名	一百戶	未詳	二千人	五百戶	五百人	百戶
臺灣人信徒	-	二千戶	-	三萬人	三千戶		
布教次數	每月一回	每月一回	講義	每月八回	每月九回	每月八回	每月二回
教員會數	-			百五十名	四百七十名	約百名	-
開教方針	純日本人	二分之一	純日本人	二分之一	八分對兩分	八分對兩分	純日本人

173　此「城內」為艋舺地區。

表2-2-3（續）

宗派 內容	真言宗	淨土宗	臨濟宗	曹洞宗	真宗本派	真宗大谷派	日蓮宗
開教性質	宗業	宗業	獨立	宗業	宗業	宗業	宗業
制度	准獨立	三級	獨立	三級	二級	三級	二級
主任月俸		二十五圓		二十圓	四十圓	五十圓	三十圓
布教費		六十圓		六十圓			
土地購入時間	三十一年一月				三十年三月	三十一年一月	三十年

資料來源：松本赫然在臺北，〈各宗の比較〉，《淨土教報》467號，明治34年12月29日，頁3。

　　明治28、29年日本佛教宗派入臺，為求方便布教，先借用臺灣既有之寺廟、民家，等到隔年明治30年左右，才開始取得寺廟土地。根據明治34年松本赫然之記載，除臨濟宗之禪寺位於圓山，不在臺北城內，其他真言宗、淨土宗、曹洞宗、真宗本派、真宗大谷派、日蓮宗都在臺北城內。真宗本願寺派、真宗大谷派、日蓮宗皆於明治30、31年取得在臺之自家宗派的土地，可見此三派財力應是較為充裕，給予的主任月俸也比他派較高。臨濟宗也已獲得寺廟土地，但真言宗、淨土宗、曹洞宗仍是租借場地。其中真言宗是租借堂宇，淨土宗、曹洞宗則是借用民家。布教次數以真宗本派之每月九回最為積極，而真言宗、淨土宗則是每月只有布教一回。

　　此外有關土地之大小、僧侶人數、開教方針、開教性質，筆者將上列數據做成圖表如下（見圖2-2-21至圖2-2-24）：

圖2-2-21　明治34年（1901）各宗在臺北之寺院地基面積（單位：坪）

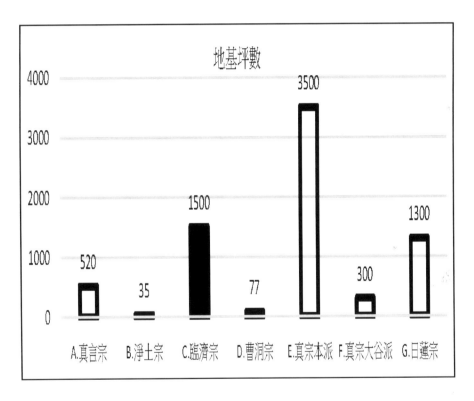

資料來源：松本赫然在臺北，〈各宗の比較〉，《淨土教報》467號，明治34年12月29日，頁3。筆者繪製。

　　以地基面積大小比對，真宗本願寺派最大，基地坪數大幅超越其他派別。臨濟宗次之，日蓮宗第三大，真言宗為第四，真宗大谷派第五，曹洞宗為第六，而淨土宗之面積數最小（見圖2-2-21）。

圖2-2-22　明治34年（1901）各宗在臺之僧侶人數（單位：人）

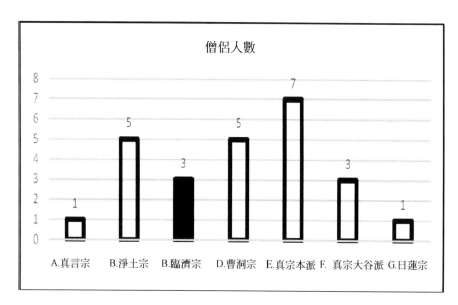

資料來源：松本赫然在臺北，〈各宗の比較〉，《淨土教報》467號，明治34年12月29日，頁3。筆者繪製。

　　從僧侶人數來看，真宗本願寺派投入人力最多，有七位。淨土宗與曹洞宗次之，派有五位。臨濟宗與真宗大谷派為第三，在臺有三位布教師。而真言宗與日蓮宗只有一位布教人員（見圖2-2-22）。

圖2-2-23　明治34年（1901）在臺各宗之開教方針的比較

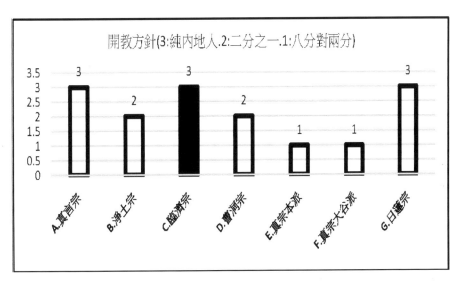

開教方針(3:純內地人.2:二分之一.1:八分對兩分)

資料來源：松本赫然在臺北，〈各宗の比較〉，《淨土教報》467號，明治34年12月29日，頁3。筆者繪製。筆者將「純內地（日本）人」設定為：3。「二分之一」為：2。「八分對兩分」為：1。

　　以純日本人為布教重心者，七派中有真言宗、臨濟宗、日蓮宗三派。日籍臺籍並重的有淨土宗、曹洞宗兩派。而真宗本願寺派、大谷派則是八分對兩分的開教方針。在表2-2-1「明治29年（1896）8月入臺之宗派及活動據所」中，曹洞宗、真宗本願寺派已在臺北設立臺灣人學校，教導臺灣人日語。但到了明治34年，以表2-2-3「明治34年（1901）各宗在臺布教之比較」之紀錄來比對，雖然真宗本願寺派、大谷派的開教方針中有提到八分、兩分，但並未明確記載是對日籍或是臺籍信徒，日本佛教入臺第六年，整體來說仍以日籍信徒為布教重心（見圖2-2-23）。

圖2-2-24　明治34年（1901）在臺各宗之開教性質的比較

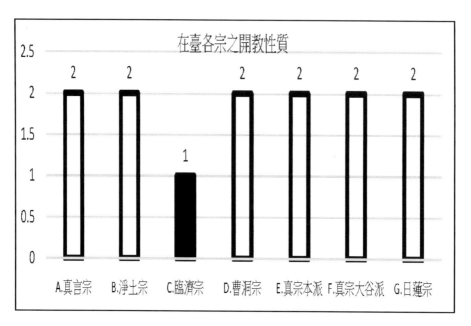

資料來源：松本赫然在臺北，〈各宗の比較〉，《淨土教報》467號，明治34年12月29日，頁3。筆者繪製。筆者將「宗業」設定為2。「獨立」設定為：1。

　　由此圖得知入臺之教派，真言宗、淨土宗、曹洞宗、真宗本願寺派、真宗大谷派、日蓮宗，皆是由大本山支援在臺之傳教事業，只有臨濟宗是靠來臺僧侶自己個人的力量在臺布教。此點為臨濟宗在臺布教之一大特色。

　　由上述引文得知明治34年時已有日蓮宗、真言宗、真宗本願寺派、曹洞宗、真宗大谷派、臨濟宗、淨土宗七宗派在臺積極地布教，筆者就各宗派入臺之先後時間做一整理如下（見表2-2-4）：

表2-2-4　以《淨土教報》、《臺灣日日新報》及江木生之〈內地（日本）佛教傳來臺灣及其現勢〉比對日本佛教宗派入臺之時間及布教師

資料來源 宗派	《臺灣日日新報》	《淨土教報》	〈內地（日本）佛教傳來臺灣及其現勢〉	其他資料
真言宗 （高野派）	明治28年有軍隊布教師來臺布教，明治29年4月小柴豐嶽渡臺。	明治28年椋本龍海（軍隊布教師）隨從征臺軍渡臺。	明治29年4月	-
曹洞宗	曹洞宗之布教為各宗最先，明治28年6月佐佐木珍龍師隨總督府入臺，7月於艋舺龍山寺設置布教本部。	明治28年佐佐木珍龍以從軍布教師身分渡臺。	明治28年6月	-
淨土宗	於明治29年5月派武田興仁、仲谷德念二位開教師來臺。	橋本定幢於明治28年以征臺軍之從軍布教師身分入臺。	明治27年8月	-
真宗本願寺派	明治29年2月紫雲玄範師、井上、宮本、平田來臺。	明治29年3月紫雲玄範、井上清明依本山之命來臺。	明治28年3月	正式開教之事業於明治29年1月23日著手[174]

---

174 大橋捨三郎，《真宗本願寺臺灣開教史》（臺北市，真宗本派本願寺臺灣別院，1935），頁3。

表2-2-4（續）

資料來源 宗派	《臺灣日日新報》	《淨土教報》	〈內地（日本）佛教傳來臺灣及其現勢〉	其他資料
日蓮宗	約明治28、29年，渡邊英明、佐野是秀，由教院派至臺灣。	明治29年8月渡邊英明、佐野是秀二氏奉宗命渡航。	明治29年6月	-
真宗大谷派	明治30年5月大山慶哉、松井哲師渡臺。	明治30年5月大山慶哉氏以布教師身分渡臺。	明治30年7月	明治30年6月於臺北設置寺務出差所[175]
臨濟宗	明治30年2月細野南岳單獨渡臺，留錫於圓山公園對面之劍潭寺，開始布教。	於圓山公園設置道場，稱為鎮南山護國寺，梅山（玄秀）氏為此負責人。	明治29年	-
淨土宗西山派	為對臺灣布教明治29年派遣兼子道仙、山崎亮叡兩師，以派出員之身分到臺。	-	-	-
天臺宗	-	-	明治29年	-
本門法華宗	-	-	大正6年	-
顯本法華宗	-	-	大正15年	-

175　水谷寿、橫田滿，《大谷派近代年表》（京都，大谷派本願寺編纂課，1924），頁106。

資料來源：《淨土教報》465-466號。〈西山派の臺灣布教〉，《臺灣日日新報》，明治29年11月14日，日刊，2版；〈台灣布教傳道一班〉，《臺灣日日新報》，明治31年9月23日，日刊，2版；〈台灣布教傳道一班〉，《臺灣日日新報》，明治31年10月6日，日刊，2版。江木生，〈內地（日本）佛教傳來臺灣及其現勢〉，《南瀛佛教》第15卷，第2號，昭和12年2月，頁15-20。筆者整理。「-」為無記載。

　　由明治29至31年《臺灣日日新報》、明治34年《淨土教報》及昭和12年江木生〈內地（日本）佛教傳來臺灣及其現勢〉三份資料比對各派入臺時間，《臺灣日日新報》與《淨土教報》的記載較為一致，而江木生〈內地（日本）佛教傳來臺灣及其現勢〉則有些許出入。但主要派別之真言宗（高野派）、曹洞宗、淨土宗、真宗本願寺派、日蓮宗、真宗大谷派、臨濟宗，幾乎都是於明治28至30年之間，進入臺灣。

　　臺灣總督府於昭和10年（1935）11月出版的《臺灣事情》中，對於日本治臺前、後的「臺灣的宗教」做了一表格，內容如下：

表2-2-5　日本領臺前之臺灣的宗教

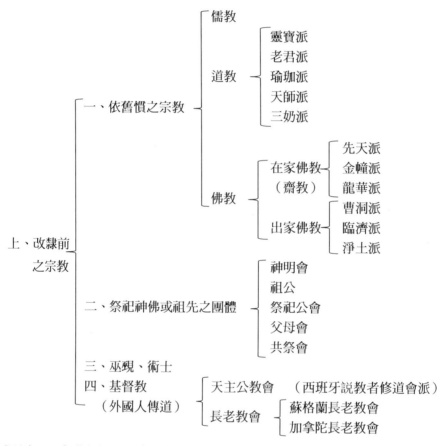

資料來源：臺灣總督府，《臺灣事情》，昭和10年11月，頁120。

　　臺灣的先住民多來自於中國之閩浙地區，日本領臺前臺灣的宗教由儒、道、佛混合而成。臺灣佛教多與中國南方的佛教類似，大多是由福建的鼓山湧泉寺、怡山長慶寺之弟子所開拓，宗派屬於禪宗系統。日本統治臺灣後，臺灣宗教的狀況請見表2-2-6「日本領臺後之臺灣的宗教（1935）」，表2-2-7「日本領臺後之臺灣的宗教（佛教）（1943）」之臺灣的各宗教及其宗派。

表2-2-6　日本領臺後之臺灣的宗教（1935）

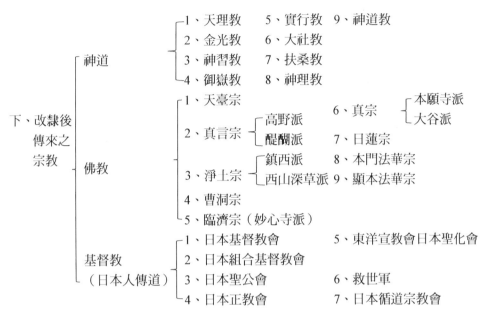

資料來源：《臺灣事情》臺灣總督府，昭和10年11月，頁121。

到了昭和18年（1943），臺灣總督府之記載如表2-2-7：

表2-2-7　日本領臺後之臺灣的宗教（佛教）（1943）

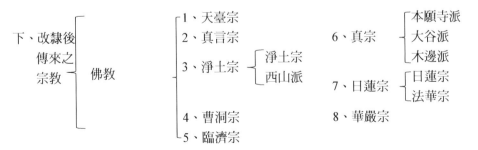

資料來源：臺灣總督府文教局社會課《臺灣に於ける神社及宗教》，臺灣總督府文教局社會課，臺北市，昭和18年，頁38。淨土宗（有以宗主法然上人的鎮西派，之後其高徒西山上人證空創立了西山派。此外深草派是西山派的一派別。）於明治至昭和時期，各派別時而結合、時而分裂，筆者遵從該原文之紀錄。

　　日本統治臺灣五十年，筆者就當時在臺灣布教比較留有土地登記
及總督府資料的真宗本願寺派、真宗大谷派、曹洞宗、真言宗、淨土
宗、臨濟宗、日蓮宗、本門法華宗、顯本法華宗、淨土宗西山深草
派、天臺宗等，各宗派在臺北取得寺院土地時間、方式及取得登記
者，依時間順序排列，並與各宗派向總督府申請建立寺院之文件記
錄，整理繪製如圖2-2-25及表2-2-8：

圖2-2-25　昭和5年（1930）日本佛教各派在臺北之分布據點

資料來源：國立臺灣圖書館「日治時期臺灣文獻全文影像系統」。石原幸作，〈臺北市地圖〉昭和5年。（1、龍山寺；2、日蓮宗之法華寺；3、真宗西本願寺別院（本願寺派）；4、真言宗之弘法寺；5、真宗東本願寺（大谷派）；6、曹洞宗別院；7、淨土宗；8、臨濟宗之臨濟寺；9、淨土宗之忠魂堂；10、劍潭寺）[176] 1、龍山寺，10、劍潭寺，為日本統治臺灣前已存在之本島寺廟。筆者繪製。

---

176 1-10為筆者自行標註。

表2-2-8　日治時期日本佛教各宗派之寺院地址、寺院土地取得之時間、方式、土地取得之登記者，及向總督府申請建立寺院之許可時間的彙整

宗派＼內容	一、寺院地址	二、寺院土地取得之時間	三、寺院土地取得之方式	四、寺院土地取得之登記者
真宗本願寺派	臺北市新起町1丁目1番地	明治41年4月23日	向吳昌才購買取得	京都市下京區堀川通花屋町下ル門前町本願寺官有地。本願寺
（本門）法華宗	臺北市老松町3丁目11番地	明治41年11月20日	向陳秋購買取得	村田義政
日蓮宗	臺北市若竹町2丁目22番地	※應在明治41年12月24日之前	-	日蓮宗宗務院。大正6年11月6日更名為法華寺
真言宗	臺北市西門町1丁目7番地	明治42年7月21日	向公業同仁局（管理人：吳昌才、李孫蒲）購買取得	真言宗臺北布教場。小山佑全
臨濟宗	臺北市圓山町176番地	明治43年11月2□日	由林熊光贈予	鎮南山臨濟護國禪寺。梅山玄秀
淨土宗	臺北市樺山町30番地	大正6年9月4日	從第一贊區（管理人：臺灣總督府）渡讓	東京府東京市芝區芝公園地第拾五號。淨土宗布教團
真宗大谷派	臺北市壽町2丁目5、6番地	大正9年11月□2日	向鄭永□購買取得	京都府京都市下京區烏丸通七条上ル長葉町。大谷派本願寺
曹洞宗	臺北市東門町68番地	大正13年10月1日	由荒井泰治贈予	曹洞宗兩大本山別院
顯本法華宗	臺北市新榮町1丁目11番地	-	-	
淨土宗西山深草派	臺北布教所臺北市川端町189番地	-	-	
天臺宗	臺北市壽町2丁目2番地[177]			

177 《臺灣日日新報》大正12年4月1日，日刊，7版。寺號：南叡山大正寺。

宗派＼內容	五、向總督府申請內容	六、總督府許可日期	七、總督府之文件號碼	八、設立許可（認可）年月日
真宗本願寺派	-	-	-	明治34年1月19日
（本門）法華宗	-	-	-	大正11年10月24日
日蓮宗	-	-	-	明治31年6月5日
真言宗	新高野山弘法寺建立許可	明治43年10月15日	冊號1735文號15門號5門別地方類號5類別社寺。明治43年11月22日	明治43年5月19日
臨濟宗	寺院建立許可	明治43年11月22日	冊號1735文號15門號5門別地方類號5類別社寺。明治43年11月22日	明治33年11月12日
淨土宗	臺北別院建立許可／件世良義成	大正15年	冊號7350文號17門號7門別文教類號5類別社寺。大正15年1月1日	大正15年6月5日
真宗大谷派	-	-	-	大正10年6月3日
曹洞宗	大本山別院建立許可	明治43年5月19日	冊號1735文號15門號5門別地方類號5類別社寺。明治43年11月22日	明治43年5月19日
顯本法華宗	-	-	-	-
淨土宗西山深草派	-	-	-	-
天臺宗	-	-	-	-

資料來源：一至四項為臺北市政府地政事務所，2013年1月筆者查閱。
五至七項為歷年《總督府檔案》。八為《臺灣に於ける神社及宗教》，頁62。「-」為無記載。筆者整理。

臺灣的佛教發展，在日治時期增加了日本佛教諸多宗派，梁湘潤、黃宏介於《臺灣佛教史》提出日治時期之「臺灣佛教」有兩種層次之解釋，分別為：

> 一、臺灣佛教──是指臺灣籍貫，臺籍人民的佛教情形。
> 二、臺灣佛教──是以「臺灣」做地理上之解釋。
> 只要居住在「臺灣」地區的人民。尤其是指，居住在「臺灣」的日本人，他們信仰佛教日本寺院，派別等等。[178]

原本傳承中國南方佛教系統之臺灣佛教，在日本統治時期又加入了「日本人信仰佛教的方式」。日本佛教入臺布教所產生的影響中，以對日後之臺灣僧侶的教育與素質之提升，及社會醫療救助事業，最值得注目。

（二）日本佛教各宗派在臺之布教態度

日本佛教陸續進臺，筆者就歷年《總督府檔案》之寺廟發展數，日籍與臺籍信徒數，對比各項紀錄，繪製成圖表，找出各派在臺發展之特色（見文末彩色圖表，圖2-2-26）。

明治36年真宗本願寺派、日蓮宗、臨濟宗在臺皆有一所寺院，但本願寺派於明治37年起，在臺寺院開始領先其他派別，可看出此派在臺開教之積極性，至昭和17年有十六個寺院。其次為曹洞宗，在臺寺院數亦逐漸成長。淨土宗入臺初期，寺院宮廟數雖有緩慢些微增加，但到了大正時期就停滯了，昭和時期才又增加。而臨濟宗到了大正3年才有第二個寺院，之後逐漸增加，到昭和7年寺院宮廟數達到十一個，超越曹洞宗的十個，成為在臺寺院宮廟數第二多之派別，至昭和

---

178 梁湘潤、黃宏介，《臺灣佛教史》（臺北市，行卯出版社，1995），二版，頁205。

17年有十五個寺院，僅次本願寺派（見文末彩色圖表，圖2-2-27）。

　　明治31年真宗本願寺派、大谷派是為主力派別，而曹洞宗雖於明治33年起超越前兩派，但未能保持一定之信徒數，時而信徒眾多，時而流失信徒，不過信徒數都領先其他派別。淨土宗初期亦是很積極地對臺灣人布教，但於明治33年起開始下滑，之後信徒數未見增加。而臨濟宗雖於開始時期信徒數甚少，但至大正12年起大幅增加，到了昭和17年成為擁有臺灣信徒人數最多之派別（見圖2-2-28）。

圖2-2-28　明治31年至大正元年（1898-1912）主要教派之（真宗本願寺派、真宗大谷派、曹洞宗、淨土宗）臺籍信徒總數的變化圖（單位：人）

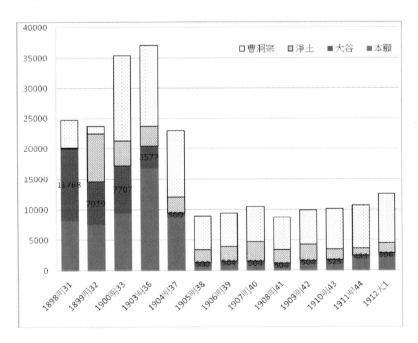

資料來源：歷年《臺灣總督府統計書》，筆者繪製。註：因明治34年、35年（1901、1902）真宗本願寺派、真宗大谷派兩派數據合併，所以未列入比較。見附錄表四：明治31年至昭和17年（1898-1942）信奉佛教（各派）之臺籍信徒數。

　　甲午戰後十年，明治37年、38年日本與俄國發生日俄戰爭。日本佛教界有甲午戰爭時派遣從軍僧、慰問使的經驗後，更大力支援對俄戰爭。之後，臺灣人信奉日本佛教之總數，大約維持一定，並未增加。由圖2-2-28「明治31年至大正元年（1898-1912）主要教派之（真宗本願寺派、真宗大谷派、曹洞宗、淨土宗）臺籍信徒總數的變化圖」，及圖2-2-29「明治31年至昭和17年（1898-1942）八宗十四派在臺對日籍及臺籍民眾布教之趨勢圖」可看出明治33年起以臺灣人為布教對象的主要派別是曹洞宗，而其他派別之臺灣人信徒數偏少。筆者認為此時期自明治38年起，真宗本願寺派開始衰微，對臺灣人布教之主力教派已由真宗本願寺派轉變至曹洞宗。

　　其次，筆者就八宗十四派：真宗本願寺派、真宗大谷派、真言宗、淨土宗、日蓮宗、曹洞宗、臨濟宗妙心寺派、天臺宗、本門法華宗、顯本法華宗、淨土宗西山深草派、真言宗醍醐派、真宗木邊派、華嚴宗，分析其在臺之布教態度，以數據圖表來顯示該派是以日籍，或是以臺籍人士為布教之重點。（見文末彩色圖表，圖2-2-29）

　　以圖2-2-29「明治31年至昭和17年（1898-1942）八宗十四派在臺對日籍及臺籍民眾布教之趨勢圖」[179]來看，入臺初期真宗本願寺派、真宗大谷派、淨土宗、日蓮宗、曹洞宗是以臺灣人為布教重心，但於明治後期除曹洞宗之外，皆都逐漸轉向以日本人信徒為主。而真言宗入臺初期就以日本人為布教重點，曹洞宗進入臺灣後，一直是以臺灣人為布教重心。臨濟宗自大正12年起，臺灣人信徒突增，僅次於曹洞宗，而於昭和17年臺籍信徒數超越了曹洞宗。綜觀日本統治臺灣五十年，八宗十四派之在臺布教態度，可說只有曹洞宗及臨濟宗是以臺灣

---

179 日本學者松金公正採八宗十四派，臺灣學者釋慧嚴採八宗十二派之說法。筆者根據歷年《臺灣總督府統計書》之記錄，採八宗十四派說法。

人為布教之主要目標。其他派別入臺初期，雖努力向臺灣人傳教，但整體來說，仍是以在臺之日本人為布教重點。筆者解讀此十四派之布教態度，與丸井圭治郎於《臺灣佛教》中之陳述相似，其文如下：

> 回顧當時狀況，日本人渡臺者尚少，於是布教對象必然以臺灣人為本位。各宗相互競爭於本島各地設置布教所，或建設國語講習所，或是設立慈惠醫院等，於兵馬倥傯之間忍受幾多不便困難，努力百方布教之準備。明治三十二、三年各本山因經濟上之困難，改變其布教方針，減少或中止布教費之支出，在臺布教師不得已必須獨立自營，其傳道亦不知何時傾向以日本人為本位，且隨著日本人渡臺者逐漸增加，忙於奔波經營佛事法要，於是對臺灣人之布教閒卻了十數年……。末頃，機緣再次成熟，各宗相競努力呈現出有對臺灣人布教之傾向，尤其是曹洞宗對臺灣僧侶及齋友，自領臺當時以來持續維持……[180]

　　日本從軍僧隨軍隊直接入臺，除了對日本軍人布教之外，當然是向臺灣人布教，可由表2-2-1「明治29（1896）年8月入臺之宗派及活動據所」得知，其中以曹洞宗最積極，不但在艋舺龍山寺設置布教所，更於明治30年4月於新興宮內設置曹洞宗慈惠醫院，是臺灣佛教醫院的嚆矢。明治31年「大谷派於彰化設置施藥所」。[181]但由於各宗派之大本山，因財政問題導致經費不足，在臺布教師必須自行籌費，也影響原本針對臺灣人實行之布教，漸而轉向較具有財力的日本人。

　　筆者再將總督府之數據，做成圖2-2-30「明治31年至昭和17年

---

180 丸井圭治郎，《臺灣佛教》，出版年不詳，出版地不詳，頁14。（筆者譯）
181 《臺灣日日新報》，明治31年9月23日，日刊，2版。

（1898-1942）臺灣地區信奉佛教的日籍及臺籍信徒總數之線圖」，
圖中標註 A 是臺灣信奉佛教的「急速衰退期（1902-1905）」，標註 B
則是「停滯中之主力教派轉換期（1906-1921）」，將於下文深入探討。

**圖2-2-30　明治31年至昭和17年（1898-1942）臺灣地區信奉佛教的
日籍及臺籍信徒總數之線圖（單位：人）**

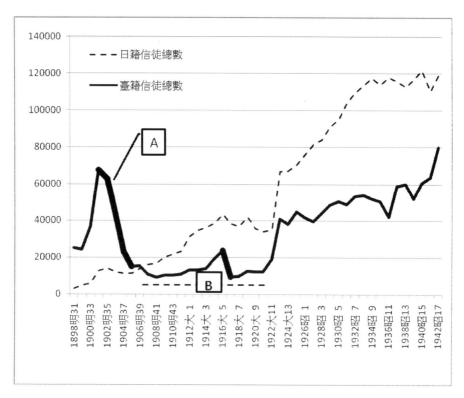

資料來源：歷年《臺灣總督府統計書》，筆者繪製。見附錄表三：明治31年至昭和
17年（1898-1942）信奉佛教（各派）之日籍信徒數、附錄表四：明治31年至昭和17
年（1898-1942）信奉佛教（各派）之臺籍信徒數。

　　由此圖更可明確地解讀出，綜觀日本佛教入臺初期，是以臺灣人
為布教重心，但於明治34年起，臺籍信徒數開始下降，此點符合了前
段引文之「明治32、33年各本山因經濟上之困難，改變其布教方
針，……其傳道亦不知何時傾向以日本人為本位」[182]，而日本人信徒
總數並未因大本山之經濟不佳而減少，反而持續有成長的。至於為何
在日本本島之各大本山發生「經濟上的困難」？土屋詮教於《明治佛
教史》有此記載如下：

> 明治二十一年高野山火災。二十五年善光寺大本願堂宇火災。
> 二十六年築地本願寺及栗田口青蓮院燒毀。二十八年四月大谷
> 派本願寺阿彌陀堂大師堂竣工，於明治時代呈現殿堂建築第一
> 之壯觀。……明治二十九年底大谷派之財政甚為混亂，教學日
> 漸荒廢。真言宗於明治二十九年十月提倡新、古兩義之分離，
> 隔年三十年高野山策畫獨立……。此外各宗內，因由財政問題
> 引起內訌傾向甚多，於是成為政府認為有必要制定宗教法之一
> 動機。[183]

　　此段引文雖未明確指出各大本山之財政困難的主因，筆者認為有
可能是因自明治21年（1888）起，各宗派陸續發生祝融之災，堂宇被
燒毀，或因建蓋氣派之寺廟，而支出龐大的費用，是為財政困難的一
大遠因。加上明治27、28年發生甲午戰爭，各派獻金之支出，以及戰
後軍人遺族之照顧。明治29年發生東北三陸地區海嘯，造成社會經濟
不安定。繼之，甲午戰爭日本勝利後，各宗派對於朝鮮、臺灣之布教
費的支出等因素，也影響到大本山之財政。其中真宗大谷派之負債最

182 丸井圭治郎，《臺灣佛教》（出版地不詳，出版年不詳），頁14。（筆者譯）
183 土屋詮教，《明治佛教史》（東京，東京帝大佛教青年會，1939），頁148-150。（筆者譯）

為嚴重。明治32、33年政府為將諸宗派整合，制定了宗教法案，然而最後並未通過。由此引文來看，在制定法案之前，各宗派已經發生財政之困境。

（三）日本佛教在臺發展之分期

筆者以圖2-2-28「明治31年至大正元年（1898-1912）主要教派之（真宗本願寺派、真宗大谷派、曹洞宗、淨土宗）臺籍信徒總數的變化圖」、圖2-2-29「明治31年至昭和17年（1898-1942）八宗十四派在臺對日籍及臺籍民眾布教之趨勢圖」，及圖2-2-30「明治31年至昭和17年（1898-1942）臺灣地區信奉佛教的日籍及臺籍信徒總數之線圖」，三圖交叉對比，在日治臺灣五十年中，以臺灣人信奉佛教之總人數為基準，將日本佛教在臺之發展分期為：

一、明治28至31年（1895-1898）入臺探索期。
二、明治32至34年（1899-1901）初期快速成長期。
三、明治35至38年（1902-1905）急速衰退期。
四、明治39至大正10年（1906-1921）停滯中之主力教派轉換期。
五、大正11年至昭和17年（1922-1942）日治後半期之開始成
　　長與發展期。

明治28年至31年來臺之日本人不多，所以日本佛教僧侶一方面努力對臺灣人布教，另一方面調查臺灣人之宗教信仰觀念。因語言不通、風俗文化亦不同，遂成立了國語講習所，教導臺灣民眾日語。不僅努力適應臺灣之炎熱氣候，曹洞宗亦於明治30年設立慈惠醫院，藉由醫療布教來攏絡信徒，同年5月臨濟宗妙心寺派之大崎文溪到臺視察，描述當時各宗布教狀況為「所到之處皆有布教場，全屬真宗、曹

洞宗其兩、三派。曹洞宗熱衷佔領既有之寺廟，真宗努力結集移民信徒。」[184]故筆者稱之為日本佛教「入臺探索期」。

經過布教師之努力下，明治32年至34年信奉日本佛教之臺籍信徒人數激增，筆者將此階段定為「初期快速成長期」。可能是因為此時期總督府已平定抗日勢力，進入文教時期，且真宗本願寺派、曹洞宗在明治29年即開始教導臺灣人日語，進行語言訓練，通常二至三年可見成效。此外，應該也有為了避免麻煩，而依附日本僧侶的臺灣信徒，所以信徒自然有所增加。而淨土宗、日蓮宗於此時期，臺籍信徒亦有迅速增加之跡象。各宗派也於此時期建設在臺之堂宇別院，有了固定的據點，布教也較能順利進行。

日本佛教入臺第七年，至明治34年臺灣信徒人數到達高峰後，明治35年略為下降，明治36年至明治38年則急速下降。圖2-2-30「明治31年至昭和17年（1898-1942）臺灣地區信奉佛教的日籍及臺籍信徒總數之線圖」，標註 A 是為「急速衰退期」。

明治34年臺灣並未發生重大政治、社會事件，只有後藤新平長官實施「舊慣調查」。而中國，在明治33年（清光緒26年・1900）發生英、法、德、美、日、俄、義、奧共同出兵之八國聯軍事件，最終清廷於明治34年（清光緒27・1901）9月簽定「辛丑條約」，賠償日本，此賠款或許有影響臺灣人對日本政府之態度，而反映在不願信奉日本佛教上吧！但筆者認為，此並非是造成信奉人數遽降之主因，主要因素應是丸井圭治郎在其《臺灣佛教》所言「各宗派於明治32、33年各本山有財政困境，在經費缺乏下，在臺之布教師必須獨自經營，布教自然由臺灣人轉向至以日本人為主要對象。」但此時期曹洞宗與日蓮

---

184 大崎文溪，〈臺灣本派開教を述べて其が援護會及ぶ〉（つづき），《正法輪》122號，明治34年4月10日，頁4。（筆者譯）

宗之臺籍信徒數並無太大改變。筆者認為受到最大影響的，應該在於
真宗本願寺派及大谷派兩派，尤其是大谷派之臺籍信徒流失最為嚴
重。自明治33年的7707人，至明治37、38年只剩500人，甚至連日籍信
徒也由明治33年的1546人，至明治37年下降為838人。到了明治38年
更只剩525人，相較於其他派別，大谷派流失信徒人數甚鉅。[185]請見
圖2-2-31。

圖2-2-31　明治31年至昭和17年（1898-1942）臺籍佛教信徒總數及
真宗本願寺派與大谷派之臺籍信徒總數的對照圖（單位：人）

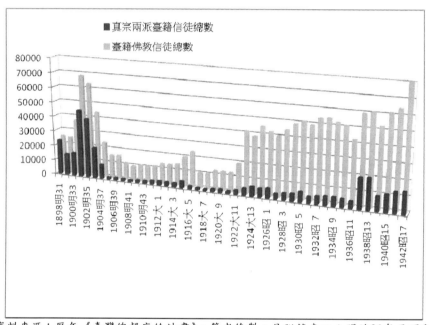

資料來源：歷年《臺灣總督府統計書》，筆者繪製。見附錄表四：明治31年至昭和
17年（1898-1942）信奉佛教（各派）之臺籍信徒數。

---

185 人數資料請見附錄表三「明治31年至昭和17年（1898-1942）信奉佛教（各派）之
　　日籍信徒數」、附錄表四「明治31年至昭和17年（1898-1942）信奉佛教（各派）之
　　臺籍信徒數」。

　　日治初期，真宗本願寺派、大谷派兩派，為在臺之日本佛教宗派中最主力的派別。於是筆者將臺灣本島人佛教信徒總數及真宗兩派之本島人信徒總數比對，繪製成圖2-2-31「明治31年至昭和17年（1898-1942）臺籍佛教信徒總數及真宗本願寺派與大谷派之臺籍信徒總數的對照圖」，發現明治31年至35年（1898-1902）兩派就佔了臺籍信徒總數一半以上。所以臺籍佛教信徒總數於明治35年起急速下降之主因，很有可能是因真宗兩派流失了臺籍信徒的關係。到了昭和12年有可能是因「皇民化運動」的實施，所以臺籍信徒數又增多了。

　　因總督府之資料，將明治34、35年本願寺派、大谷派兩派數據合併，故無法解讀是本願寺派，還是大谷派碰到布教瓶頸。檢視大谷派之在臺的臺籍信徒，明治33年有7700多人，至明治37年，竟只剩500人[186]，甚至連該派的日籍信徒亦驟降；相較於此，其他宗派之信徒數保持一定、甚或人數上升，比照之下可知大谷派在臺之布教必定發生了某因素，使其信徒數減少。筆者又查閱出，明治31年1月1日「東本願寺（大谷派）負債總額七十三萬八千六百九十四圓四十一錢二厘」[187]，明治34年「大谷派本願寺負債額約兩百萬圓」[188]，到了明治36年該寺負債更為嚴重：

　　　　去三月之臨時會議中決議，負債總額貳百六拾七萬八千四百六圓三錢九厘，其中一百萬圓及今年一月起至三月之利息四十萬八百二十三圓四十六錢四厘，務必希望於明年三月償還。但門

186　見附錄表四：「明治31年至昭和17年（1898-1942）信奉佛教（各派）之臺籍信徒數」。

187　水谷壽、橫田滿《大谷派近代年表》（京都，大谷派本願寺編纂課，1924），頁108。（筆者譯）

188　〈大谷派本願寺財務整理の發布〉，《正法輪》135號，明治34年10月25日，頁9。（筆者譯）

下信徒甚為背離，故財政整理應是無望。[189]

　　綜合數據與資料，極有可能是因真宗大谷派之龐大債務，導致由明治36年起大谷派之臺籍信徒明顯地減少。此外，明治37年日本與俄國發生日俄戰爭，與明治政府關係友好的本願寺派、大谷派[190]或許因為調度布教師，與經費之關係，及經營在上海的布教等，導致兩派於明治37年起在臺布教急速萎縮。

　　明治37年日本和俄國，為爭奪在滿洲地區和朝鮮半島的勢力，發生了日俄戰爭。主戰場在中國的遼東半島及朝鮮半島一帶海域。甲午戰爭時，日本佛教界曾派遣從軍僧侶跟隨軍隊至中國戰場，隔年日本戰勝。有鑑於此經驗，日俄戰爭爆發後，日本佛教界更踴躍派遣僧侶至軍隊，例如臨濟宗妙心寺派的臺北臨濟禪寺住持的梅山玄秀，便是以從軍僧之身分赴中國。由圖2-2-29「明治31年至昭和17年（1898-1942）八宗十四派在臺對日籍及臺籍民眾布教之趨勢圖」可得知，只有曹洞宗以臺籍信徒為布教重心。其次由圖2-2-28「明治31年至大正元年（1898-1912）主要教派之（真宗本願寺派、真宗大谷派、曹洞宗、淨土宗）臺籍信徒總數的變化圖」，可以看出明治37年起真宗大谷派的臺籍信徒數驟減，真宗本願寺派於明治38年起臺籍信徒數也變少。原本對臺很積極布教的真宗本願寺派、真宗大谷派改變方針，而一直很積極對臺布教的曹洞宗之臺籍信徒數則持續增加。所以筆者將此階段（1906-1921）定為「停滯與主力教派轉換期」。

　　圖2-2-30「明治31年至昭和17年（1898-1942）臺灣地區信奉佛教的日籍及臺籍信徒總數之線圖」，其中大正4年（1915）臺籍信徒人數

189　〈大谷派本願寺の負債〉，《正法輪》182號，明治36年10月10日，頁14。（筆者譯）

190　「明治29年，因維新之功勞，真宗本願寺派管長大谷光尊、大谷派管長大谷光瑩，受封為伯爵。」土屋詮教，《明治佛教史》（東京，東京帝大佛教青年會，1939），頁149。（筆者譯）

稍微下降，極有可能是受到「西來庵事件」[191]影響。總督府處分主導此事件之余清芳等多人，此項舉動，有可能是造成臺灣民眾信奉佛教所減少的主因。

　　大正11年至昭和17年筆者定為「日治後半期之開始成長與發展期」，此時期臨濟宗於大正12年之臺籍信徒急速成長，於昭和17年超越了曹洞宗，成為在臺灣擁有最多臺灣人信徒的宗派。以下筆者將先行研究中，有關日治佛教之分期說法，整理如表2-2-9：

表2-2-9　臺、日學者對日治時期「在臺宗教（佛教）之發展的分期」的整理表

1	劉枝萬《南投縣風俗志宗教篇稿》[192]以總督府之「宗教政策」分期： 一、明治年間之放任期（1895-1910） 二、大正年間之調查期（1911-1925） 三、昭和年間之彈壓期（1926-1945）
2	梁湘潤、黃宏介，《臺灣佛教史》[193]以「主要之行政過程」分期： 一、佐佐木珍龍時期。 二、大石堅童時期。 三、中日戰爭時期。 四、日本化僧侶教育時期。[194]

191　「西來庵事件」：余清芳等人於大正4年之武力抗日事件，為臺灣人首次以宗教之力量抗日的重要事件。因發起於臺南西來庵五福王爺廟，故官方以「西來庵事件」稱之，起事之首領為余清芳（1879-1916），故亦稱「余清芳事件」；又因余清芳等人與日軍於噍吧哖（今臺南玉井）交戰，也稱「噍吧哖事件」或「玉井事件」。事件結束後，總督府拆毀西來庵，亦處分多人。

192　劉枝萬，《南投縣風俗志宗教篇稿》（南投縣，文獻委員會編纂組編校，1961），頁14-19。

193　梁湘潤、黃宏介，《臺灣佛教史》（臺北市，行卯出版，1995），2版，頁198。

194　梁湘潤、黃宏介，《臺灣佛教史》中未註明時間分期。佐佐木珍龍在臺期間：明治28-34年（1895年6月-1901年12月）。大石堅童在臺期間：明治40-44年（1907年4月-1911年4月），以及大正2-9年（1913-1920）。

3	闞正宗《臺灣日治時期佛教發展與皇民化運動：「皇國佛教」的歷史進程（1895-1945）》[195]以「歷史事件為契機，殖民統治的宗教政策亦隨之改變或調整」分期： 第一階段「無方針政策」期（1895-1915） 第二階段「宗教上的合作與展開」期（1915-1931） 第三階段「皇國佛教」期（1931-1945）
4	松金公正〈日據時期日本佛教之台灣佈教──以寺院數及信徒人數的演變為考察中心〉《圓光佛學學報》[196] 壹、以日本佛教各派之說教所（在臺）設立與變遷分期： 　　一、日本宗派和既存臺灣寺廟攜手合作來設立說教所的時期。（1895-1908左右） 　　二、日本宗派自己本身設立說教所的時期。（1909-1918左右） 　　三、微增、停滯期。（1919-1924左右） 　　四、以本願寺派和曹洞宗為中心的說教所所增設的時期。（1925-1938左右） 　　五、各宗派全面性增設說教所的時期。（1939-1942左右） 貳、以日本佛教各派之寺院（在臺）設立與變遷分期： 　　一、如別院等作為布教中心設立寺的時期。（1900-1910左右） 　　二、對日本人布教的寺院遽增期。（1911-1916左右） 　　三、微增、停滯期。（1917-1925左右） 　　四、對本島人布教的寺院遽增期。（1926-1937左右） 　　五、微增、停滯期。（1938-1942左右）
5	筆者 根據歷年《臺灣總督府統計書》，以「臺灣人信奉佛教之總人數」，將日本佛教整體在臺之發展分期：（可參考圖2-2-30「明治31年至昭和17年（1898-1942）臺灣地區信奉佛教的日籍及臺籍信徒總數之線圖」）

---

195 闞正宗，《臺灣日治時期佛教發展與皇民化運動：「皇國佛教」的歷史進程（1895-1945）》（臺北，博揚，2011），頁7。

196 松金公正，〈日據時期日本佛教之台灣佈教──以寺院數及信徒人數的演變為考察中心〉，《圓光佛學學報》第三期，1999年，頁208-209。

一、入臺探索期。（1895-1898）

二、初期快速成長期。（1899-1901）

三、急速衰退期。（1902-1905）

四、停滯中之主力教派轉換期。（1906-1921）

五、日治後半期之開始成長與發展期。（1922-1942）

資料來源：筆者整理[197]

　　日本治臺五十年，八宗十四派相繼入臺，明治28年先入臺的真宗本願寺派、真宗大谷派、真言宗、曹洞宗、淨土宗等，未能一直持續地發展，其中以曹洞宗較有布教成果。而淨土宗西山深草派、真言宗醍醐派、真宗木邊派、華嚴宗較晚進臺，相關資料極少，有待日後資料蒐集完備再做一整體地研究。八宗十四派中的臨濟宗妙心寺派於明治30年入臺，該派在臺的發展，於筆者提出的表2-2-9「在臺宗教（佛教）之發展的分期」中，應屬於第四期「停滯中之主力教派轉換期（1906-1921）」，及第五期「日治後半期之開始成長與發展期（1922-1942）」的重要宗派之一。

---

197 陳玲蓉，《日據時期神道統制下的臺灣宗教政策》（臺北，自立晚報，1992），頁84-85（以「日本政府對臺灣民間宗教的態度」分期：一、偽裝信仰自由期（1895-1911）；二、籠絡臺灣宗教信仰期（1912-1925）；三、逐漸消滅期（1926-1945）。蔡錦棠《日本帝國下臺灣の宗教政策》（東京同成社，1994），第一至三章以大正4年之西來庵事件，及昭和6年後因為中日發生戰爭且持續數年，致使國家神道統制原有的宗教，並以此為區分之時間點。分為：一、舊慣溫存期（1895-1914）；二、宗教調查期（1915-1930）；三、精神強化期（1931-1945）。此二書是以神道之觀點來分期日治臺灣宗教之發展時間，但本研究以「日本佛教」為主軸，所以未列入表2-2-9「臺、日學者對日治時期『在臺宗教（佛教）之發展的分期』的整理表」。

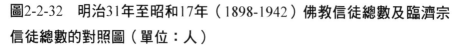

圖2-2-32　明治31年至昭和17年（1898-1942）佛教信徒總數及臨濟宗信徒總數的對照圖（單位：人）

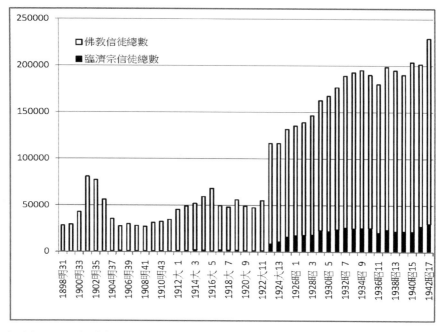

資料來源：歷年《臺灣總督府統計書》，筆者繪製。見附錄表三：明治31年至昭和17年（1898-1942）信奉佛教（各派）之日籍信徒數、附錄表四：明治31年至昭和17年（1898-1942）信奉佛教（各派）之臺籍信徒數。

　　臨濟宗與其他宗派在臺布教特殊之處，請見下節內容。

第三節　臨濟宗妙心寺派之入臺

　　明治28年甲午戰爭結束，隨著日軍接收臺灣、澎湖，日本佛教之真宗本願寺派、大谷派、曹洞宗、真言宗、淨土宗及日蓮宗皆立即於臺北開教。臨濟宗妙心寺派並非最早進臺之宗派，但在臺布教的成果值得注目。

一　臨濟宗妙心寺派之入臺

　　妙心寺派正式進入臺灣，並非是直接派遣曾經參與甲午戰爭的從軍僧來臺，而是由大本山另外派遣僧侶至臺視察。

（一）妙心寺派派遣僧侶來臺視察

　　根據筆者彙整出的表2-1-1「甲午戰爭中，日本佛教各宗派派遣從軍僧及慰問使之所屬師團」中，可得知真宗大谷派、天臺宗、真宗本願寺派、曹洞宗、淨土宗、日蓮宗皆有派遣曾經隨軍經驗的從軍僧侶入臺。而臨濟宗妙心寺派大本山，至明治30年4月才派遣伊澤紹倫、大崎文溪來臺勘查，《正法輪》之記載如下：

> 下野國本派一等地光明寺住持伊澤紹倫氏為教要宣布，派遣至琉球、臺灣，信濃國四等地東照寺住持大崎文溪氏同上隨行。[198]

　　同年5月8日二人抵達基隆[199]。抵臺後，8日下午拜訪基隆之本願寺派的布教師高橋行信。9日至臺北。10日赴艋舺街龍山寺內之曹洞宗務支所，但佐佐木珍龍主任不在。爾後，走訪位於山海館之淨土宗布教所，面見仲谷德念、武田興仁兩位布教師，因日蓮、真言兩宗也共駐於此，亦與佐野、小山布教師會面。12日造訪北城門外本願寺布教場，向紫雲、田中二氏詢問本島全體之形勢沿革。亦訪問臺北法院院長加藤氏，請教新領民之思想傾向。13日探訪臺東。15日至北投，與妙心寺派中個人獨自來臺布教的細野南岳氏會面。[200]

198　〈任命〉，《正法輪》66號，明治30年5月20日，頁31。（筆者譯）

199　〈南征一行〉，《正法輪》66號，明治30年5月20日，頁31。

200　〈南針記〉，《正法輪》67號，明治30年6月15日，頁33-36。（筆者譯）有關細野南岳氏請見本章第三節（三）、於臺北布教之緣起。

　　17日搭船，18日至澎湖島，拜訪澎湖廳長大鳥富士太郎，聽取島上各種寺社之宗教。又面會內務課長光永星郎氏，陳述布教之目的，商議其方法。光永星郎氏不厭公務繁忙，周旋於布教場，又允諾有關布教事宜，會盡量給予方便，頻頻挽留。但大崎此次目的為視察澎湖島內其宗教上必用之條項，又回至臺北。19日搭船抵安平港，租馬車赴臺南。當地商業繁榮，臺北無法相比。與曹洞宗布教師陸鈇巖、真宗布教師平田等氏會面，又至官廳詢問宗教意見。20日搭船至高雄，繼之東港、社寮港（屏東車城）、琅嶠灣（恆春）、蘇澳港後，回基隆，再回臺北。向伊澤老師報告跋涉視察之要領，[201]內容如下：

> 先由澎湖島公然翻翻設立本派法幢，漸觀時機，進入臺南、臺中、臺北，將本島四百萬人日本化，打破迷信。若有餘力，再向支那大陸[202]。

　　大崎文溪氏走訪了基隆、安平、高雄、屏東車城、恆春、蘇澳等港口後，認為「澎湖島為求之不得的實際要害地」[203]，選擇以澎湖為據點，向臺灣本島發展，待教勢鞏固後，再向中國布教（見圖2-3-1）。

---

201 大崎文溪，〈澎湖島通信〉在澎湖島本派布教場，《正法輪》68號，明治30年7月15日，頁20。（筆者譯）

202 《正法輪》68號，明治30年7月15日，頁20-21。（筆者譯）

203 大崎文溪，〈澎湖島通信〉在澎湖島本派布教場，《正法輪》68號，明治30年7月15日，頁22。（筆者譯）

圖2-3-1　明治30年（1897）大崎文溪來臺視察之處

資料來源：湯城義文，〈大日本臺灣全圖〔圖〕〉，《臺灣交通要覽》，（大阪市，盛文館，明治34年7月20日），目次後之次頁。筆者將大崎文溪氏視察之處，以➕標註日期。

　　澎湖古名「島夷」、「方壺」、「西瀛」、「亶州」、「平湖」[204]。中國史書《攻媿集》卷八十八泉州知府〈汪大猷行狀〉：「乾道7年（1171），起知泉州，……郡實臨海，中有沙洲數萬畝，號平湖……」此平湖即為澎湖，為最早有關澎湖之記載。15世紀鄭和下西

---

204 國家文化總會，《走讀臺灣：澎湖縣》（臺北市，2009），頁10。

洋，其航海圖中的平湖嶼就是澎湖群島。17世紀鄭成功佔領臺灣之後，在澎湖設置了安撫司，清代則設置了巡檢司、通判。

甲午戰爭清廷敗北，明治28年4月17日中國與日本簽訂「馬關條約」，合約第二條之第二、三項，澎湖列島與臺灣全島一同被割讓給日本，內容如下圖2-3-2「甲午戰爭之調印書（有附屬地圖）」。

圖2-3-2　甲午戰爭之調印書（有附屬地圖）

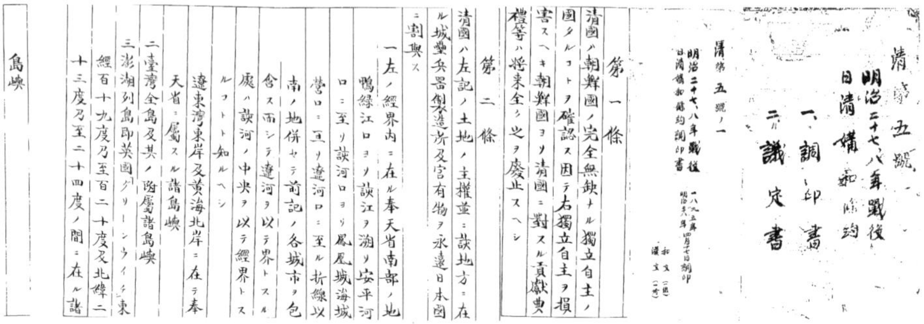
清第五號
明治二十七、八年戰役
日清媾和條約
一、調印書
二、議定書

清第五號ノ一
明治二十七、八年戰役
日清媾和條約調印書
一八九五年
明治廿八年四月十七日調印
和文（一冊）
漢文（一冊）

第一條
清國ハ朝鮮國ノ完全無缺ナル獨立自主ノ國タルコトヲ確認ス因テ右獨立自主ヲ損害スヘキ朝鮮國ヨリ清國ニ對スル貢獻典禮等ハ將來全ク之ヲ廢止スヘシ

第二條
清國ハ左記ノ土地ノ主權並ニ該地方ニ在ル城壘兵器製造所及官有物ヲ永遠日本國ニ割與ス

一 左ノ經界內ニ在ル奉天省南部ノ地
鴨綠江口ヨリ該江ヲ溯リ安平河口ニ至リ該河口ヨリ鳳凰城海城營口ニ亘リ遼河口ニ至ル折線以南ノ地併セテ前記ノ各城市ヲ包含ス而シテ遼河ヲ以テ界トスル處ハ該河ノ中央ヲ以テ經界トスルコトト知ルヘシ
遼東灣東岸及黃海北岸ニ在テ奉天省ニ屬スル諸島嶼

二 臺灣全島及其ノ附屬諸島嶼

三 澎湖列島即英國「グリーンウイチ」東經百十九度乃至百二十度及北緯二十三度乃至二十四度ノ間ニ在ル諸島嶼

資料來源：「JACAR（アジア歴史資料センター）Ref.B13090893700、日清媾和条約（B-C5）（外務省外交史料館）」，頁21-22。

澎湖島「距臺南府三十里多、距廈門五十里多」[205]。鄭成功在澎湖上陸，擊退荷蘭人。19世紀末中法戰爭時，法軍先以澎湖為據點。甲午戰爭時，日軍亦於明治28年1月14日實行「決定占領澎湖島之作戰」[206]，同年「3月23日比志島混成枝隊於澎湖島裏正角灣上陸」。[207]可見澎湖為一相當重要之軍事據點；往東，可進臺灣；朝西，可入中國廈門。於是大崎氏決定：

205 石川源一郎，《臺灣名所寫眞帖》（臺北，商報社，1899），頁20。（筆者譯）

206 〈臺灣史料稿本〉明治28年1月14日，《臺灣史料稿本》（出版地不詳，臺灣總督府史料編纂會，明治28年），頁1。

207 〈臺灣史料稿本〉明治28年3月23日，《臺灣史料稿本》（出版地不詳，臺灣總督府史料編纂會，明治28年），頁1。（筆者譯）

布教亦應如此，於澎湖開設本派布教場，首先佔領此澎湖島之宗教界，種種協議完成後，余人再次來此開設本派布教場。[208]

24日伊澤紹倫老師赴沖繩，大崎氏則再次赴澎湖。[209]

（二）由澎湖開始正式布教

甲午戰時，駐防在澎湖之日軍，因島上衛生不佳，軍人多苦於霍亂肆虐，軍中若有太多病人，則無戰鬥力。明治28年4月，日本軍隊於澎湖罹患霍亂者，有一百七十九名，見圖2-3-3。

圖2-3-3　明治28年（1895）4月日本軍隊於澎湖島罹患霍亂之報告

資料來源：「JACAR（アジア歷史資料センター）Ref.C06060285800、明治28年「27、8年戰役戰況」（防衛省防衛研究所）」。

---

208 大崎文溪，〈澎湖島通信〉在澎湖島本派布教場，《正法輪》68號，明治30年7月15日，頁21。（筆者譯）
209 大崎文溪，〈澎湖島通信〉在澎湖島本派布教場，《正法輪》68號，明治30年7月15日，頁21。（筆者譯）

圖2-3-3譯文（筆者譯）：

大參第十號

電報　五月五日午前八時十分佐世保發

午後二時五分著

四月二十七日以後無新感染霍亂者，目下住院患者霍亂一百七
十九名、其它赤痢四十九名，兵員甚為健康。

四月三十日馬公發

澎湖島馬公城

比志島大佐

大本營

陸軍參謀[210]

　　自從有兩名真宗本願寺派之布教師因罹霍亂而客死澎湖後，即有
傳說該地為不健康之地。其後，雖已完成衛生方面大略之設備，但卻
仍無日僧駐錫。雖然「本願寺派兩次設置布教所，欲從事布教，但三
人死於此。其後，耶穌教屢屢嘗試布教，但未有顯著動作。」[211]島上
日本民眾無法請託葬祭。

　　由圖2-3-4「日軍征臺罹病狀況概表」中的第二大項中可見，日本
派駐在澎湖的軍隊，感染虎列刺（霍亂）者非常多，死亡者有三千九
百一十六名。其中，以比志島支隊傷亡最慘重，合葬於馬公千人塚。
陣亡者一千五百九十一名，幾乎全因此虎列刺之病（見圖2-3-5）。

210 「JACAR（アジア歴史資料センター）Ref.C06060285800、明治28年「27、8年戰
役戰況」（防衛省防衛研究所）。

211 〈南針記〉,《正法輪》69號，明治30年8月15日，頁36。（筆者譯）

圖2-3-4　甲午戰爭時日軍征臺罹病狀況略表

附錄第三

征臺役患者狀況概見表

一、傷病者總數
人　患者總數　　　　　　　一二〇、四一九　名（內戰傷六八七名）
2.　入院患者數　　　　　　　六五、八八〇四名
3.　內地後送患者數　　　　　二七、三〇〇　名
失　死亡者數　　　　　　　　八、五〇三　名（內戰死三三名）

二、主要病名
人　虎列剌　　死亡　三九一六名（此者為本役最慘害者多是家ヨリ馬公平塚二合葬セラ得患者一二五一名始メ全部本病同）
2.　脚氣　　　死亡　一二七五名（日清戰役入院患者一二六名人大部）
3.　赤痢　　　死亡　七一五名（澎湖及臺灣デ於ケルモノス）
失　麻剌里亞　死亡　六六八名（日清戰役入院患者六一五二名人）
六　窒扶私　　死亡　三二九名（零ヲ臺灣ニ於ケルモノス）

1900

資料來源：「JACAR（アジア歴史資料センター）Ref.C13110299800、征台役　近衛師団の行動　北白川宮殿下の御遺跡　明治28年5月4日至10月21日（防衛省防衛研究所）」。

圖2-3-5　明治28年（1895）混成支隊上陸記念碑

資料來源：安藤元節《臺灣大觀》日本合同通信社，東京市。1932年。無頁數。

　　明治30年駐防於澎湖島的日軍有千餘人，此外日本人有四百名左右，皆是以軍人為顧客之商人。大崎因視察之由到澎湖島，受到官民歡迎，該島民眾久未看見日本僧侶，皆勸請停留。島上日本居民「組織內地人會，協議百般之事，對大崎氏之布教給予全力支持。」[212]日本人委員會亦為此開臨時會，全會一致通過設置布教場，每人出資數百圓，捐贈為布教費。舉「總代表石川慶三氏，督導布教場修繕工事。」[213]民政廳亦給予多方協助，「借媽宮城內官有某宮，也已揭立妙心寺派暫時布教場之旗幟」[214]是為「妙心寺派澎湖島布教場」[215]，

212　〈一來一往〉，《正法輪》73號，明治30年12月15日，頁32。（筆者譯）

213　大崎文溪，〈澎湖島通信〉在澎湖島本派布教場，《正法輪》68號，明治30年7月15日，頁21。（筆者譯）

214　大崎文溪，〈澎湖島通信〉在澎湖島本派布教場，《正法輪》68號，明治30年7月15日，頁29。（筆者譯）媽宮城位於現在澎湖縣馬公市內。

同地內地人亦捐資修建該宮。繼之，大本山命「大崎文溪氏為駐在澎湖島之布教使」。[216]

雖然真宗本願寺派於甲午戰時，派遣從軍僧下間鳳城隨軍至澎湖，但下間因染霍亂客死澎湖。中國戰敗，臺灣為日本之殖民地，本願寺派再派「豐田巍秀氏隨日軍移防澎湖」[217]，也是罹患霍亂而往生。之後，則未再派遣僧侶至澎湖。妙心寺派於明治30年由大本山派大崎文溪氏進入澎湖布教，此點與曹洞宗、真言宗、淨土宗先進入臺北之布教路線有所不同（見表2-3-1）。

表2-3-1　明治30年（1897）各宗在臺各地之布教師人數及配置

地區 \ 宗派	曹洞	真宗	日蓮	真言	淨土	臨濟宗
臺北	1	4	1	2	2	2（細野南岳、河尻宗現兩氏，細野氏目前回日中。）
基隆	-	1	-	-	-	-
新竹	-	-	1	-	-	-
臺中	-	2	-	-	-	-
彰化	1	-	-	1	-	-
鹿港	-	-	-	1	-	-
臺南	1	2	-	-	-	-
澎湖島	-	-	-	-	-	1（大崎文溪氏）

資料來源：〈台湾を如何にせん（上）〉，《正法輪》68號。明治30年7月15日，頁5。「-」為無記載，筆者整理。

---

215 大崎文溪，〈臺灣本派開教を述べて其が援護會及ぶ〉（つづき），《正法輪》122號，明治34（1901）4月10日，頁5。

216 〈澎湖島本派布教場〉，《正法輪》68號，明治30年7月15日，頁29。（筆者譯）

217 大橋捨三郎，《真宗本派本願寺 臺灣開教史》（臺北市，真宗本派本願寺臺灣別院，1935），頁3。（筆者譯）

　　澎湖軍營為紀念甲午戰爭時，派駐澎湖之比志島支隊因感染霍亂而慘死者，於明治30年7月28日上午，在俗稱千人塚之澎湖島陸軍墓地舉行追悼會。施主岡村大尉，引導妙心寺派之導師大崎文溪氏，並與其他將校，由朝陽門外守衛隊本營出發，至碑前建立卒塔婆。夜間於營內舉行佛教演說會及幻燈會。此次追悼會，同島守備隊及要塞砲兵隊之一切祭葬，全委託予妙心寺派的道場。[218]妙心寺派開始在澎湖島布教（見圖2-3-7及圖2-3-8）。

圖2-3-7　馬宮城址。（上：拱辰門。左：朝陽門。明治22年（1889）建造。）

資料來源：安藤元節，《臺灣大觀》（日本合同通信社，東京市，1932），無頁數。

218　〈澎湖教信〉，《正法輪》70號，明治30年9月15日，頁33。（筆者譯）

圖2-3-8 澎湖島上之千人塚

千 人 塚

資料來源：杉山靖憲，《臺灣名勝舊蹟誌》（臺灣總督府，出版地不詳，1916），頁614。

　　臨濟宗採取「進戰退耕」的策略。退耕，是藉由在臺日本人的後援，向前進行教化臺灣人，即是以得到日本人之歸信為第一步驟，教化臺灣人為第二步驟。其中《正法輪》之記載為：

一、挑選最有希望之地，設置二、三處為布教根據地。

二、布教場並設置國語學校、施療院、悲田院等。

三、一處（布教場）派遣兩名以上布教師，其中一名必須學習土語。

四、布教師給予特別待遇，且不限罹病其他特別之事，須駐錫三年以上，但請假歸山不限於此。

五、選拔臺灣弟子，施以宗費送至本派學林留學，使其成為將來之布教師。

六、將熱心者組織布教護援會，募集金品其他必用之物品，送
　　至臺地。[219]

「最有希望之地」即是指基隆、臺北。「基隆為臺灣咽喉，臺北
為萬機轉運之所。」[220]基隆為一港口，是北臺灣對外之窗，亦是與日
本（神戶）往來之必經地。臺北為總督府所在地，政治、商業之要
地，將來若欲擴張教勢，務必首先於此二要地設置根據地，與內地保
持密切聯繫。第二項之「設置國語學校、施療院、悲田院等。」當時
在臺灣，僧侶之社會地位極為低落，其因為：

至今臺灣之僧侶無學無能，能完全誦讀（金剛經、觀音經、阿
彌陀經）經文者，全島不過四名，一般僧侶只能誦其部分。又
其地位在普通人民之下，其風采圓頭方袍，……一般人民原本
並未理解佛教教義，只是依習慣對著佛像合掌，口誦南無阿彌
陀佛禮拜，絲毫未知其意。[221]

此段引文描述了明治30年，在臺灣能誦讀全部之經文者僅有四位
僧侶，而一般僧侶只能唱誦部分經文，可見當時僧侶之素質低落。而
臺灣民眾也只是雙手合十、口誦阿彌陀佛，卻未能理解佛教之教義。
所以日本佛教之布教師必須先打破臺民對僧侶之不良印象，布教師可
藉由臺灣人的觀念「聽說鄉先生、村夫子頗受尊重。」[222]兼掌教育，
傳授知識學問、教化臺民，便能受到尊重。因此曹洞宗、真宗本願寺

---

219 〈台灣を如何にせん（下）〉，《正法輪》69號，明治30年8月15日，頁4。（筆者譯）
220 〈台灣を如何にせん（下）〉，《正法輪》69號，明治30年8月15日，頁5。（筆者譯）
221 《正法輪》62號，明治301月15日，頁31。（筆者譯）
222 〈台灣を如何にせん（下）〉，《正法輪》69號，明治30年8月15日，頁5。（筆者譯）

派已於明治29年底，在臺北之布教所教導臺灣人日語[223]。

　　至於有關「施療院」為有疾者治病的醫療布教，最早是為明治30年4月曹洞宗佐佐木珍龍，於臺北艋舺舊街新興宮內開設「曹洞宗慈惠醫院」[224]，幫忙醫治貧窮病患。其次則是臨濟宗妙心寺派在澎湖設立了第一個末寺——觀音亭（見圖2-3-9），於明治31年聘請軍醫於觀音亭，幫助澎湖島人治療眼疾，並有記載如下：

臨濟宗妙心寺派管長　關　無學

澎湖島內地人委員會

總代　石川　慶三殿

委員　羽原半五郎殿

同　　上瀧宇太郎殿

同　　小川定次郎殿

同　　富田喜次郎殿

同　　佐藤兵三郎殿

同　　田中與三郎殿

同　　大西　有清殿

澎湖島觀音寺信徒總代

方　定　李秋田　許建發

劉君子　黃　安　蔡伯達

謝　尚　陳　偷

臨濟宗妙心寺派管長　關　無學

---

223 請見本書第二章，第二節。

224 〈雜報〉，《宗報》第18號，曹洞宗發行，頁16。

大本山妙心寺所屬在澎湖島拱辰門外觀音寺，及在媽宮城內妙
心寺派布教場者，創剏既久，物換星移，屋破軒傾。次之，以
日清開仗之事，為煙砲彈雨，幾荒廢矣。賴有信佛外護之諸
子，卒先首唱喜捨財物，戮力重修，越月而成，復輪奐之美，
可謂德行良為可賞。此後，篤信崇行，修身齊家，為大日本國
奉佛者，併為妙心寺派，佛法弘通臻力至囑。[225]

圖2-3-9　澎湖之觀音亭

資料來源：澎湖廳，《澎湖事情》澎湖廳，臺北市，1936。無頁數。目次後照片。

　　成為臨濟宗在澎湖，亦是在臺灣之第一個末寺的觀音亭，於「明
治31年3月25日舉行開場式」[226]，除島上富田廳長，各署長、重要軍

225　〈賞狀及謝狀〉，《正法輪》75號。明治31年2月15日，頁31。（筆者譯）
226　大崎文溪，〈澎湖島本派布教の概況〉，《正法輪》78號，明治31年5月15日，頁26。
　　（筆者譯）

官等，「本願寺布教使足立格致氏亦前來隨喜」[227]。有了第一個布教
據點後，大崎文溪開始積極布教。每月兩次，於第一、三週的星期
六，下午1時定期布教。軍隊布教則是每月兩次，於第二、四週的星
期日，上午9時起。明治30年11月16日起，受監獄署之託於每星期日
下午1時起，在監獄布教。當時囚犯有三十七人，其中臺灣人三十一
人，日本人六人。另於媽宮城東南二里多的隘門鄉，開設出張布教
場，每月說教一次，每回參聽者約有五、六十人。[228]

　　大崎一人除努力開教之外，也開設了臨濟宗妙心寺派在澎湖之
第一個附屬施療院，更是日本佛教在澎湖首創之施療院。因澎湖風沙
大，居民容易得眼疾，尤其砂眼，故此院專治眼疾。其治療之開端為
下述記載：

> 本年三月十六日起開設眼科施療院，院長海軍大醫澎湖島海軍
> 水雷布設隊軍醫長木下之助氏，每週星期一、四下午，一時至
> 四時半及臨時急病之狀況下出差診察，小弟每日依院長方籤投
> 藥。[229]

診察治療之方式為如下：

> 診察治療日先將藥品、機械皆置於佛前排好，向本尊誦經，使
> 患者禮拜。之後，在治療時授予本尊之御影，安奉於家中靈

227　大崎文溪，〈澎湖島本派布教の概況〉，《正法輪》78號，明治31年5月15日，頁26。
　　（筆者譯）
228　大崎文溪，〈澎湖島本派布教の概況〉，《正法輪》78號，明治31年5月15日，頁26-
　　27。（筆者譯）
229　大崎文溪，〈澎湖島本派布教の概況〉，《正法輪》78號，明治31年5月15日，頁27。
　　（筆者譯）

壇，朝夕供給清水，命其以該清水洗淨眼面，此為精神治療
法。實際之必要治療法。[230]

至4月16日，醫治患者已有一個月，接受治療者有二十四人。其
中男性十一人、女性十三人，從發病三年至十年者皆有，多為風土病
之砂眼，即顆粒性結膜炎，因此角膜多留有白翳，視力受損。[231]

日本治臺之前，西洋教會已進入臺灣，其傳教之方式，多是由教
育、醫療著手。明治31年的基督教在臺灣的傳教，《正法輪》有記載
如下：

耶穌新教除南部外，北部即淡水、宜蘭、新竹、苗栗諸縣有63
個會堂，8個學校，1間施療院，2名牧師，60名傳道師，約3千
人信徒。此外臺北有6、7個天主會堂，3、4百名信徒。[232]

西洋教會對殖民地之傳教方式，多是由教育、醫療開始。日本明
治維新時，日本佛教各宗派向西洋教會學習觀摩。對於新領地之臺灣，
以教導日語，並為臺灣民眾治病等，亦是一種間接布教之有效方式。

11月中大崎文溪氏請假歸山，「12月為報告教勢，及購買教具回
日。」[233]不在期間，任命人在「臺北城外保安宮之美濃長藏寺徒弟小

---

230 大崎文溪，〈澎湖島本派布教の概況〉，《正法輪》78號，明治31年5月15日，頁27。
　　（筆者譯）

231 大崎文溪，〈澎湖島本派布教の概況〉，《正法輪》78號，明治31年5月15日，頁27。
　　（筆者譯）

232 〈台湾を如何にせん（上）〉，《正法輪》68號，明治30年7月15日，頁5。（筆者譯）

233 大崎文溪，〈臺灣本派開教を述べて其が援護會及ぶ〉つづき，《正法輪》122號，
　　明治34年4月10日，頁5。（筆者譯）

原宗現氏，於澎湖駐守代理。」[234]大崎文溪氏回日要務如下：

> （明治）三十一年辦好要務，整備必要教具，布教場、監獄
> 署，本尊、各三個具足，打敷、紋幕、半鐘、鑿子、椅子、洋
> 燈、靈膳、大過去帖等，雨傘、提燈等，全在京都購買，監看
> 送出後又渡臺。
> 余將布教場教具稍微備全，修繕亦幾乎完成，準備百餘人之椅
> 子，一週開兩次教筵。開設施療院，設置雜誌縱覽室，遵從末
> 寺觀音寺，從在留海陸軍隊之布教葬祭至監獄布教，全委託吾
> 妙心寺派布教場。如此，澎湖開教逐漸發達，但信徒未多，戶
> 數甚稀。物價卻貴於內地數倍，又成立年數尚短，無法自立，
> 需仰賴本派公財之補助。[235]

　　明治30年9月26日，位於澎湖島媽宮城拱辰門外西隅，因「觀音
亭信徒總代表七名，申請欲編入為妙心寺派之末寺」[236]之事，所以大
崎文溪氏回日，應是向大本山討論，將「安奉觀音大士之堂宇，臺灣
人稱觀音亭，又名澄心亭，境內兩千坪多」[237]的觀音亭，編入為妙心
寺派大本山之末寺。大本山也於「明治31年2月2日將該亭編入妙心寺
派之末寺，交付直末證，並改稱觀音寺。」[238]

234　〈大崎文溪氏〉，《正法輪》71號，明治30年10月15日，頁41-42。（筆者譯）
235　大崎文溪，〈臺灣本派開教を述べて其が援護會及ぶ〉つづき，《正法輪》122號，
　　　明治34年4月10日，頁5。（筆者譯）
236　大崎文溪，〈澎湖島本派布教の概況〉，《正法輪》78號，明治31年5月15日，頁25。
　　　（筆者譯）
237　大崎文溪，〈澎湖島本派布教の概況〉，《正法輪》78號，明治31年5月15日，頁25。
　　　（筆者譯）
238　大崎文溪，〈澎湖島本派布教の概況〉，《正法輪》78號，明治31年5月15日，頁25。
　　　（筆者譯）

　　且大本山也頒贈感謝狀給澎湖島媽宮辨務署長光永星郎氏、辨務署員根田氏，銘謝其相助，內容如下：

>就貴島媽宮城內，本派布教場開設，並將拱辰門外觀音寺編入為本山直末，得其相當之貴幫助，厚謝至極。又懇請拜託，今後於本派布教上，賜與更加之貴協助。
>
>明治三十一年二月一日
>
>臨濟宗妙心寺派管長　　關　無學
>
>澎湖島媽宮辨務署長光永星郎殿
>
>就澎湖島媽宮城內，本派布教場開設，並將拱辰門外觀音寺編入為本山直末，得其非常之貴奔走，感謝至極。又懇請拜託，今後於本派布教上，懇請更加協力相成。
>
>明治三十一年二月一日
>
>臨濟宗妙心寺派管長　　關　無學
>
>根田辨務署員殿
>
>明治三十年八月二十九日，是（附）屬為本派之澎湖島媽宮城拱辰門外觀音寺及城內布教場創立的時間。由於歲久加之當二十七、二十八年的戰役，成為兵火中心幾乎歸於荒廢。實誠貴會是率先首唱，全會一致，通過該寺及布教場修繕費募集案，四方之善男善女贊助是舉，喜捨淨財，幫助營繕，余思工事將近竣成。其美觀數倍於舊，是偏貴會卒先盡力所致。在此感謝貴會之好意以及為了本派，希望將來更加助力至囑。
>
>明治三十一年二月一日[239]

239　大崎文溪，〈澎湖島本派布教の概況〉，《正法輪》78號，明治31年5月15日，頁25。
　　（筆者譯）

　　至於布教人員，布教場若只有一位布教師，必然會於行動、時間上有所不便。若有兩名以上之布教師，則能互相照應。「本派僧侶基於布教之目的，應以一般教化為本務。」[240]所以應學習臺灣之語言，方便與臺灣人溝通、方能完成布教目的。其次，臺灣夏季天氣炎熱，衛生環境不佳，語言不通，且已有真宗本願寺派兩位布教師於澎湖染病往生，臺灣之開教，絕非容易。雖有布教的熱忱，但有意願至生活環境不佳的臺灣之傳法者，應該不多。故應給予來臺布教師特別優渥的薪資待遇，唯須長駐三年以上，以便熟悉掌握臺灣資訊，信徒也不會因布教師經常更換，而有所不適應。然布教師若遇罹病等其他特別狀況，則可准許請假回日。

　　教育為百年之計，人才的教育與培養不容忽視。可挑選國語學校畢業或立志為佛法奉獻之臺人弟子，給予獎學金，送至內地（日本）留學，直接受大本山臨濟宗之宗學與日語之薰陶，以期日後為本派布教。[241]布教需人才亦需錢財，「至明治31年止，對於北海道、臺灣等，應支出之經費，已確定。」[242]不足之經費，則可招集熱心之內地者，組成布教支援會，募集費用及其他必需品，送至臺灣，使臺灣布教能順利進行。

　　之後，大崎文溪氏以整理個人寺院及舊病復發之由，提出「辭任澎湖之開教師，於是大本山派遣三河國無量壽寺住持八橋紹溫氏、森賢外氏於本（7）月2日出發，……9日平安抵達。」[243]八橋紹溫到臺後，旋即提出對臺之布教方針，應「右手揮法劍，左手施麵包之恩威

---

240 〈布教振起の道〉，《正法輪》80號，明治31年7月20日，頁5。（筆者譯）

241 〈台湾を如何にせん（下）〉，《正法輪》69號，明治30年8月15日，頁5。（筆者譯）

242 〈台湾を如何にせん（下）〉，《正法輪》69號，明治30年8月15日，頁6。（筆者譯）

243 〈澎湖島布教使更代〉，《正法輪》81號，明治31年8月10日，頁26。（筆者譯）

並施」[244]，建議內容如下：

> 第一、並行慈善事業。臺灣為惡疫猖獗之地，數月前開始施療、施藥效果甚大。
>
> 第二、並行教育事業。直接教導兒童，間接地活用（受）該（兒童之）信任及尊敬於其他方面。現今臺南、臺北，曹洞宗、真宗都在盡力中。
>
> 第三、選擇簡易布教方法。用簡易之道理，訴說謙卑親近之情感，用幻燈、圖畫、照片等，……法華經亦有教導，生產業皆實相。[245]

八橋布教使到臺後，因臺灣守備步兵第十一大隊長梅村大尉之請願，於9月19日晚上，在軍隊播放佛教教育幻燈影片。又應要塞砲兵大隊長志村少佐之邀，為教育同隊下士，每週一、二、四、五，講授漢文。又於9月20日起，舉行一周秋季之彼岸會。澎湖島監獄之教誨，當時都是拜託妙心寺派進行，但依行政上之關係，當時有六十多名囚徒，暫時留置於臺南。亦於觀音寺附屬空屋之一部分，充當臺灣人教育所。於11月3日天長節[246]，受軍隊邀請演說，喚起島人愛國之真情。後藤民政長官於南巡之途中視察澎湖，聽到妙心寺派八橋布教使，於澎湖島如此熱心布教，有此感言：

---

244 《正法輪》82號，明治31年9月17日，頁12。（筆者譯）

245 《正法輪》82號，明治31年9月17日，頁14-15。（筆者譯）

246 「天長節」為當時的國定假日，以在位之天皇的生日為「天長節」。明治時代為11月3日，大正時代為8月31日，昭和時代為4月29日。平成元年（1989）起改稱為「天皇誕生日」為12月23日。

> 我堂堂一民政長官，感動一掬流淚哽咽，只望吾門有心之士奮
> 鬥，布法雖難，但請努力。[247]

　　之後，東石鄉之洪黃銳氏，為祈禱母親申氏解脫輪迴之苦，於11月11日下午，請八橋紹溫為母舉辦法會。洪黃銳為島上首屈一指之資產家，該人之進退，全島民亦會跟進，因此，八橋大大拓展了對臺灣民眾之布教。[248]

　　其他宗派也未忽略對澎湖之布教，除妙心寺派之外，「真宗本願寺派亦有布教場，耶穌教也有。最近淨土宗之有力者亦會來島。」[249]布教上之競爭勢必加遽。於是，八橋又提出應將教線延伸至臺灣本島：

> 基隆為本島最初之要港，渡臺者首先居住之處。臺北為臺灣唯
> 一之都會。臺南為舊都，其風致之美、人質之溫厚，反而是前
> 二者無法相比的。然而，不僅該三處主要已被曹洞宗、真宗、
> 耶穌等為佔有，鳳山、恆春、臺中、新竹等，亦是如此。逐漸
> 本派只專注於蕞爾小島澎湖開教，其臺灣廣多之人民，由現在
> 起探查良地開教的話，尚未太遲。恰巧此時適逢本派議會開設
> 之際，祈願以最適之法，盡速擴張臺灣之開教，開闢活路。[250]

　　但是，妙心寺派大本山之議會似乎不認同，對於新領土「最好是

247　南行禪史，〈澎湖雜信〉，《正法輪》95號，明治32年10月26日，頁31。（筆者譯）
248　在臺灣　森　潤水，〈島民の葬儀記事〉，《正法輪》85號，明治31年12月20日，頁15-17。（筆者譯）
249　〈澎湖島布教使更代〉，《正法輪》81號，明治31年8月10日，頁26。（筆者譯）
250　〈臺灣開教策〉（前）在臺　八橋紹溫，《正法輪》87號，明治32年2月15日，頁8。（筆者譯）

觀其所然，吾儕謹慎探究目前之狀態，深入思考將來之得失。」[251]又「缺乏布教師，且選擇公平得其適宜，得以適任者又是難事，此為第二問題。」[252]所以大本山對於臺灣之布教沒有他派來得積極，相較於「曹洞宗投十萬金於臺灣，建立大殿堂，默照禪風由此吹向臺南。」[253]臨濟宗大本山給予澎湖布教補助之經費甚少，內容為下：

> 對於臺灣全島之開教，其公財僅有五年間的兩千五百圓，視察費、開教準備費、布教使往來費、同駐在費等，幾乎全額支出。既為全額支出，明治三十五年（1902）三月為限，五年之布教經費期滿，本派公財補助斷絕，澎湖布教場能得自立乎？廢棄臺灣開教乎？……臺灣開教對於拜金之土人，一攫千金風尚之內地商人，清貧之軍人等，蠻煙瘴雨之土，風俗語言之異，其開教之困難，非北海道所能比。[254]

明治32年「臺灣總督府，調查全島現存之宗教」[255]，八橋布教使為配合此政策，向總督府申請，獲得許可其文如下：

> 基於臺灣總督府令，八橋紹溫氏申請澎湖島觀音寺直末編入之件，及布教場許可願之件，百方調查後，布教場之部分於八月八日向澎湖廳提出申請，十一日指令第九十五號得其許可書為：

---

251 〈臺灣開教策〉（前）在臺　八橋紹溫，《正法輪》87號，明治32年2月15日，頁9。（筆者譯）

252 〈臺灣開教策〉（前）在臺　八橋紹溫，《正法輪》87號，明治32年2月15日，頁8。（筆者譯）

253 《正法輪》55號，明治29年（1896）6月15日，頁24。（筆者譯）

254 大崎文溪，〈臺灣本派開教を述べて其が援護會及ぶ〉つづき，《正法輪》122號，明治34年4月10日，頁5。（筆者譯）

255 〈臺灣總督府〉，《正法輪》87號，明治32年2月15日，頁30。

澎湖廳媽宮妙心寺派布教使

（割印）八橋紹溫

明治三十二年八月八日付　期願許可布教場建立之件

明治三十二年八月十一日

澎湖廳長　高津慎（印）[256]

　　於此「布教場可無限期使用，建築物及一切，皆歸妙心寺派所有。」[257]八橋紹溫也趁布教之空檔，巡錫臺南，因為：其一、日本人住民等，屢屢書信懇請來臺南。二、為商量軍隊布教必要之事。三、澎湖、臺南為政治、宗教，唇齒共存之關係。[258]所以八橋紹溫可以掌握到澎湖與臺南之布教狀況。

（三）於臺北布教之緣起

　　明治30年4月大崎文溪氏奉大本山之命來臺視察之前，本山塔頭鄰花院之徒弟細野南岳在該年2月底，以個人身分到臺，「此次決意臺灣開教之志，上（2）月末，獨影飄然踏上南征之途。」[259]來臺視察後回日，提出意見：

---

256 南行禪史，〈澎湖雜信〉，《正法輪》94號，明治32年9月26日，頁42。（筆者譯）

257 南行禪史，〈澎湖雜信〉，《正法輪》94號，明治32年9月26日，頁42。（筆者譯）

258 八橋紹溫，〈臺南開教日誌〉，《正法輪》98號，明治33年1月15日，頁38。（筆者譯）

259 〈南征〉，《正法輪》63號，明治30年2月15日，頁26。（筆者譯）胎中千鶴引用江木生〈仏教各宗派の台湾伝来と変遷及び現勢〉於〈日本統治期臺湾の仏教勢力──1921年南瀛仏教会成立まで〉《史苑》58卷2號，立教大學史學會編，1998年3月，頁32提到：「明治29年細野南岳を台湾に派遣したのが最初の台湾布教という」（譯文：1896年派遣細野南岳至臺灣，為臺灣最初之布教）。筆者對此說法持保留態度。除《正法輪》63號，頁26之記錄外，黃葉秋造《鎮南記念帖》1913，頁3「鎮南山緣起」中，也有記載細野南岳至臺灣的時間為明治30年。

臺灣布教為曠古之偉業，茲此一回若建立本派之洪基，與一葦帶水之中國大陸開始交通，使大陸、僧侶來此朝聖，得以期待。本派之隆盛於大陸之地，……鎮南終極之事，期其千歲。[260]

臺灣為日本第一個海外新領土，若能在此建立臨濟宗妙心寺派之勢力，然後延伸教線至中國，妙心寺派必能興盛於大陸。所以在臺建立鎮南之事業，將攸關妙心寺派永續發展。「鎮南」一詞亦首先出現於此。獲得各方資助下，細野於明治30年12月1日再次赴臺[261]。

細野與河尻宗現、高橋醇領三人在完全無本山之支助下，為完成渡臺布教之心願，結伴來臺。先駐錫於臺北公園劍潭寺。然而到臺後不久即櫃底無米，在囊無半分的情況之下，決心斷食攝心，效法祖師先德，大丈夫為法粉身碎骨不惜一死，只管入定三昧。斷食數日後，該寺臺人主僧莊信修前來問安，並問用餐與否？細野告知詳情，主僧立即施予米金若干，之後其他臺人傳聞此事，亦贈予蔬菜等食物。[262]明治31年4月之《正法輪》有記載，細野南岳於臺灣開教之心境，記載如下：

當時小衲等斷食攝心，給予土民（臺灣人）相當之感動，其結果比起用翻譯人說法幾十回更勝之。亦就是與其以口頭說法，反而實際行動之說法，更能達到佛教弘通之利益。[263]

細野南岳三人在捉襟見肘、無糧可食之下，斷食攝心禪坐之舉

---

260 細野南岳，〈臺灣見聞錄〉，《正法輪》67號，明治30年6月20日，頁20。（筆者譯）
261 〈一來一往〉，《正法輪》73號，明治30年12月15日，頁33。（筆者譯）
262 〈布教師派出の請願〉，《正法輪》77號，明治31年4月15日，頁33。（筆者譯）
263 〈布教師派出の請願〉，《正法輪》77號，明治31年4月15日，頁34。（筆者譯）

動，感動了臺灣人。此三人觀察出對臺灣人布教之方式，要以身作則，僅以口頭傳教說法是不夠的。此舉讓劍潭寺僧侶莊信修及信徒認為，細野三人「非一般日僧，為難得之清僧，臺人歸依者漸多。又於日本人之間，因信用大增，於是喜捨之金、穀不絕。」[264]

圖2-3-10　劍潭寺

資料來源：《日本殖民地史》③（臺灣每日新聞社，東京，1987），頁89。

之後，在北投溫泉場松濤園主松本無住氏之周旋下，將北投溫泉北方的虞兆山腹某秀才之破屋加以修建，並永久借用，命名為「虞兆庵」，以期成為臺北之一少林（禪寺），喜捨淨財，特請細野南岳氏移住。[265]虞兆庵建立之趣意書記載如下：

> 梁武帝問達摩大師，朕起寺度僧，有何功德？達摩曰：「無功德，轉天關、幹地軸，非底之漢[266]無以窺之。」衲等選卜北投

---

264 〈虞兆庵の記〉，《正法輪》80號，明治31年7月20日，頁14。（筆者譯）

265 〈北投虞兆庵〉，《正法輪》78號，明治31年5月15日，頁36。（筆者譯）

266 原文為：「……底の漢にあらずば窺ひがたし……」。「底の漢」是指「大死底人」。《佛學大辭典》大死底人為一切妄想都斷盡之人。碧巖四十一則曰：「趙州問投

　　溫泉虞兆山之靈境，開選佛之門，祈願建立辨魔之堂。大方好
道喜捨諸彥淨財，以圓成興國護禪之勝願……[267]

　　《碧巖錄》記載：「達摩初見梁武帝，帝問：『朕起寺度僧，有
何功德？』摩云：『無功德。』」[268]不求了生脫死者，無以得知佛法。
當時虞兆山上破屋之「前後兩位主人，皆死於該屋。且來修建技工之
家人，也罹不治之症」[269]，因此傳說該屋為鬼屋。但細野等人選此虞
兆山之地，無畏魔道之傳聞。細野氏不輕易下山，松本氏「若送食物
來，則食。若無送食，則不吃。」[270]「宗教之事，布教費、布教師之
職銜，並無實功。唯救世之慈悲心如何。」[271]不假口舌之布教，只
以一身為模範。其風骨節操傳至遠近，「以總督府之高官為首，至城
內大稻埕附近之富豪等，不問日籍、臺人」[272]，各方捐獻淨財。南岳
禪師不藉本山，全以一己之力，祈願建立禪宗佛堂，完成在臺護禪之
心願。此點與其他宗派藉由大本山之支助，設建在臺之禪寺，大為
不同。

　　子：大死底人卻活時如何？」種電鈔曰：「大死底人者，心智俱滅盡，不見世出世
　　順逆之法。」
267　〈北投虞兆庵〉，《正法輪》78號，明治31年5月15日，頁37。（筆者譯）
268　《佛果圜悟禪師碧巖錄》CBETA電子版，網址：http://ccbs.ntu.edu.tw/BDLM/sutra/
　　html/T48/T48n2003.htm 2014年3月23日查閱
269　〈虞兆庵の記〉，《正法輪》80號，明治31年7月20日，頁14。（筆者譯）
270　〈虞兆庵の記〉，《正法輪》80號，明治31年7月20日，頁15。（筆者譯）
271　〈臺信〉，《正法輪》91號，明治32年6月20日，頁30。（筆者譯）
272　〈虞兆庵の記〉，《正法輪》80號，明治31年7月20日，頁15。（筆者譯）

二　於臺北設立臨濟護國禪寺

　　明治31年8月細野南岳氏因要務，從臺返日[273]，11月細野到東京探訪友人「鎌倉圓覺寺副管長，東京月桂寺住持足利惠倫師」[274]，便邀請足利惠倫師來臺留錫，其記載如下：

> （明治三十一年・十一月）於二十一、二十二日左右同伴來臺……。此（臺灣）地松本歸太郎之外數名發起，仿照東京之道友會（中江篤介、河野廣中氏等所組織之協會），募集同法熱心之士，組織一團體，聘請足利氏為此說法，目前奔走中。[275]

　　又明治32年1月在臺北的細野南岳，提到應邀來臺之足利惠倫，受到臺北道友的歡迎，其文如下：

> 小衲依內外道友座下之援護，平安與天應老漢（東京市月桂寺住持足利天應氏）於去二十三日歸臺，臺北之道友非常歡迎老漢渡臺，藤田軍醫部長、川淵檢事長治、志村通信課長、木下新聞社長等，發願組織道友會，涵養心性。……
> 去十一日曹洞宗布教場內舉行發會式，信心銘提唱之開筵，此為臺地未曾有之事。希望法雨由此沾露南北，依內外諸道友及佛天之加護下，能見到鎮南選佛場之建立。[276]

273　〈細野南岳氏〉，《正法輪》82號，明治31年9月17日，頁23。（筆者譯）

274　〈足利惠倫師〉，《臺灣日日新報》，明治31年11月15日，日刊，2版。（筆者譯）東京月桂寺為於現今之日本東京新宿區河田町2-5。

275　〈足利惠倫師〉，《臺灣日日新報》，明治31年11月15日，日刊，2版。（筆者譯）

276　〈臺北近信〉，《正法輪》86號，明治32年1月17日，頁30。（筆者譯）

　　由此兩段引文可以得知，看到曹洞宗積極布教，臨濟宗的細野南
岳便仿照在東京已成立之護法組織，邀請有力官員在臺北也設立道友
會，希望藉由此道友會之力量，能在臺灣建立臨濟宗的道場。「鎮南
選佛場」一詞，於明治32年1月首次出現。

（一）梅山玄秀渡臺

　　明治32年丹波國本派一等地長林寺住持梅山玄秀本（10）月11日
左右，渡臺布教。[277]其赴臺之主因，其實與第四任臺灣總督兒玉源太
郎有一段緣由，臨濟宗妙心寺派在臺第八任總監高林玄寶有此記述如
下：

> 　　兒玉總督赴臺後該年，要一位叫做無住居士的秘書，帶位日本
> 禪僧來臺，因此無住居士速回日本，於某旅館與友喝酒時提及
> 此事。
> 　　就在別室之本山（在臺）初代住持梅山和尚及另一人聽聞此事。
> 而當時，一提及臺灣就會聯想到因瘧疾而迅速死亡之時代，梅
> 山和尚竟毫不猶豫地走向無住居士房間，當場約定赴臺。[278]

　　此引文中的無住居士應該就是北投溫泉場松濤園主松本無住，且
協助過臨濟宗妙心寺派獨立來臺布教的細野南岳，移住至虞兆庵。兒
玉總督明治31年到臺，要松本無住居士回日找尋有志之僧侶來臺，剛
好就在隔壁房的梅山玄秀聽到，當下即答應赴臺，不畏當時臺灣衛生
環境甚差，帶領了五位僧侶來臺開始布教。

277　〈梅山玄秀氏〉，《正法輪》95號，明治32年10月26日，頁24
278　高林玄寶，〈佛教家より觀たる本島人の教化問題〉，《臺灣自治評論》3卷，1期，
　　　明治32年1月1日，頁38。（筆者譯）

（二）建立臨濟護國禪寺

　　臨濟宗妙心寺派雖比其他派別晚進入台北，但因有兒玉總督之支持，捐錢幫忙建蓋道場，臺北的臨濟護國禪寺於明治44年8月竣工。高林玄寶對兒玉總督之宗教政策有此記載，「在臺灣創建禪寺之膽魂，或許有想於將來在南支（中國）開設布教所，以謀求教化南支人之想法吧？」[279]所以高林認為兒玉總督應是有想藉由佛教的力量來輔助治理臺灣的。

　　臨濟宗不像其他宗派，沒有財力較優之大本山做後盾，於是梅山玄秀只能靠自己實實在在的修行，以身作則地布教，當時的記載為：

> 日蓮宗、曹洞宗、淨土宗、真言宗、大谷派及本派本願寺等，代表各一宗。本山保護下支出巨額之布教費，從事孜孜布教，雖有相當之信徒，直接向布教師究明此事，某日有數千人土人信者，某提示名冊，當場說到余有何千何百人之檀徒，此多少難免有誇張的言辭。余人換一方式，就警察、官吏、及報社等，詢問局外人的說法，大家都說臺北宗教界執牛耳者只有兩派，依財力在布教的是本派本願寺，依道德在傳道的是臨濟派（梅山老師）。[280]

　　明治33年7月兒玉源太郎選定臺北城北邊約三十町圓山公園之南西麓欲建立禪寺，此地面積千有餘步，地高乾燥環境開雅，為板橋庄林本源氏所有並永遠捐贈，而且租稅也由林氏上繳。兒玉自題匾額稱

---

279 高林玄寶，〈佛教家より觀たる本島人の教化問題〉，《臺灣自治評論》3卷，1期，明治32年1月1日，頁38。（筆者譯）

280 伊東大器，〈臺灣事情〉，《正法輪》125號，明治34年5月25日，頁13。（筆者譯）

之鎮南山，茲始定為布教根據地。[281]9月，梅山玄秀先向臺北縣知事
提出申請，建蓋臨濟護國禪寺。10月，臺北縣村上知事批准，上呈至
總督府兒玉源太郎總督，也立即批准，公文內容如下：

十二日　許可臨濟護國禪寺之建立
【公文類纂】　追加二一卷之九
指令第二三四二號　　　　　　　十一月十二日發送
　　　　丹波國南桑田郡馬路村
　　　　　　　　　　　梅　山　　玄　秀
　明治三十三年九月二十六日許可臨濟護國禪寺建立之件
明治三十三年十一月　　日　　　總　　督

　　　　　建立請願寺院之儀付副申

　由梅山玄秀提出，建立臨濟護國禪寺之請願，經審查後無不
適之處，完成准許，特此副申。
明治三十三年十月八日
　　　　臺北縣知事　村上義雄

臺灣總督男爵　兒玉源太郎　　殿

281　伊東大器，〈臺灣事情〉，《正法輪》125號，明治34年5月25日，頁13。（筆者譯）

寺院建立請願

今般於臺北縣大龍峒山仔腳庄建立寺院，御認可相成如左項之記載：

一　寺院號　　　　臨濟護國禪寺

一　宗　旨　　　　臨濟宗

一　建物地基　　　臺北縣大龍峒山仔腳庄

一　建物坪數　　　庫裏二十七坪七合。鎮守堂壹坪五合。

一　境內評數　　　八百七十五坪

　　　　　　　　　○本堂為如別紙圖面，希望建蓋該坪數

一　圖面　　　　　如別紙所呈

一　境內借地　　　如別紙契約書之內容

一　維持方法　　　歲入金四百八拾圓

　　　　　　　　　內百二拾圓由丹波長林寺，開教資助金三百

　　　　　　　　　六拾圓由道友會及圓通講，年釀金由外部信

　　　　　　　　　徒之施與法謝維持。

一　住持資格　　　臨濟宗妙心寺派一等教師　梅山玄秀　四十

　　　　　　　　　三年

　　　　　　　　　右（以上）

本籍丹波國南桑田郡馬路村長林寺住持

當時寄居臺北縣大龍洞山仔腳庄

明治三十三年九月二十六日

申請者　　　　　　梅山玄秀

臺北縣芝蘭第二堡北投庄

信徒總代　　　　　松本龜太郎

臺北縣大加蚋堡大龍洞街壹佰貳拾四番戶

信徒總代　　　　王慶忠

臺北縣大加蚋堡艋舺新起街一丁目二十四番戶

信徒總代　　　　木下新三郎

臺北縣艋舺新起街二丁目拾五番戶

信徒總代　　　　小川佐助

　　　　　臺灣總督男爵　兒玉源太郎　　殿

土地借用契約書之寫

土地貸付

一　大龍洞山仔腳庄

一　園　八百七十五坪　但東西二十五間、南北三十五間

右之地所承知，今般為貴僧建立寺院之地基使用相成，無論何時建立寺院，且其寺院之存立時，無償借與永可使用貸與證如附件。

明治三十三年六月二十四日

　　　　　擺接堡枋橋第壹番戶

　　　　　　　右業主　林熊光

　　　　　　　右見證人　林彭壽

梅山玄秀　殿

附記

一　該土地不用時還與業主之事

一　地租由業主如往昔負擔之事

以上

○圖面省略

建立許可[282]

明治三十二年梅山玄秀老師孤錫飄然渡臺，爾後經十有星霜中新設庫裡[283]、樓門、鎮守堂、紀念文庫、今又見本堂之落成，新設之本堂八間四面，其構造屋頂為指先兩層屋簷下，斗拱純然之佛殿，木材全用巒大山之無節的檜欅，建築費為四萬圓。伽藍大致完成，其全部工費達十萬圓，於新領土無佛教（素養）之地，出現如此地鬱然大伽藍豎立法幢……。[284]

圖2-3-11　梅山玄秀寺院建立願許可之件一

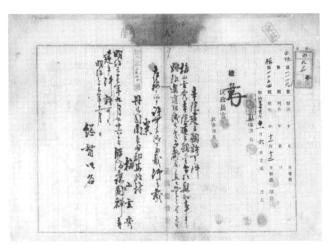

資料來源：「臺灣總督府公文類纂數位化檔案資料庫」。感謝「中央研究院臺灣史研究所檔案館典藏」提供〈梅山玄秀寺院建立願許可ノ件〉明治33年11月22日。

---

282 〈十二日臨濟護國禪寺ノ建立ヲ許可ス〉《臺灣史料稿本》（臺灣總督府史料編纂會，出版地不詳，1900）。（筆者譯）

283 「庫裡（裏）」為寺廟中僧侶之居住處，亦有廚房、倉庫之意。

284 〈臺灣臨濟禪寺雜俎〉，《正法輪》298號，明治45年5月12日，頁34。（筆者譯）

圖2-3-12　梅山玄秀寺院建立願許可之件二

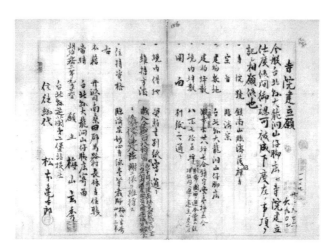

資料來源：「臺灣總督府公文類纂數位化檔案資料庫」。感謝「中央研究院臺灣史研究所檔案館典藏」提供〈梅山玄秀寺院建立願許可ノ件〉明治33年11月22日。

圖2-3-13　梅山玄秀寺院建立願許可之件三

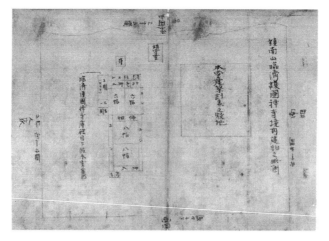

資料來源：「臺灣總督府公文類纂數位化檔案資料庫」。感謝「中央研究院臺灣史研究所檔案館典藏」提供〈梅山玄秀寺院建立願許可ノ件〉明治33年11月22日。

　　經十年星霜，在兒玉源太郎總督之幫忙下，梅山玄秀在臺努力完成具有庫裏、鐘樓門、鎮守堂、紀念文庫、本堂，內地風貌之禪寺。明治45年6月20日舉行入佛式，境內處處樹立著五彩旗五色吹流（細長之彩帶），下午2時起阪上管長代理，以下各僧侶及稚兒數名，當日參集者內地人本島人及蕃人等無數有三千人（見圖2-3-14）。[285]於是臨濟宗妙心寺派開始展開在臺的布教事業。

圖2-3-14　明治45年（1912）臨濟護國禪寺

資料來源：黃葉秋造，《鎮南記念帖》（臺北，鎮南山臨濟護國禪寺，1931），無頁數。

---

285 〈臺灣臨濟禪寺法要〉，《正法輪》300號，明治45年7月12日，頁34。

圖2-3-15　臨濟護國禪寺簷角之「鎮」字

資料來源：筆者拍攝於臺北臨濟護國禪寺，2015。

圖2-3-16　鎮南山臨濟護國禪寺鐘銘一

資料來源：《鎮南記念帖》鐘銘，無頁數。

圖2-3-17　鎮南山臨濟護國禪寺鐘銘二

資料來源：《鎮南記念帖》鐘銘，無頁數。

圖2-3-18　鎮南山臨濟護國禪寺鐘

圖2-3-19　梅山玄秀

資料來源：《鎮南記念帖》鐘銘，無頁數。　　資料來源：《鎮南記念帖》，無頁數。

圖2-3-20　護國禪寺之庫裡

資料來源：《正法輪》283號，明治44年，頁34。

第四節　小結

　　常盤大定曾提出日本佛教有「以皇室、祖先為中心，簡單明瞭實
踐」[286]之特點。日本佛教自古有著鎮國、興國之特色，到了現代此特
色亦反映在明治27、28年之甲午戰爭中。在明治初年廢佛毀釋下，日
本佛教擺脫以往向中國學習佛教之模式，真宗本願寺派之主力僧侶跟
隨公使團赴歐洲，向西洋教會觀摩，其他宗派也積極改革，將江戶時
代之停滯、墮落的佛教界，開拓出新的面貌。而二十餘年後之甲午戰

286　常盤大定，《日本佛教の研究》（東京，春秋社松柏館，1943），頁19。

爭，讓佛教界有發揮「護國、護民」之機會，佛教各宗派捐獻金錢，繼之派遣從軍僧隨軍隊至戰場，亦有為國捐軀之僧侶。隨著日軍的勝利，日本佛教也藉此向明治政府證明，佛教已非江戶時代頹廢之風貌，如同往昔，於國家有難時，是能保護國家的。而馬關條約之協定下，臺灣、澎湖成為日本之殖民地，也給予日本佛教一新的拓展領域。

日本佛教以從軍僧之方式，無論是由大本山派遣布教師，還是僧侶自發性來臺傳教發展，初期時各派皆能互通有無共同協力。明治28、29年，真宗本願寺派、大谷派、曹洞宗、淨土宗、真言宗等進入臺灣，為日治初期之主力派別，努力向臺灣人布教。即使從未有過殖民經驗且語言風俗相異，仍由初期之摸索期進入到迅速成長期。之後大本山之財政困境、對臺灣人的布教受到阻礙，及日俄戰爭的關係，在臺各宗派的勢力開始消長。

臨濟宗妙心寺派比其他宗派稍晚入臺。明治30年5月，大崎文溪奉大本山之命來臺視察，因澎湖缺乏僧侶，於是臨濟宗妙心寺派正式派遣大崎文溪於澎湖開始布教。在大本山並未出資支援的情況下，明治31年，大崎文溪靠著個人努力，在信徒支持下開始進行在澎湖的布教，並於在臺的第一末寺觀音亭中，建立附設診療院，幫忙民眾治療眼疾。而細野南岳也因個人的布教情操，於明治30年2月隻身渡海，以視察台灣這塊新領土，並駐錫於臺北劍潭寺，看到其他宗派於臺北之布教狀況後，回到京都大本山後又再赴臺。此時兒玉源太郎總督派松本無住回內地尋找願意赴臺之禪僧，於是梅山玄秀帶著五名布教師來臺，開始臨濟宗妙心寺派在臺之布教。

在總督兒玉源太郎出資支援下，明治33年9月開始建立臺北臨濟護國禪寺，明治44年8月竣工，梅山玄秀成為臨濟護國禪寺之第一任住持，以此寺為據點，展開臨濟宗妙心寺派在臺灣之布教。

第三章
妙心寺派在臺之教育事業

　　本章先對禪宗傳入日本後，其發展歷程及臨濟宗的成立，以及妙心寺派之沿革作一介紹。並考察該派於臺北臨濟護國禪寺竣工後，積極拉攏臺灣重要寺廟，並於大正6年（1917）興建「鎮南學林」之經過與廢校原因。其次，討論培訓僧侶之「專修道場」，並彙整以幼兒、婦女為對象之教育活動，探討該社會教育之意義，以及探究尼僧教育的歷程。

　　臨濟宗於漢傳佛教中屬於禪宗系統。禪宗始祖為菩提達摩，二祖慧可、三祖僧璨、四祖道信、五祖弘忍，至六祖惠能時，主張：「不立文字，教外別傳，直指人心，見性成佛。」提倡從日常生活中參透、悟道，簡單明瞭的教義廣為大眾所接受。之後，一花開五葉，發展出臨濟宗、曹洞宗、雲門宗、法眼宗、溈仰宗五宗，臨濟門下又分黃龍、楊岐兩派，合稱五宗七派，自唐朝中、晚期起，成為漢傳佛教的主流，盛行於長江以南之地區。

　　日本的禪宗則開端於仁安3年（1168），日僧明菴榮西於南宋時期至中國學習佛法，之後回國。文治3年（1187）再次入宋，獲得中國臨濟宗黃龍派之嗣法印可，回日後，獲得幕府的支持，於建仁2年（1202）在京都建立建仁寺，大興臨濟宗禪法。建久9年（1198）執筆《興禪護國論》。繼之寬元4年（1246），南宋禪師蘭溪道隆至日本，傳入臨濟宗楊岐派禪法，於建長5年（1253）年創建鎌倉建長寺。另外，亦是禪宗一派別的曹洞宗，則較晚傳入日本。貞應2年（1223）日本道元禪師入宋，於天童山曹洞宗如淨禪師門下學習，回

日後於寬元4年（1246）建立永平寺，提倡「只管打坐」，此為日本曹洞宗的開始。雖都是禪宗系統，但傳入日本後，臨濟宗為武家政權所支持，而曹洞宗比較為地方豪族、一般平民所接受，所以在日本有「臨濟將軍、曹洞土民」之說法。[1]江戶時代初期，中國僧侶隱元隆琦[2]於承應3年（1654），受長崎興福寺住持逸然之邀，於日本傳播中國黃檗山臨濟宗的禪學思想，因與日本的臨濟宗系統不同，自成一派，是為「黃檗宗」。臨濟宗、曹洞宗、黃檗宗為日本之禪三宗。[3]

　　之後，臨濟宗相繼發展成以明菴榮西為開宗之建仁寺派、以辯圓圓爾為開宗之東福寺派、以蘭溪道隆為開宗之建長寺派、以無學祖元為開宗之圓覺寺派、以無關普門為開宗之南禪寺派、以心地覺心為開宗之國泰寺派、以宗峰妙超為開宗之大德寺派、以關山慧玄[4]為開宗之妙心寺派、以夢窗疎石為開宗之天龍寺派、以寂室元光為開宗之永源寺派、以無文元選為開宗之方廣寺派、以春屋妙葩為開宗之相國寺派、以愚中周及為開宗之佛通寺派、以拔隊得勝為開宗之向嶽寺派。[5]其中妙心寺派有末寺數千餘寺，為臨濟宗的最大宗派。

　　建武4年（1337）花園法皇將自己的離宮捐贈改為禪寺，是為「妙心寺」（見圖3-1-1），為臨濟宗妙心寺派之大本山（見圖3-1-2），山號稱為「正法山」，位於京都市右京區，開山為關山慧玄禪師。繼第二世授翁宗弼、第三世無因宗因、第四世雲山宗宿、第五世明江宗叡、第六世拙堂宗朴、第七世日峰宗舜、第八世義天玄召、第九世雪江宗深後，永正6年（1509），利貞尼購買仁和寺之領地寄贈給妙心

1　秋野孝道，《曹洞宗意講話》（東京，一喝社，1914），頁199。

2　隱元隆琦（1592-1673），中國明朝末年之僧侶，日本黃檗宗之開祖。

3　加藤美命，《日本文化吾等の仏教常識》（東京，朝香屋書店，1923），頁88。

4　關山慧玄（1277-1361），亦有歿於1360年之說。

5　文部省宗教局編，《宗教要覽》（東京，文部省宗教局，1916），頁88-89。

寺，為現今寬廣之境內，又建蓋七堂伽藍、塔頭[6]。江戶時期，元和元年（1615）江戶幕府實施規範佛教的寺院法度，寬永6年（1629）妙心寺與大德寺之禪僧單傳士印、澤庵宗彭等向幕府抗議因而受罰，是為紫衣事件。[7]明治元年（1868）明治政府發布「神佛分離令」，各地寺院被破壞，佛像、經典被丟棄，妙心寺也受到波及。但隨著宗議會之營運基礎體制的完成，教育機關逐漸完備，至大正10年（1921）已有花園中學、臨濟宗大學等學校，[8]也有僧侶修行掛單的專門道場。

圖3-1-1　臨濟宗妙心寺

資料來源：石井善市郎，《京都名勝鑑：鮮明写真入》（石井善市郎，京都，1916），頁28。

6　「塔頭」是禪寺中，祖師、名剎之高僧圓寂後，弟子在祖師、高僧的墓塔之附近或寺院土地內，建立用來守護墓塔的小院、小庵。之後，寺院的土地內，高僧隱退後所住之子院亦稱為塔頭。

7　妙心寺大觀編輯委員會，《妙心寺大觀》（京都，妙心寺派宗務本所，1974），頁11-15。

8　〈鎮南學林募生〉，《臺灣日日新報》，大正10年3月9日，日刊，6版。

圖3-1-2 臨濟宗妙心寺大本山

資料來源：妙心寺大本山，《禪文化》第17號，昭和34年9月1日。

　　妙心寺派大本山會輪派總監來臺，日治時期歷代在臺總監資料如表3-1-1：

表3-1-1　臨濟宗妙心寺派在臺歷代總監之道號諱，在臺起訖時間及任職期間

在臺歷任總監	道號諱	在臺起訖時間	在臺任職期間
第一任	得庵（梅山）玄秀	明治32年（1899）10月-大正3年（1914）6月	14年7個月（175個月）
第二任	融邦（長谷）慈圓	大正3年（1914）6月-大正7年（1918）12月[9]	4年7個月（55個月）
第三任	大耕（山崎）義孝	大正8年（1919）5月-大正9年（1920）11月	1年7個月（19個月）
第四任	策堂（天田）元策	大正10年（1921）6月-大正12年（1923）2月	1年9個月（21個月）
第五任	亮鄉（平松）宗謙	大正12年（1923）3月-大正13年（1924）2月	1年（12個月）
第六任	萬賴（吉田）补山	昭和2年（1927）4月-昭和3年（1928）3月	1年（12個月）
第七任	鈍外（坂上）紹俊	昭和4年（1929）5月-昭和7年（1932）3月	3年11個月（47個月）
第八任	乾嶺（高林）玄寶	昭和7年（1932）4月-昭和14年（1939）9月	7年6個月（90個月）
第九任	末山（森）元成	昭和14年（1939）10月-昭和16年（1941）11月	2年3個月（27個月）
第十任	江嶽（飯塚）義南	昭和17年（1942）6月-昭和21年（1946）3月	3年10個月（46個月）

資料來源：筆者將林蘇峰，《高林玄宝大和尚鼎談錄》（日本美濃：郷土を語る会，1962），頁31，及歷年《正法輪》加以整理。

9　林蘇峰，《高林玄宝大和尚鼎談錄》，頁31紀錄：第二任總監融邦（長谷）慈圓於大正6年12月辭任，但筆者查詢《臺灣日日新報》及《正法輪》，正確資料應是長谷慈圓於大正7年12月在臺生病驟逝，因而第一任總監梅山玄秀，急忙地於京都幫忙物色第三任總監。

圖3-1-3　臨濟宗妙心寺派在臺歷代總監之在臺任職月數

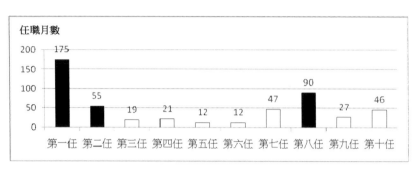

資料來源：筆者繪製。

其中在臺最久的，是第一任總監梅山玄秀，任職十四年七個月
（175個月），於任內創建「臨濟護國禪寺」。其次是第八任的高林玄
寶，任職七年六個月（90個月），他到臺後，積極奔走成立「專修道
場」，專門培養僧侶。第三則是第二任住持長谷慈圓，在臺四年七個
月（55個月），創立臨濟宗在臺之教育機構「鎮南學林」，令人惋惜的
是，長谷慈圓於大正7年（1918）年底因病在臺往生。臨濟宗在臺的
布教事業，以此三位住持的成果最具代表性（見圖3-1-3及3-1-4）。

圖3-1-4　臺北臨濟護國禪寺境內最上方之三碑[10]

資料來源：2013年5月5日，筆者拍攝於臺北臨濟護國禪寺。

---

10 聯芳塔設立於1937年。〈開山塔新築〉，《圓通》178號，昭和12年3月18日。

圖3-1-5　臺北臨濟護國禪寺境內最上方之三碑的文字

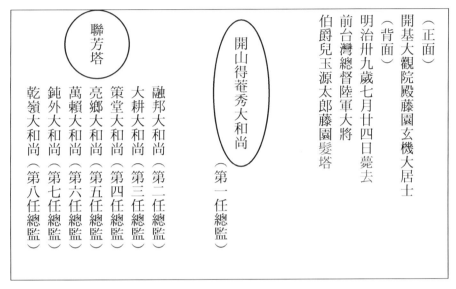

（正面）
開基大觀院殿藤園玄機大居士
（背面）
明治卅九歲七月廿四日薨去
前台灣總督陸軍大將
伯爵兒玉源太郎藤園髮塔

開山得菴秀大和尚

融邦大和尚（第二任總監）

聯芳塔

乾嶺大和尚（第八任總監）
鈍外大和尚（第七任總監）
萬賴大和尚（第六任總監）
亮鄉大和尚（第五任總監）
策堂大和尚（第四任總監）
大耕大和尚（第三任總監）

開山得菴秀大和尚（第一任總監）

資料來源：筆者整理。（ ）為筆者加註說明。

第一節　鎮南學林

　　明治45年（1912）鎮南山臨濟護國禪寺完成後，梅山玄秀除積極地布教之外，更計畫設立固定道場，以便對臺灣人傳教。

一　建立在臺之專門道場

　　臨濟宗妙心寺派在臺第一任總監梅山玄秀來臺之前，細野南岳在明治30年（1897）2月底以個人身分到臺，回日後，於該年年末再次來到臺北。明治31年（1898）細野南岳就在即將斷糧之際，受到劍潭

寺僧侶莊信修暫時資助。《正法輪》記載「劍潭廟住持從鼓山來」[11]，細野南岳有可能因接觸到劍潭寺之住持，而得知臺灣僧侶多是赴中國的鼓山受戒，於是細野南岳在明治33年（1900）2月參訪福建鼓山湧泉寺。[12]明治32年（1899）於澎湖開教的八橋紹溫，也於明治33年至南清巡察。[13]

但是細野南岳數次巡錫中國後，發現要對中國人布教是不可能的，其見解如下：

> 除語言、風俗相異，彼此之想法不易溝通，清民自尊卑外之風不易除去。且中國佛教屬禪宗臨濟派，其僧侶無學、無禪者居多，但其中戒行圓滿，受清民歸仰者亦有，於此日僧要如何試以口舌布教？
>
> 現各宗派於清國之布教，只不過是對於在清之日本人。只是交給清民、日東教民證票，暫時引誘獲取些許得利，未能行真實之教化。
>
> 首先教育清僧，當可協助日、清僧侶。
>
> 清國僧侶雖名為禪僧，但未知禪道為何物，故於鎮南道場，日清之精英聚集一堂，互相打坐、學習語言，以便將來協助清國之布教，不僅是日清邦交之事業，亦對經營臺灣有所助益。[14]

---

11 在臺灣・伊東大器，〈臺灣事情〉，《正法輪》125號，明治34年5月25日，頁13。（筆者譯）

12 〈南清來信〉，《正法輪》102號，明治33年5月15日，頁23。（筆者譯）

13 八橋紹溫，〈南清事情一班〉（其一），《正法輪》104號，明治33年7月10日，頁2。（筆者譯）

14 〈鎮南專門道場設置の企圖〉，《正法輪》172號，明治36年5月10日，頁18。（筆者譯）

　　雖然日文中有漢字，乍看之下會覺得用漢字就可溝通，但是日文與中文的文法相異，而且有些日文的漢字與中文同字異義。在傳達思想、交流時，語言隔閡是首先面臨的阻礙。佛教教義的宣揚是抽象的思想傳達，若不能以共通之語言來交談，必然隔靴搔癢，無法明確地表達。其次中日文化不同，比如：中國佛教飲食習慣不碰葷食、五辛，不可有妻妾，而日本佛教並無此嚴格規定。日本自明治維新後，義務教育普遍化，明治35年（1902）日本本土小學生的就學率已超過百分之九十[15]，小學畢業後僧侶仍需接受自宗門派的教義訓練；反觀十九世紀末、二十世紀初期的清朝，飽受戰亂之苦，百姓要就學是相當困難的。而且中國僧侶的素質不一，有戒行圓滿受到尊敬之高僧，但素質低落的僧侶亦不少。

　　日本於明治政權之前，多是學習中華文化，日本佛教亦傳自中國。日文的平假名、片假名也是借中文字而產生，漢唐文化廣播四海，中國人自然會認為沒有必要跟日本學習。僅以漢字，日僧亦無法與中國僧侶深入溝通，不通中文的日本僧侶欲對中國人布教，也勢必受阻。甲午戰後，中國國勢仍然衰弱不堪，外強仍不斷地侵略中國。日本佛教各宗派雖也在中國進行布教，但只是授與中國信徒日東教民之證票，以暫時的利益來誘惑，中國信徒只是表面的歸順，內心未必真正認同。

　　臺灣的先祖多來自閩、粵，因此臺灣之佛教亦傳承自閩南地區的佛教，屬於禪宗系統，所以細野南岳於明治36年（1903）提出，運用已經是日本領土的臺灣之地理位置，設置「鎮南道場」，將日本、中國之精英僧侶聚集一堂，互相打坐、學習語言，以便將來協助在中國之布教，不僅是日本與中國邦交之事業，對經營臺灣亦有所助益。[16] 十

15　石井進等，《詳説日本史》B（東京，山川，2014），頁289。（筆者譯）
16　〈鎮南專門道場設置の企圖〉《正法輪》172號，明治36年5月10日，頁18。（筆者譯）

年後，大正2年（1913）松本無住曾提出「在臺灣設立根本道場之事尚未得其人，要完成日清兩國宗教上的聯合。若要著手南清，我臺灣作為兩國往來的中間地帶，務必設一道場。」[17]

在臺北鎮南山臨濟護國禪寺，「先年由兒玉總督為首，同地在留之熱心仕紳之資助，已有兩千坪之地及暫時之堂宇。」[18]梅山玄秀、細野南岳在建設臨濟護國禪寺之同時，就已經有計畫要「建立專門道場，招致日、清雲納，廣為宣揚正風」[19]，用以收容日本及中國之僧侶，培養自宗門派之布教人才，方便日後協助臨濟宗在中國地區的傳教。

（一）建立選佛道場

明治36年（1903）梅山玄秀決定在臺建蓋道場，於是發表了〈選佛道場建立主意書〉其文如下：

> 衲等孤錫飄然渡臺，爾來往來福建為弘教傳道盡瘁，經五裘葛，茲於有感，此回卜選鎮南山裡之幽靜，建立選佛道場，使清國英俊之衲子與本國飽道之上座會集於一堂，打入大爐鞴（風箱），陶鑄銅頭鐵腸之漢。於祖道既絕之震旦，普遍播布菩提之種子，再次挽回一花生五葉之春，酬謝佛祖之洪恩，以深厚兩國之道交，轉臺民之謎情，使知其歸嚮。冀希各方憂道之志士，諒佛種紹隆之微衷，競相喜捨淨財，圓成興禪護國之勝願。參遊少林花木之芳園，商量將此無功德之話頭於現實，

---

17 松本無住，〈鎮南山緣起〉，收入於黃葉秋造（編），《鎮南記念帖》（臺北，鎮南山護國臨濟禪寺，1913），頁38。（筆者譯）

18 〈鎮南專門道場設置の企圖〉，《正法輪》172號，明治36年5月10日，頁18。（筆者譯）

19 〈鎮南專門道場設置の企圖〉，《正法輪》172號，明治36年5月10日，頁18。（筆者譯）

達佛海深奧之玄境。

鎮南山主

明治三十六年卯佛誕生日　　　　　　　　　　　　玄秀　謹白[20]

　　在日本的禪寺中，常將坐禪堂另稱為「選佛道場」，意指「挑選（訓練）出作為佛祖者之道場」。換言之，是為鍛鍊人物、使靈魂覺醒之神聖場所。[21]梅山玄秀來臺五年，覺得有必要使中國與日本之優秀雲水僧共聚一堂，相互切磋，深厚兩國之交誼，於是挑選鎮南山臨濟護國禪寺之幽靜處，建立選佛道場，欲再現禪宗一花生五葉之榮景。遂發表〈鎮南選佛道場設立趣旨書〉，亦於該趣旨書中闡述設立「鎮南選佛道場」之目的。

（二）設立「鎮南選佛道場」之目的

　　明治36年（1903）梅山玄秀於《正法輪》發表了〈臺灣最初臨濟護國禪寺選佛道場設立趣旨〉，設立之目的有五點。

　　第一目的：

> 貧衲嚮往渡臺，創立此新領土最初之禪寺，位於臺北圓山公園是為鎮南山臨濟護國禪寺。今獲得各界之贊助，設立選佛道場，廣開弘法布教之途，護國禪寺鄰近臺北市街，地基較高，乾爽幽寂，不遠熱鬧又不過於閒寥，山容水色本來之面目堂堂，成為修業得道之好個道場。廣集天下之衲子，傳向上不二之法門，大大發揮佛祖之妙道，此為選佛道場設立趣旨之一。[22]

20　〈選佛道場建立主意書〉，《正法輪》174號，明治36年6月10日，頁23。（筆者譯）

21　《臺灣佛教》20卷，2號，昭和17年，頁4。（筆者譯）

22　〈鎮南選佛道場設立趣旨書〉，《正法輪》174號，明治36年6月10日，頁18。（筆者譯）

　　此目的說明：臺北鎮南山臨濟護國禪寺為日本在新領土臺灣之最初的禪寺，位於臺北城外圓山公園。地基較高，環境幽靜乾爽，受到各方之協助，創設選佛道場，臨濟宗妙心寺派可大開布教事業，收容各界雲水，於此鍾靈毓秀之地中修習佛法。

　　第二目的：

> 　　新領土未普遍歸順王化的仍有不少，憂國之君子，常所寄深慨然，應可期此是百年之大業。其根柢是存於人心之化導，然而人心之化導，多待宗教家之力，奮然敢起，欲有所資王化之大業，此為選佛道場設立趣旨之二。[23]

　　自明治28年（1895）起，臺灣成為日本殖民地，至明治36年（1903）雖已有八年，但仍有臺灣人民不願順服總督府統治。君子當先天下之憂而憂，後天下之樂而樂，教化是為百年大業，梅山玄秀覺得宗教家應幫忙輔佐國家，教化臺灣人，使其順從是為設立之第二目的。

　　第三目的：

> 　　臺灣之地隔支那海近對南清，為帝國南方之關防，守備關防為擁護帝國之要件。邦家之隆替，國民之安危，其防繫之所不可淺視，以政法及兵備守護此關防為國家之要務。支配臺灣和南清之人心以協贊邦家之經論，堅固此關門之鎖匙，亦是宗教家之本務之一，此為選佛道場設立趣旨之三。[24]

23　〈鎮南選佛道場設立趣旨書〉，《正法輪》174號，明治36年6月10日，頁18。（筆者譯）

24　〈鎮南選佛道場設立趣旨書〉，《正法輪》174號，明治36年6月10日，頁18。（筆者譯）

　　臺灣地理位置優越，與中國南方僅隔一海，渡過臺灣海峽即是中國福建。因此於政治、軍事上，日本務須謹慎防守臺灣。日本帝國除了統治南方海防要塞之臺灣，也要拉攏中國南方地區人民，以固守臺灣。梅山玄秀認為此任務，也是宗教家應盡的本務之一。

　　第四目的：

> 支那為佛教之源泉，我邦為末流，現今末流滾滾不盡，而源泉卻正方枯竭。清國僧侶的現狀，唯遵守戒律即為殊勝，佛祖的妙道未傳久已。於今師資相承，轉換彼我之局，以向上不二之妙道傳於彼，且酬謝昔日之舊誼，不僅說是挽回清國教法之衰退，亦是拯救其國勢陵夷，所以資祈東洋和平，此為選佛道場設立趣旨之四。[25]

　　日本佛教於六世紀時由百濟傳入，之後日本十八次派遣遣唐使至中國。其中，日本留學僧於長安學習，直接吸收中國的佛教，日本「深受唐朝佛教影響。」[26]江戶時期日本佛教雖曾墮落衰退，但歷經明治初期的廢佛毀釋後，促使日本佛教急速革新，自律門風積極布教，在佛學教育、僧侶培養及社會事業上皆有嶄新的面貌。梅山玄秀有感中國佛教的衰微停滯，清朝的僧侶也只以遵守戒律為殊勝，而未傳佛陀之教導。所以此時拯救衰微的中國佛教，其實也是在挽救清朝之國力，以答謝往昔中國傳授佛教予日本之恩，用以維持東亞之和平，此為設置選佛道場之第四理由。

25　〈鎮南選佛道場設立趣旨書〉，《正法輪》174號，明治36年6月10日，頁19。（筆者譯）

26　鎌田茂雄，《仏教の来た道》（東京，講談社学術文庫，2003），頁280。（筆者譯）

最後第五目的則是：

> 我國為現下傳佛教不二妙道之真諦唯一之國家。悲哉，（我
> 國）戒律久衰、儀禮不修、法衣之作法，幾乎不堪，對於清國
> 之僧莫謂有誰能不被恥視。我邦有精神（傳佛教不二妙道之真
> 諦），不問形式，精神與形式畢竟二者一體，莫漫視兩樣之觀
> （為相同）。我邦宗教社會之禍源在此，不見識者夙以憂之，
> 形式既廢，精神漸衰，戒律之復舊，嗚呼，誰能說此（選佛道
> 場之設立）對我現狀是無幫助呢？我選佛道場廣方會聚日清兩
> 國之龍象，偶時相攜行腳兩國之地，傳我真諦於彼，我取彼之
> 戒律、絕代之法門，乃隆隆興起，佛祖之兒孫開始不得不大大
> 活躍於此，夫復何求，此為選佛道場設立趣旨之五。[27]

接受了松本無住居士之邀，梅山玄秀便渡臺布教，並獲得兒玉總
督及各界助力，於臺北圓山創立鎮南山臨濟護國禪寺，為臨濟宗妙心
寺派在臺之最初的禪寺。梅山玄秀認為日本戒律衰敗，可向中國佛教
學習，最好的方式就是在臺灣建蓋一座選佛道場，將兩國優秀僧侶聚
集於臺，進行佛法的交流。

二　設立鎮南學寮

梅山玄秀在臺北建立了當時最宏偉之日式寺院——臨濟護國禪寺
之同時，也明確地表示，要興建一座道場收容中國與日本的僧侶，使

---

27 〈鎮南選佛道場設立趣旨書〉，《正法輪》174號，明治36年6月10日，頁19。（筆者
　　譯）

兩國雲水僧能有機會相互認識，共同發揚佛祖之教。但在臺十四年後，梅山玄秀於大正3年（1914）6月奉調回日，無法完成教育事業，於是第二任布教總監長谷慈圓抵臺後，便積極展開對臺灣人的僧侶教育事業。

（一）長谷慈圓設立「鎮南學寮」

　　大正5年（1916）第六任總督安東貞美以慶祝始政二十年為名，於4月10日至5月15日舉辦「臺灣勸業共進會」。期間舉辦了佛教與基督教布教的講演大會，佛教是以曹洞宗的大石堅童、善慧法師組織的「臺灣佛教青年會」為主，與長老會同時布教演講，最後演變成互爭優劣、相互攻擊之「耶佛大辯論會」。臨濟宗之長谷慈圓也與臺北佛教聯合會合作，熱心準備，廣為發揚佛教之真諦，尤其鼓勵青年布教師學習臺語，培養臺灣人之專門布教師。[28]

　　大正元年（1912）起，曹洞宗的善慧法師即有心於佛教教育，積極地舉辦佛教講習會，經過大正5年4月的「耶佛大辯論會」後，更努力奔走，於該年年底申請設立「私立臺灣佛教中學林」，並於11月4日蒙獲總督府批准，大正6年（1917）4月9日開校。[29]

　　曹洞宗積極地展開僧侶教育訓練，臨濟宗也於大正5年（1916）末，於臨濟護國禪寺成立「鎮南學寮」，長谷慈圓說明設立之第一、第二目的緣由如下：

　　　　臺灣歸我領土二十年，形而下之文明雖進步頗為顯著，但形而
　　　　上之文明與前者相反遲遲未進，小衲諸僧甚為遺憾。論者有云：

28　《正法輪》355號，大正5年3月1日，頁17。（筆者譯）
29　《臺灣日日新報》大正6年2月28日，日刊16版。（筆者譯）

此況之於任何的新殖民地而言，雖是無可奈何之現象，但小衲等以啟發精神為己任，不應袖手旁觀，於是不顧小衲不敏，斗膽補此缺陷，乃教養臺灣僧侶及其子弟感皇恩、仰佛德，因而企劃創設鎮南學寮。細觀臺灣宗教界，臺灣人口凡約三百萬，大致信奉儒、釋、道三教混成之信仰，其中信奉基督教者約有三萬五千人，而我佛教徒（內地布教師之門下）尚未達千、不足以數。回顧領臺之後，我佛教僧侶渡臺者絕非鮮少，然其教化之處全都止於內地人，只有曹洞宗及真宗本願寺派稍欲指染向臺灣人布教，但仍在教化試驗階段，未見致力於誘導啟發臺灣人，外界或有非難吾輩「彼等對其既信者之內地人說法，但沒對未信者之臺灣人宣教，彼等只是說法者不能稱是開教師」之評，小衲等苦無辯解之詞，實鑑於歐人宣教師之行動，有覺冷汗溢背，此為小衲企劃創設鎮南學寮之第一目的。

轉觀基督教之現狀，對於內地人基教徒之經營活動，本山諸位既應悉知，在此不贅。今觀外國人之經營，彼等傳道時日既久，例如天主教及長老教會，其根基頗為鞏固，不僅忠實信徒三萬有餘，彼等先對臺灣人，試行大舉傳道，其備將成，然時為恰逢歐戰勃發之際，因傳道費減削，暫不見峻烈之活動，彼等待其戰亂終熄，再席捲臺灣人信仰界，私下待望時機之舉，尤其值得吾輩注意，現今實為吾輩奮然崛起之秋，因而此為小衲企劃創設鎮南學寮之第二目的。[30]

佛教自西漢末年傳入中國，歷經三武一宗（北魏太武帝、北周武帝、唐武宗、後周世宗）之帝王打擊佛教，也與道家多次產生衝突，

---

30 〈鎮南學寮設立陳情書〉，《正法輪》378號，大正6年2月15日，頁9-10。（筆者譯）

唐太宗曾題詩：「門徑蕭蕭長綠苔，一回登此一徘徊，青牛謾說函關去，白馬親從印土來，確定是非憑烈焰，要分真偽築高臺，春風也解嫌狼藉，吹盡當年道教灰。」[31]描述往昔即使有佛、道之爭，佛教並未被帝王政權、道教所消滅，而是在悠久的歷史演變下，逐漸地與中國既有的儒家學術、道家思想融合。臺灣的先民來自中國，自然會傳承中國之孔孟、黃老、佛教三教融合之信仰。

　　臺灣在成為日本殖民地之前，曾被西班牙、荷蘭統治過，西洋傳教師透過醫療與教育來傳教，信奉基督教者已不少。明治28年（1895）日本佛教入臺，至大正6年（1917）已有二十二年，多以在臺日本人為主要之布教對象。眾多宗派中，只有真宗本願寺派、曹洞宗以臺灣人為布教重點，[32]日本各宗布教師都說是為開教而渡臺，「無解乎臺語，悉以通譯回之。以致感情不能合致。遂失啟發島民之心地之道也。」[33]精通臺灣話的日僧卻仍未見。[34]未曾有過殖民統治經驗之日本，日本佛教整體上對於臺灣，也只是流於形式上的布教。以下筆者將明治31年至大正6年（1898-1917）日本佛教在臺對日本人及臺灣人總信徒數繪製如圖3-1-6及圖3-1-7：

31　「唐太宗題焚經臺詩」。

32　可見本書第二章第二節。

33　臺北・江雲松，〈臺灣佛教振興策〉，《南瀛佛教》3卷，2號，大正14年3月1日，頁15。

34　臨濟宗開教使東海宜誠於昭和7年曾提出「……二、希望內地各宗開教師能精通本島語，朝島人布教的大使命努力。」見〈關於臺灣佛教的振興〉，《南瀛佛教》10卷，8號，昭和7年10月8日，頁25。

圖3-1-6　明治31年至大正6年（1898-1917）臺灣地區信奉佛教的日籍及臺籍信徒總數之線圖（單位：人）

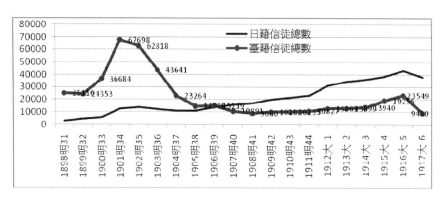

資料來源：歷年《臺灣總督府統計書》筆者繪製。附錄表三：明治31年至昭和17年（1898-1942）信奉佛教（各派）之日籍信徒數。

圖3-1-7　明治31年至大正6年（1898-1917）臨濟宗在臺之日籍及臺籍總信徒數之線圖（單位：人）

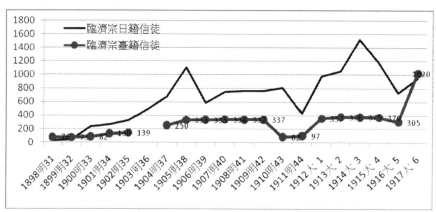

資料來源：歷年《臺灣總督府統計書》，筆者繪製。[35] 附錄表三：明治31年至昭和17年（1898-1942）信奉佛教（各派）之日籍信徒數。附錄表四：明治31年至昭和17年（1898-1942）信奉佛教（各派）之臺籍信徒數。

---

35 明治36年之《臺灣總督府統計書》。臨濟宗未記載臺灣人信徒數。

　　根據圖3-1-6「明治31年至大正6年（1898-1917）臺灣地區信奉佛教的日籍及臺籍信徒總數之線圖」來分析，日治初期來臺的日人不多，日本佛教宗派自然以臺灣人為布教對象，在經過明治28年至31年（1895-98）的入臺探索期、明治32年至34年（1899-1901）初期的快速布教成長期後，隨著平定臺灣人抗爭之軍政時代的結束，臺灣進入了殖產興業期。日本渡臺者已逐漸增加至十萬人[36]，且多半從事商業活動，普遍來說經濟上也比臺灣人的收入優渥，所以日本布教師轉向以日本人為布教對象，語言可直接溝通也比較輕鬆，布教財源的收入也會較穩定些。

　　由於布教任期期滿後，僧侶可申請調回日本。布教師的不固定，加上各宗派也多發生了財政問題，明治37、38年（1904-05）又發生日俄戰爭，日本佛教界也忙於支援此戰，故明治35年至38年（1902-05）臺籍信徒總數急速衰退[37]，到了明治40年（1907），日籍信徒總數超越臺籍信徒總數。繼之，大正4年（1915）8月又發生「西來庵事件」，總督府為此處決肇事者，可能因而造成臺籍信徒數更加銳減。明治40年至大正6年（1907-1917），臺籍信徒一直少於日籍信徒。

　　其中，再以明治31年至大正6年臨濟宗之布教狀況來分析，以圖3-1-7「明治31年至大正6年（1898-1917）臨濟宗在臺之日籍及臺籍總信徒數之線圖」所示，臨濟宗之臺籍信徒於明治31、32年（1898-99）較多外，明治33年至大正5年（1900-1916）都是日籍信徒居多。臨濟禪寺在明治45年（1912）完成後，臺籍信徒並未明顯增加，自然也就出現了長谷慈圓於設鎮南學寮之第一目的中「對其既信者之內地人說法，但沒對未信者之臺灣人宣教」的聲音。

---

36 田中善立，《臺湾と南方支那》（東京市，新修養社，1913），頁151。

37 見表2-2-9臺、日學者對日治時期「在臺宗教（佛教）之發展的分期」的整理，第5項。

　　其次，引文中第二段，闡述日本佛教與基督教之關係。德川幕府時代為防堵西洋教會勢力進入日本，影響日本人民思想，嚴禁基督教活動。明治政府初期亦繼續幕府時代之政策，持續禁止基督教。[38]但因長崎的浦上、五島列島發生鎮壓基督教事件，在外國強烈抗議下，明治6年（1873）基督教解禁，明治政府默許基督教的傳教。幕末以降，新舊各派之西洋宣教師，除了對在日的外國人，實行醫療、教育，也向日本人積極地進行布教。[39]

　　明治27年（1894）7月16日，日本與英國簽訂「日英通商航海條約」第二十一條，五年後實施，即明治32年（1899）7月16日起「日英條約實施後，其他國家亦依照均霑之權利，享有與英國同等之權利，其中尤其可以雜居日本內地，其利害得失，……」[40]西洋教會可以進入日本領土，不僅向西洋商務人士傳教，亦可向日本人布教，引起佛教界相當的警戒。明治政府對西洋教會的態度是：「於內務省中，設置社寺局。對神、佛二道多少加以干涉，但對基督教幾乎置之度外。」[41]政府對於基督教的寬容處置，以及西洋傳教士熱心地向日本民眾傳教，教授英文、知識等之舉動，致使日本佛教界對西洋教會更加持有戒心。

　　在日本本島之佛、基對立之態勢，在臺灣也曾發生過。明治30年（1897），日本接收臺灣兩年後，局勢尚未完全平定，仍有土匪抵抗日本統治，當時臺灣地區之報導，仍受總督府所管制。其中有一則消息，為在臺灣的外國宣教師對在臺的日本人說：

---

38 石井進等《詳説日本史》B（東京，山川，2014），頁247。（筆者譯）
39 石井進等《詳説日本史》B（東京，山川，2014），頁248。（筆者譯）
40 〈三十年以後〉，《正法輪》62號，明治30年（1897）1月15日，頁4。（筆者譯）
41 《正法輪》62號，明治30年1月15日，頁5-6。（筆者譯）

> 余為教誨臺灣土蕃，所以入臺灣島來宣教。但看到日本人之舉動，驚訝連連。若是如此，首先應教誨由日本移住在臺的蠻人。[42]

　　此消息經由在臺的外國人傳回西歐，再傳至日本，引發了島田三郎於《太陽》雜誌發表了〈台湾の失政を掩蔽す可からず〉（不可掩蔽臺灣之施政）一文，除了評論總督府對臺灣施政之弊端，也引起日本佛教界對基督教及對臺灣人民布教態度、方式的修正。

　　繼之，明治31年（1898）10月於東京發生巢鴨監獄教誨師的問題，信奉基督教之東京巢鴨監獄新典獄長有馬四郎助，以憲法上信教自由之名義，將以往擔任入監者教誨之真宗大谷派的四名教誨師，退除了三名，另欲聘請基督教教誨師，此舉引起日本佛教界譁然，日本罪犯者怎可用外國基督教傳教師來感化？輿論界為此爭論不休。[43]

　　明治31年底，「日英通商航海條約」之內地雜居即將於隔年實施，日本佛教界以各宗派之統治及維持為目的，開始向政府申請宗教法之編製。[44]其草擬法案之經緯為：

> 板垣伯在職之當時，起草宗教法案，將基督教與佛教完全一同待遇，其調查之疏漏，余輩所聞之處，相關法案最後應不可向會議提出。新任社寺局長斯波淳六郎會努力更改方針，為充分調查，目前對於外國之宗教制度研究中，可能於此次會期提出。

42　島田三郎，〈論説・台湾の失政を掩蔽す可からず〉，《太陽》3卷，16號，明治30年8月5日，頁3843。（筆者譯）

43　《正法輪》83號，明治31年10月10日，頁31-33。（筆者譯）

44　〈各宗派之協同運動〉，《正法輪》84號，明治31年11月10日，頁30。（筆者譯）

宗教法案之如法，實在為人情道德及與我國國體有重大關係。[45]

　　日本政府最初草擬宗教法案時，欲將基督教與佛教同一處理，引起佛教界的不滿，此法案在佛教界強烈反對下，並未通過。由此可見日本佛教之自我保護及對外來基督教之防禦心。明治32年（1899）《正法輪》有記載日本佛教面臨的處境，其內容為：

> 基於帝國憲法第二十八條，信教自由得以公許，現今異宗外教競爭於天下各地。如此一來佛教於外要防敵教，於內要擴張教田。如同要趕門前虎、後有狼入之難事，何況對吾之新領土臺灣之弘道的艱難……[46]

　　民主思潮發展下，基於憲法人民有信教之自由，日本佛教便不再一枝獨秀，不為政權所保護。在日本本島佛教各宗派互相競爭延伸教線，又有外來之基督教要防堵，還有新領土臺灣、朝鮮要費心布教，這是繼明治初期廢佛毀釋後，日本佛教界面臨的考驗。

　　明治32年在澎湖努力拓展之臨濟宗，也面臨到與日本本土類似的難關。臨濟宗在澎湖之布教師森賢外曾記文，在澎湖的南隅列島上有基督教，亦有本願寺的布教所。但財力、人力較豐足的基督教尚憂慮傳教方式效果不佳，遑論沒有財力支援的臨濟宗，要如何與基督教、本願寺派相抗爭？[47]至大正時期，基督教中的一派別，長老教會於

45　〈宗教法案〉，《正法輪》87號，明治32年2月15日，頁31。（筆者譯）

46　在臺　八橋紹溫，〈依器と破器〉（其一），《正法輪》89號，明治32年4月18日，頁15。（筆者譯）

47　在臺　森賢外，〈耶穌教會を訪ふ〉，《正法輪》88號，明治32年3月18日，頁26。（筆者譯）

「大正2年7月19日依羅馬聖者之下達，將廈門教區管轄下的臺灣，分離成為一獨立教區」，[48]西洋傳教士便更加努力傳教。

以下，筆者就總督府資料將日治時期明治31年至昭和17年的基督教與佛教之布教師、日籍信徒數、臺籍信徒數、總信徒數之資料整理，繪製如圖3-1-8至圖3-1-11：

圖3-1-8　明治31年至昭和17年（1898-1942）基督教與佛教之布教師人數對比圖（單位：人）[49]

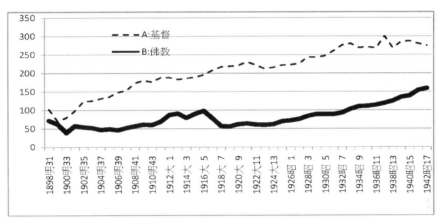

資料來源：歷年《臺灣總督府統計書》，筆者繪製。附錄表五：明治31年至昭和17年（1898-1942）基督教與佛教之布教師人數，日籍、臺籍信徒總數。

17世紀中期，西班牙和荷蘭兩國傳教士，已在臺灣北部開始傳教。18世紀中期之後，英國的馬雅各醫生於臺南開設醫院。繼之，加拿大牧師馬偕博士於淡水開始傳教，日本佛教則要至甲午戰後19世紀末期才入臺。明治31年（1898）時，兩宗教布教師人數相差不大，但之後基督教的布教師人數持續成長，而日本佛教布教師之人數，則要

---

48 大國督，《臺灣カトリック小史》（臺北市，杉田書店，1941），頁285。（筆者譯）
49 數據請見附錄表五「明治31年至昭和17年（1898-1942）基督教與佛教之布教師人數，日籍、臺籍信徒總數」。

到大正時期才稍有緩慢增加。其中有可能是因為明治37、38年
（1904-05）日本與俄羅斯發生日俄戰爭，僧侶多返日支援軍隊，例
如：臨濟宗在臺第一任布教總監梅山玄秀，就於明治37年3月25日被
徵召為「第三師團附妙心寺派」之從軍布教使。[50]接著筆者將明治31
年至昭和17年（1898-1942）信奉基督教與佛教之信徒總數繪製成圖
3-1-9，請見下述：

**圖3-1-9　明治31年至昭和17年（1898-1942）信奉基督教與佛教之信
徒總數對比圖（單位：人）**

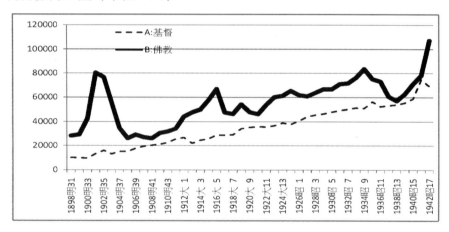

資料來源：歷年《臺灣總督府統計書》，筆者繪製。附錄表五：明治31年至昭和17
年（1898-1942）基督教與佛教之布教師人數，日籍、臺籍信徒總數。

　　其次，分別就在臺日本人與臺灣人之信仰基督教、佛教的信徒數
加以比對，請見下圖：圖3-1-10「明治31年至昭和17年（1898-1942）
日籍人士信奉基督教與佛教之信徒數對比圖」，與圖3-1-11「明治31年
至昭和17年（1898-1942）臺籍人士信奉基督教與佛教之信徒數對比
圖」。

---

50 《正法輪》193號，明治37年3月10日，附錄頁2。

圖3-1-10　明治31年至昭和17年（1898-1942）日籍人士信奉基督教與佛教之信徒數對比圖（單位：人）

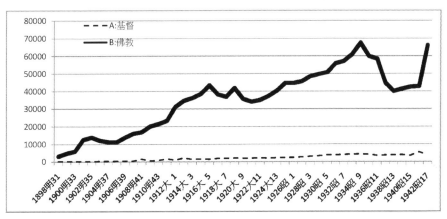

資料來源：歷年《臺灣總督府統計書》，筆者繪製。附錄表五：明治31年至昭和17年（1898-1942）基督教與佛教之布教師人數，日籍、臺籍信徒總數。

圖3-1-11　明治31年至昭和17年（1898-1942）臺籍人士信奉基督教與佛教之信徒數對比圖（單位：人）

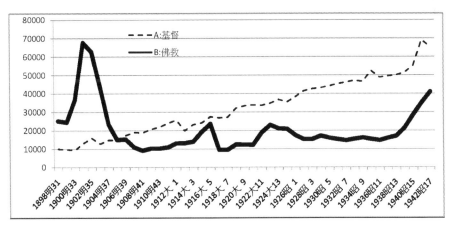

資料來源：歷年《臺灣總督府統計書》，筆者繪製。附錄表五：明治31年至昭和17年（1898-1942）基督教與佛教之布教師人數，日籍、臺籍信徒總數。

　　以圖3-1-9「明治31年至昭和17年（1898-1942）信奉基督教與佛教之信徒總數對比圖」來看，信奉佛教之總人數一直是超越基督教的。但筆者以圖3-1-10與圖3-1-11再細分信徒是臺籍或是日籍之身分來分析，發現在臺日本人幾乎都是信奉佛教，信奉基督教者甚少。反而臺灣人則是在明治31年至明治40年間（1898-1907）信奉佛教者居多，但自明治41年（1908）起，信奉基督教的人數超越了佛教人數，而且信奉者人數不斷成長，相較之下信奉佛教者之人數並未持續增加。這顯示日本統治初期，日本佛教入臺，臺灣人民為求生活保障，選擇先暫時依附在日本佛教下。到明治35至38年（1902-1905）日本佛教在臺之布教急速衰退後，臺灣人民信仰基督教者便逐年增多，並未因日本統治臺灣，而一直信奉日本佛教，這對欲藉由日本佛教之力量來輔助統治臺灣人民的總督府，是一大挑戰，總督府必須要能掌握基督教，以防宗教事件之發生。而對日本佛教來說，要超越基督教在臺的布教，更是難題。

　　繼之，長谷慈圓闡述創立「鎮南學寮」之第三目的為：

> 往昔至今臺灣人之迷信頗盛，且現今佛教全失本義，教義之如何亦無探究，其信徒幾乎全數除了將佛當為治病招財之對象外，毫無任何思想。尤其是被認為是中國民族的特徵－迷信與政治之混同，常興弊害，自古以來發生土寇內亂之際，其匪首必多利用迷信，煽動愚民，臺灣之土，屢有興亂，無辜生民飽受塗炭之苦，皆多因此，吾輩實不應輕忽，小衲等傳導佛教真髓，宜對彼等破迷啟蒙，應效力於臺灣之安寧幸福，此為小衲企劃創設鎮南學寮之第三目的。[51]

---

51 〈鎮南學寮設立陳情書〉，《正法輪》378號，大正6年2月15日，頁10。（筆者譯）

　　正面的宗教可以提升精神、思想層次，但是自古以來宗教利用人性之脆弱，煽動人民動亂之事件，屢見不鮮。大正4年（1915）7月，臺南的余清芳，用宗教鼓吹信徒，以「大明慈悲國奉旨平臺征伐天下大元帥余」名義發動起事，與日軍在噍吧哖（今臺南市玉井）交戰，襲殺眾多日本警察、眷屬。日本治臺約二十年後，終究發生了宗教抗爭事件。總督府立即斬處叛亂者，亦開始注意到臺灣人民信仰的迷信問題。也因此更加速欲借助日本、臺灣之共通信奉的「佛教」，來規範臺灣人民的思想。於是長谷慈圓將臨濟寺內之紀念文庫直接改為鎮南學寮[52]，其設立之第三目的，就是希望能「於臺灣統治上、於同化上、於佛教新興上成功，可奏大功效。」[53]並建議「總督府施政之方針，今後也盡可能透過宗教，依宗教以期同化。」[54]

　　長谷慈圓闡述創設鎮南學寮之第四目的如下：

> 察其現今形勢，對臺灣人擴張我宗派之勢力，一日皆不容疏忽，然而實行此計，沒有比先建校、收容臺灣僧侶徒弟，由我宗派掌握臺灣寺院來得更急迫了。且臺灣之寺院，大多以中國福建省鼓山為本山，現今其僧侶漸由舊來迷夢清醒，斷絕與鼓山之關係，有欲皈依我內地本山之上策，即臺灣寺院中佔最重位之臺南開元寺，其他主要寺廟亦相率自動投靠我派，請求速立學校、教養徒弟，臺灣佛教實由我佛教化之，且就我臨濟派下之末寺信徒而言，可謂千載難逢之好機運，此為小衲企劃創設鎮南學寮之第四目的。[55]

52　〈長谷慈圓師より〉，《正法輪》372號，大正5年12月1日，頁11。（筆者譯）

53　〈長谷慈圓師より〉，《正法輪》372號，大正5年12月1日，頁11。（筆者譯）

54　〈長谷慈圓師より〉，《正法輪》372號，大正5年12月1日，頁11。（筆者譯）

55　〈長谷慈圓師より〉，《正法輪》372號，大正5年12月1日，頁11。（筆者譯）

　　臺灣佛教源自明末時期衰萎的南方佛教，加上並非經由高僧、智識之手所植，而是由沒有宗教素養的在家俗眾、開墾移民所弘揚。[56]因此，臺灣缺乏僧侶之養成機構，欲為僧侶者，則需至福州鼓山的湧泉寺或天寧山普陀山等道場掛錫，一期三年，一年的沙彌戒、兩年的比丘戒、或成就三年的菩薩戒，此戒行滿了則可稱為和尚，獲得住持之資格，再回到臺灣成為住持。[57]如臺北的劍潭寺之住持，便是來自鼓山。大正6年（1917）臺南開元寺當時之住持釋傳芳，也曾至鼓山湧泉禪寺出家。[58]釋傳芳的前一任開元寺住持玄精上人，也是於湧泉寺受戒[59]，「自往昔起，因個人保有和鼓山僧侶為師徒之關係，但鼓山與臺灣佛寺之間並無本末之關係。」[60]所以臺灣的寺廟由管理人、住持所管理，不受僧侶受戒的中國寺廟約束。而且「在臺灣之佛寺中有大寺和小寺，也並無本末之組織的關係，是為個別獨立之佛寺。」[61]因臺南開元寺是清康熙年間所建，歷史悠久，竹溪寺、法華寺等之其他寺院的住持，亦與開元寺關係深厚。除以臺北之臨濟禪寺為北部據點，長谷慈圓也積極地拉攏臺南開元寺。其攏絡之方式，請見後文。

　　臺灣之佛寺大多屬於禪宗，其僧侶雖分臨濟、曹洞兩派，但屬

56　《南瀛佛教》10卷，9號，昭和7年12月1日，頁15。（筆者譯）
57　《正法輪》522號，大正12年2月15日，頁14。（筆者譯）
58　傳芳和尚（1855-1919）。「……於光緒辛巳年（1881，時二十七歲），得榮芳和尚介紹，投福州鼓山湧泉寺，禮惟修上人出家，得戒於怡山復翁老和尚。……復住湧泉……迨大正2年癸丑，應開元寺成圓監院之聘，迎歸臺灣就當住持之任。」〈傳芳和尚小傳〉，《臺灣開元寺誌略稿》收於王見川、李世偉主編，《臺灣宗教資料彙編》（臺北，博揚出版社，2009年）第二輯，第4冊，頁228-229。
59　〈玄精上人小傳〉，《臺灣開元寺誌略稿》收於王見川、李世偉主編，《臺灣宗教資料彙編》（臺北，博揚，2009）第二輯，第四冊，頁226。
60　《正法輪》431號，大正8年5月1日，頁7。（筆者譯）
61　《正法輪》431號，大正8年5月1日，頁7。（筆者譯）

我臨濟系統者十之有六、七。然而曹洞宗對臺灣佛教經營時日較久，已屬臨濟系統卻被收入掌中者，亦不少。（我派）宗祖絕不容小衲等之貪圖惰眠，此為小衲企劃創設鎮南學寮之第五目的。

近來總督府對於宗教有著手鼓吹真信的宗教，著力啟發迷信之意向，實為吾輩成事之好時機，且敝寺檀信徒亦眾議一決，大力贊成建設鎮南學寮暨擴張宗勢，若幸得本山之補助，小衲不德，切望成就此舉，貢獻國家，報謝佛恩，此為小衲企劃創設鎮南學寮之第六目的。

總之，現今鎮南學寮之建設是迫於時勢之要求，且逢易得成功之好時機，謹具陳事。[62]

曹洞宗與臨濟宗同屬禪宗系統，然而曹洞宗比臨濟宗早入臺，亦很積極地拉攏臺灣既有的宮廟，所以臨濟宗必須更有所作為。承蒙歷任總督對臨濟宗的全力支持，且時逢總督府為破除迷信，提倡正信的宗教，臨濟宗更應培育僧材以貢獻國家，報謝佛恩，此為創設鎮南學寮之第五及第六目的。

（二）創立鎮南學寮

大正5年（1916）10月30日，領臺以來下村民政長官首次舉辦午餐會，召集各宗各派代表於安東總督府官邸，總督對宗教家們傳達會協助宗教家之傳教活動。[63]而就在翌日10月31日，以「培育臺灣人僧侶子弟教養為目的」[64]，長谷慈圓於臨濟禪寺開創「鎮南學寮」[65]，

62　〈鎮南學寮設立陳情書〉，《正法輪》378號，大正6年2月15日，頁9-11。（筆者譯）
63　〈長谷慈圓師より〉，《正法輪》372號，大正5年12月1日，頁11。（筆者譯）
64　〈鎮南學寮開寮式〉，《臺灣日日新報》，大正5年10月28日，日刊，7版。（筆者譯）

參加開寮典禮的來賓有中川臺灣銀行副頭取（副總經理）、下村民政長官、隈本學務部長、楠地方部長、加福臺北廳長、木村匡氏等內地本島人共一百數十名。[66]當日開寮狀況如下：

> 下午二時舉行開寮式，下村民政長官到場，繼之各關係者及各宗僧侶、民間熱心家、信徒、寮生等，在席首先眾僧讀經，寮主長長谷慈圓師致詞演說，本寮設立之主旨經過對將來的希望。
>
> 其次下村民政長官對本寮的設立，發表三項感想演說：第一、法無境界。亦就是不問時空、場所，對象可無限延伸廣大。第二、佛教的歷史起源於印度，普及於全東洋各國及南洋各地，經歷三千年，而日本為最興盛地區。日本有任務，應成為今後佛教普及之中心。第三、臺灣為日本之領土，亦即臺灣僧侶對佛教有兩項天職。
>
> 寮生現有十二名[67]。

10月30日，安東總督首次與各宗派之代表於官邸聚餐，對宗教家傳達個人期望後，臨濟宗便成立了培養臺灣人僧侶之「鎮南學寮」，此時間之巧合，筆者認為除臨濟宗表達對總督統治政策之支持外，總督也有意願支援鎮南學寮的成立。日後長谷慈圓提出設立「鎮南學林」之申請公文，安東總督立即批准，長谷慈圓招待臺灣僧侶沈本圓、鄭成圓赴日回臺後，安東總督也有接見他們。

---

65 〈長谷慈圓師より〉，《正法輪》372號，大正5年12月1日，頁11。

66 〈鎮南學寮開寮式〉，《臺灣日日新報》，大正5年11月1日，日刊，2版。（筆者譯）

67 〈鎮南學寮開寮式〉，《正法輪》372號，大正5年12月1日，頁11。（筆者譯）

圖3-1-12　鎮南學寮創立紀念照

鎮南學寮創立紀念　（記事參照）

面朝第二列由左起

通信局官吏	竹村馨亮
新高銀行重役	小倉文吉
檀家總代	松田孝吉
本派布教師	伊藤大器
本島僧侶	沈本圓
同	釋傳芳
地方文書課長	楠正秋
臨濟寺住持	長谷慈圓
民政長官	下村宏
海軍參謀長	秋澤芳馬
學務部長	隈本繁吉
臺北廳長	加福豐次
日蓮宗布教師	佐野是秀
西本願寺布教師	小泉曉了
淨土宗布教師	花車圓瑞

面朝第三列由左起

信徒	木村謙吉
本島僧侶	林德學
本島僧侶	某
臺北廳董事	王慶忠
淡水區長	洪以南
艋舺區長	吳昌才
大龍洞公學校長	吉野重友
臺北廳宗教係	柴田廉
臺日記者	尾崎秀真
商工銀行頭取	木村匡
大谷派布教師	長等珠琴
臺灣銀行副頭取	中川小十郎
布教師	鈴木雪應
曹洞宗布教師	富田禪宏
本島人僧侶	陳火
同	釋禪覺
真言宗布教師	小山佑全
本島僧侶	釋禪定

資料來源：《正法輪》372號，大正5年12月1日，無頁數。

三 創設鎮南學林

（一）向總督府提出申請認可

　　大正5年（1916）10月創設的鎮南學寮，並非正式的學校，於是長谷慈圓於大正6年（1917）1月29日向臺北加福廳長提出申請成立「私立臨濟宗鎮南學林」，其申請之認可公文內容如下：

〈私立學校認可願〉

一、目的　　主要以本島人僧侶及齋友子弟為對象，使其具備普
　　　　　　通僧侶及堂主之資格，教授須具備有的臨濟宗之教
　　　　　　義與普通學，使學員獲得在布教上之智識為目的。

二、名稱　　本校稱為私立臨濟宗鎮南學林

三、位置　　臺北廳大加蚋堡山仔腳庄三拾八番地

四、學則　　如別冊中甲號書

五、經費及維持方法

　　收入之部

　　　　捐贈經費千八百圓（年額）

　　內項

　　　　中川小十郎　　　金六百圓

　　　　臨濟禪寺　　　　金三百圓

　　　　臺南開元寺　　　金三百圓

　　　　觀音山凌雲寺　　金三百圓

　　　　嘉義大仙岩　　　金三百圓

　　支出之部

　　　　經常費金壹仟八百圓

內項

費目	預科	本科			研究科
		第一學年	第二學年	第三學年	-
教授俸給	貳百五拾圓	參百圓	參百圓	-	-
圖書費	七拾圓	六拾圓	七拾圓	-	-
備品費	八拾圓	六拾圓	五拾圓	-	-
消耗品費	八拾圓	七拾圓	六拾圓	-	-
預備品費	百貳拾圓	百拾圓	百貳拾圓	-	-

六、校舍及寄宿舍圖面　校舍及寄宿舍使用當分別紙乙號圖面
　　之場地

七、設立者及教員之履歷　如別冊之丁號

八、教材用圖書

於學則中記載：

　　右（以上）依明治三十八年十一月二十九日府令第八十八
　　號私立學校規則　如前記設立致此　御認可端此奉上請願

大正六年一月二十九日

臺北廳大加蚋堡山仔腳庄三拾八番地

臨濟護國禪寺住持

長谷慈圓（印）

鎮南學林設立許可

1、授課內容

2、校舍

3、經營方式[68]

---

68 〈六日　私立臨濟宗鎮南學林設立認可之件〉，《公府類纂》30卷之5，收錄於《臺灣
　　史料稿本》（出版地不詳，臺灣總督府史料編纂會，1917），無頁碼。

　　由此公文中得知，出資者除臨濟禪寺之外，有臺灣銀行副頭取
（副總經理）中川小十郎[69]，而臺南開元寺、觀音山凌雲寺、嘉義大
仙岩各出資三百圓，這印證了本節中，長谷慈圓說明的第四目的「臺
灣寺院中佔最重位之臺南開元寺，其他主要寺廟亦相率自動投靠我
派」，此其他主要寺廟就是指觀音山凌雲寺、嘉義大仙岩。筆者將各
界出資設立鎮南學林之金額，繪製成下圖3-1-13。

圖3-1-13　私立臨濟宗鎮南學林之捐贈經費來源

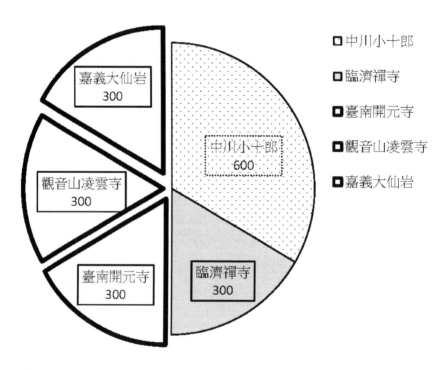

資料來源：〈六日私立臨濟宗鎮南學林設立認可之件〉，《公府類纂》30卷之5筆者繪
製。單位：圓。

69　中川小十郎氏於大正元年11月來臺，擔任臺灣銀行副頭取（副總經理），大正9-14年
　　為臺灣銀行頭取（總經理）。筆者整理《臺灣日日新報》1912-1925。

　　由圖3-1-13中可以看出日方的中川小十郎、臨濟宗與臺灣的寺廟各出資一半。可說鎮南學林的成立，一半是由臺灣之開元寺、凌雲寺、大仙岩共同出資參與建蓋的。筆者認為這多少也意味著，開元寺、凌雲寺、大仙岩致力於僧侶之培養，藉由和臨濟宗建立友好關係而與總督府有所交誼，鞏固在佛教界之地位。

　　在臺北加福廳長認可後，2月13日上呈總督府，安東總督於3月6日決裁，其公文內容如下：

　　　　私立臨濟宗鎮南學林設立認可之件　二月十九日立案　三月六
　　　　日　　決裁
　　　　指令　第三七二九號
　　　　臺北廳大加蚋堡山仔腳庄三拾八番地
　　　　臨濟護國禪寺住持
　　　　設立者　長谷慈圓
　　　　大正六年一月二十九日申請私立臨濟宗鎮南學林設立之件認可
　　　　年月日　總督
　　　　大正六年二月十三日　臺北廳長　加福豐次（印判）
　　　　臺灣總督男爵　安東貞美　殿
　　　　臺北廳學第三五四號
　　　　私立臨濟宗鎮南學林設立進達之件
　　　　由管內大加蚋堡山仔腳庄三拾八番地，臨濟護國禪寺長谷慈
　　　　圓，提出私立臨濟宗鎮南學林設立之申請。調查後，認定符合
　　　　私立學校規則第一條各項之，且此種學校於本島有設立之必
　　　　要。[70]

---

[70] 〈六日　私立臨濟宗鎮南學林設立認可之件〉，《公府類纂》三十卷之五，收錄於《臺灣史料稿本》（出版地不詳：臺灣總督府史料編纂會，1917），無頁碼。（筆者譯）

當時臺灣總督府公文記載如圖3-1-14：

圖3-1-14　長谷慈圓申請設立私立臨濟宗鎮南學校之臺灣總督府公文

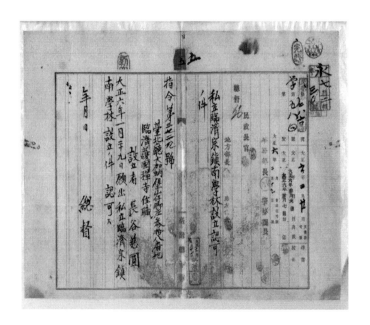

資料來源：「臺灣總督府公文類纂數位化檔案資料庫」。感謝「中央研究院臺灣史研究所檔案館典藏」提供〈長谷慈圓私立臨濟宗鎮南學校設立認可〉大正6年2月1日。

（二）拉攏臺南開元寺、臺北凌雲寺

開元寺原本是明末清初鄭成功之子鄭經，於康熙20年（1681）在臺南建蓋的「洲仔尾園亭」，因反清復明之志未成，於此處縱情享樂。[71]之後，康熙28年（1689）庚午巡道王效宗、總鎮王化行改築為寺，翌年告成一大精舍是為「海會寺」。乾隆42年（1777）臺灣道蔣

---

71 闞正宗，《物華天寶話開元：臺南市二級古蹟開元寺文物精華》（臺南市，臺南開元寺，2010），頁18。

元樞修建，並增置寺產，修後稱為「開元寺」。[72]是日治時期全臺寺廟中之巨剎。[73]

圖3-1-15　開元寺　　　　圖3-1-16　開元寺日治時期的地籍資料

資料來源：杉山靖憲，《臺灣名勝舊蹟誌》（出版地不詳，臺灣總督府，1916），頁74。

資料來源：感謝臺南地政事務所協助。[74]

　　明治28年（1895）乙未割臺後，10月，曹洞宗布教師佐佐木珍龍於臺南開元寺駐錫布教，開元寺為曹洞宗所吸收。[75]佐佐木珍龍於明治28年11月1日向臺南縣官廳提出於開元寺布教傳道的申請公文。

72 慧嚴法師，《心遊佛教文化交流》（高雄市，春暉，2012），頁35。該書第二篇〈南台灣佛教的泉源〉，對開元寺之由來有詳盡之考察。

73 杉山靖憲，《臺灣名勝舊蹟誌》（出版地不詳，臺灣總督府，1916），頁74-76。

74 （僧）成圓，俗名：鄭從興。（僧）得圓，俗名：魏松，大正9年為開元寺住持。

75 〈臺灣布教傳道一班　曹洞宗〉，《臺灣日日新報》明治31年10月6日，日刊，2版。（筆者譯）

　　但是根據鄭卓雲於《台灣開元寺誌略稿》之記載，開元寺之法脈是屬於臨濟宗[76]。因曹洞宗之佐佐木珍龍回日[77]，且臨濟宗護國禪寺第二任住持長谷慈圓積極地吸收寺廟齋堂，到了大正5年（1916），第二十二代住持釋傳芳便與臨濟宗合作，共同成立鎮南學寮。翌年大正6年（1917）5月，開元寺成為臨濟宗妙心寺派之末寺。[78]

　　長谷慈圓曾提出臺灣開教之順序：「首先企劃教養既有之寺院僧侶之弟子，與主力之本島寺院共同合作，於臨濟寺境內設置養成所」[79]。兒玉源太郎總督曾希望臨濟宗能夠組織臺灣傳道布教同盟者，以便大力協助中國南方之布教。臺灣布教上若得其人，不論是官方的援助，或民間的熱心有志者，務必與其人同時聯手。[80]開元寺為全臺寺廟中之巨剎，所以臨濟宗若能獲得開元寺之支援，臨濟寺對臺灣南部地區之開教，亦可連結至澎湖、福建，於是長谷慈圓便積極攏絡開元寺。

1 長谷慈圓與開元寺、凌雲寺之住持共同視察中國

　　長谷慈圓一方面先對內開設鎮南學寮，以從事教養臺灣人僧侶，另一方面對外視察臺灣全島的寺廟，[81]並積極拉攏納入臨濟宗系統。當時的記載如下：

---

76 鄭卓雲，《台灣開元寺誌略稿》收錄於《臺灣宗教資料彙編》第二輯，第4冊（臺北市，博揚，2010）。

77 佐佐木珍龍於明治28-34年（1895-1901）滯臺。

78 有關開元寺由曹洞宗轉為臨濟宗妙心寺派之末寺歷程，請參考慧嚴法師，《心遊佛教文化交流》第二篇〈南台灣佛教的泉源〉（高雄市，春暉，2012）。

79 〈長谷慈圓師より〉，《正法輪》372號，大正5年12月1日，頁11。（筆者譯）

80 松本無住，〈鎮南山緣起〉，收錄於黃葉秋造（編），《鎮南記念帖》（臺北，鎮南山護國臨濟禪寺，1913），頁39。（筆者譯）

81 〈臨濟寺長谷慈圓師〉，《正法輪》381號，大正6年4月1日，頁16。（筆者譯）

申請加入臨濟宗之寺院已達十一個寺院，此十一個寺院在其他
宗派之勸誘下要如何因應？所有寺院共同行動之契約既已簽訂
完了。另外，尚有幾十個臨濟系統之寺院分散於各地，雖以將
其全部收容至臨濟宗之門下為目標，但首先須拉攏臺灣屈指之
巨剎的開元寺、觀音山等之住持，有必要使其住持們視察我大
本山。[82]

　　由此引文可知，當時臨濟宗已吸收十一個臺灣寺院，且已簽訂契
約，另外還欲拉攏數十間之寺院，但是首先必須先攏絡臺南開元寺、
臺北觀音山凌雲寺等大寺。於是長谷慈圓於大正6年（1917）3月27日
與觀音山住持沈本圓（時三十六歲），開元寺副住持鄭成圓（時二十
七歲），為視察中國佛教，共同前往福州滬山[83]，共漫遊南支那五十餘
日結束，於5月21日至京都。[84]此次是臨濟宗妙心寺派首次邀請臺灣僧
侶至福建之臨濟宗的鼓山，雖不知長谷慈圓、沈本圓、鄭成圓三人在
鼓山之行動為何，但沈本圓、鄭成圓是釋傳芳的徒弟，同屬「圓」字
輩，而長谷慈圓名字中恰巧也有個「圓」字，這又讓長谷慈圓多了一
條與沈本圓、鄭成圓親近之途徑。[85]

2 長谷慈圓招待開元寺、凌雲寺之住持至京都大本山

　　開元寺之住持釋傳芳（時六十三歲），由則武玄敬師陪伴，自臺
灣直航抵達日本，觀光岡山、高野山、大阪各地，與沈本圓一行於大

82 〈臨濟寺長谷慈圓師〉，《正法輪》381號，大正6年4月1日，頁16。（筆者譯）
83 引文原文為「滬」山，應是「鼓」山之誤字。
84 〈臺灣僧の登崎〉，《正法輪》386號，大正6年6月15日，頁15。（筆者譯）
85 （臺灣）臨濟宗之法派傳承，「傳」字輩之後為「圓」字輩。「圓」字輩之後為
　　「淨」字輩。請見附錄表八：臺灣佛教臨濟宗諸山演派法脈表。

阪堺市南宗寺會合，五名一同赴妙心寺大本山。[86]長谷慈圓為釋傳
芳、本圓、成圓三師介紹日本佛教之現狀，很明顯地就是要「企圖連
結日本佛教界與臺灣佛教界。」[87]

　　釋傳芳、本圓、成圓三師為紀念參訪大本山，捐獻若干金圓。且
於開山（石碑）前獻納香資，本山也贈送三師「御紋章袈裟」[88]，且
決定對三寺院「贈千年古佛於火山岩（亦稱「大仙岩」），贈舍利塔一
基於凌雲寺，贈大藏經一藏於開元寺，並頒三尊下今上天皇御牌位於
三寺」[89]。火山岩也以十萬圓工費改建諸堂伽藍，在即將完工時，於
該寺佛殿安置「今上牌」，佛像亦由妙心寺所下賜（見圖3-1-17）。[90]
繼之妙心寺派教務本所日吉、窪田之兩執事為主人，於23日設宴歡
迎，慰勞三名臺僧及長谷師之長途旅行。陪賓有臨濟大學校長梅山老
師，以及另外二、三師。[91]

86　〈臺灣僧の登嶠〉，《正法輪》386號，大正6年6月15日，頁15。（筆者譯）

87　〈招待會〉，《正法輪》383號，大正6年5月1日，頁18。（筆者譯）

88　〈御紋章袈裟下賜〉，《正法輪》386號，大正6年6月15日，頁15。（筆者譯）

89　《臺灣日日新報》，大正6年1917年9月29日，日刊，7版。

90　〈御紋章袈裟下賜〉，《正法輪》386號，大正6年6月15日，頁15。（筆者譯）

91　《正法輪》386號，大正6年6月15日，頁15-16。（筆者譯）

圖3-1-17　臨濟宗妙心寺派贈予火山岩之「阿彌陀佛尊像」

資料來源：本圖轉引自：「白河大仙岩寺　阿彌陀佛像」。陳清香，《台灣佛教美術供像篇》（臺北市，藝術家，2008），頁46。

3 臨濟宗將開元寺、凌雲寺納為末寺

繼之，臨濟宗展開實際拉攏之行動，將臺灣僧侶編入妙心寺派，內容為下：

對於臺灣僧侶此回向本派申請僧籍編入，已獲許可：

臺南廳永康下里三份仔庄開元寺住持

陳傳芳

安政二年二月十五日生

同　　　　　寺　　　　　副住持

鄭成圓

明治二十五年三月二日生

臺北廳八里份觀音山凌雲寺住持

沈本圓

臺北廳八里份堡洲仔庄西雲岩住持

盧覺淨

明治二十六年四月四日

臺南廳加祥外里超峰寺住持

林永定

明治十年十一月三日生

臺南廳仁和里桶盤淺庄竹溪寺住持

周捷圓

年　　月　　日生

臺南廳赤山堡龍湖岩住持

黃妙元

年　　月　　日生

臺南廳開元寺監院　　　　　慎淨

同　　　　　　　　　　相國[92]

---

92 〈僧籍編入〉，《正法輪》386號，大正6年6月15日，頁16。（筆者譯）該原文為「相國」，但筆者根據《正法輪》388號查證，應是「相圓」。

　　臨濟宗一舉將開元寺、凌雲寺、西雲岩、超峰寺、竹溪寺、龍湖
岩等，重要寺廟的住持、要職者編入僧籍，這就代表了該寺已有日本
臨濟宗妙心寺派之僧侶駐錫。

　　接著大本山將開元寺、凌雲寺納為臨濟宗之末寺。大正6年
（1917）5月開元寺釋傳芳向妙心寺派繳交七百五十圓之納金，妙心
寺派賜給開元寺降附狀。並贈予大藏經、舍利塔。《正法輪》之記載
如下：

　　　採納證
　　　一金七百五拾圓也
　　　右志納金收採納如件
　　　大正六年五月二十四日
　　　　　　　　大本山妙心寺會計部印
　　　臺南開元寺殿

　　　降附狀

　　　臺南開元寺
　　　一、大藏經　　全部
　　　　　　但　　　卷數　六千九百三十卷
　　　　　　　　　　冊數　二千九十四冊
　　　　　　　　　　帙數　二百七十五帙
　　　右寺住持釋傳芳此回當本山祖塔參拜，作為其紀念，對該寺降
　　　附之事。
　　　大正六年五月二十四日
　　　　　　　　臨濟宗大本山　妙心寺印

臺北凌雲寺

當本山參拜，作為其紀念，對該寺降與舍利塔一基。

大正六年七月四日

　　　　臨濟宗大本山　　妙心寺印

圖3-1-18　臨濟宗妙心寺派贈予凌雲寺之「舍利塔」

資料來源：《臺灣日日新報》大正6年10月24日，日刊，7版。

臺南開元寺

作為大藏經降下之紀念，贈與舍利塔一基。

大正六年七月四日

　　　　臨濟宗大本山　　妙心寺印[93]

93　《正法輪》388號，大正6年7月15日，頁17。（筆者譯）

　　藉由此收編之動作，大正6年（1917）7月，開元寺、凌雲寺正式
納入臨濟宗妙心寺派之末寺。在大正5年（1916）10月31日「鎮南學
寮創立紀念照」圖3-1-12中有釋傳芳、沈本圓來看，可以得知長谷慈
圓早已在大正5年底時就已有動作，在開設鎮南學寮之前，吸收臺灣
的寺廟以作後盾，而開元寺、凌雲寺、大仙岩即是首先目標。因此，
原本是屬於曹洞宗之開元寺，轉換成為臨濟宗之末寺，日後臨濟宗也
以開元寺為根據地，積極往南擴展布教事業。

　　三位臺灣僧侶在京都，其中釋傳芳因有收到信徒剛往生者等的電
報，於5月25日旋即歸臺。[94]臨濟宗妙心寺派仍繼續招待本圓、成圓，
至大本山參訪、且竭盡招待，其中《正法輪》之記載如下：

> 此回之登（大本）山，表面雖是名為觀光，但另有重大意義。
> 且文部省宗教局對上述臺灣僧，注意是否有提供充分之款待，
> 而我本山特別派附兩名侍僧，盡可能地給予招待。長谷師為理
> 所當然，本圓、成圓兩師也頗得滿意之體驗。
> 長谷師於去（五）月二十五日應花園學院之邀請，於該日下午
> 一時起，在該院講堂演講支那旅行。首先由學監鷺尾師主持開
> 會之詞，其次長谷師，最後由觀音山沈本圓師講演，長谷師翻
> 譯。[95]

　　由上文可知，長谷慈圓邀請開元寺與觀音山之住持至大本山參
觀，讓釋傳芳、沈本圓、鄭成圓了解日本佛教之進步、京都的佛教氛
圍，及花園學院之教育情況，而且日本文部省宗教局也提供了特別的

94　〈臺灣僧の登崎〉，《正法輪》386號，大正6年6月15日，頁15。（筆者譯）
95　〈臺灣僧の登崎〉，《正法輪》386號，大正6年6月15日，頁15。（筆者譯）

招待，這很明顯地就是要拉攏此兩大臺灣名剎，目的是要將此臺灣重要的寺廟納入末寺，藉由將僧侶編入僧籍之舉動，吸收臺灣人之布教師，輔助臨濟宗拉攏臺灣信徒。

4 臨濟宗授予開元寺、凌雲寺之重要僧侶法階

接著，授命沈本圓、鄭成圓為臨濟宗之布教使，請見下記引文：

臺灣臺北廳八里份堡觀音坑庄本派所轄凌雲寺住持　　沈本圓
臺灣臺南廳永康下里三份仔庄本派所轄開元寺副住持　鄭成圓
命為臺灣布教使（七月四日）[96]

臨濟宗妙心寺派更破例賜予下列等十二人賜予法階，編入僧籍，分別是：

臺南廳永康下里三份仔庄開元寺住持　　釋傳芳
同　　　　　　　　　　寺副住持　　鄭成圓
同　　　　　　　　　　寺監院　　　吳相圓
　　　　　　　　　　　　　　　　黃慎淨
　　　　　　　　　　　　　　　　魏得圓
臺北廳八里份堡觀音坑庄凌雲寺住持　　沈本圓
同　　　　　　　　　　寺前座元　　釋良達
同　　　　　　　　　　寺監院　　　張妙禪[97]

---

96 《正法輪》388號，大正6年7月15日，頁21。
97 張妙禪為「鎮南學林之漢文教師」、「臨濟宗布教師」、後為「南瀛佛教會之教師」。大正14年5月3日張妙禪「同該宗布教監督天田策堂氏。遠征內地。會畢。旋詣本山。受諸執事優待。並辱管長命為開教使。於六月二日榮歸矣。據云。該氏出家多年。學深養到。亦我臺佛教中之一名僧也云云。」〈張妙禪氏榮歸〉《南瀛佛教》3

　　臺南廳加祥外里超峰寺住持　　　　　　　林永定
　　同　廳仁和里桶盤淺庄竹溪寺住持　　　　周捷圓
　　同　廳赤山堡龍湖岩住持　　　　　　　　黃妙元
　　臺北廳八里份堡洲仔庄西雲岩住持　　　　盧覺淨[98]
　　右（上）聽許僧籍編入至臨濟宗妙心寺派

繼之，補給臨濟宗妙心寺派之僧階，如下：

　　大正六年七月四日
　　臺南廳永康下里三份仔庄開元寺住持　　　釋傳芳
補本山東堂位
　　臺南廳永康下里三份仔庄開元寺副住持　　鄭成圓
　　臺北廳八里份堡觀音坑庄凌雲寺住持　　　沈本圓
補本山長老位
　　臺南廳加祥外里超峰寺住持　　　　　　　林永定
　　同　廳仁和里桶盤淺庄竹溪寺住持　　　　周捷圓
　　同　廳赤山堡龍湖岩住持　　　　　　　　黃妙元
　　臺北廳八里份堡洲仔庄西雲岩住持　　　　盧覺淨
　　臺南廳永康下里三份仔庄開元寺監院　　　吳相圓

卷，4號，大正14年7月21日，頁26。有關張妙禪之研究請參陳清香，〈妙禪法師的生平履歷再考〉發表於2014年6月「台灣佛教通史學術研討會」論文集。陳清香，《台灣佛教美術的傳承與發展》，臺北市，文津，2005，第四章〈妙禪法師的繪畫藝術〉。

98　〈臺灣僧の登崎〉，《正法輪》433號，大正8年6月1日，頁15中記載「前年六月臺灣僧侶沈本圓、鄭成圓兩師至妙心寺參訪。此回沈本圓之弟子臺北觀音山凌雲寺監院盧覺淨，及同門師兄之沈普尊師，共同於大正8年5月13日登大本山，此回由本派管長陪伴，二師應是代表臺灣寺院，來呈祝賀之詞。其次為視察日本佛教，又為回臺後能致力於臺灣佛教之發展，欲取得資料，所以不斷地參觀妙心寺教育機關、現正在研究其他法式誦經，至少會停留數月。〈臺灣僧歸臺〉，《正法輪》437號，大正8年8月1日，頁20中記載盧覺淨與沈普尊於「7月21日歸臺」。（筆者譯）

同　　　　　　　　　　　　　　黃慎淨

同　　　　　　　　　　　　　　魏得圓

臺北廳八里份堡觀音坑庄凌雲寺前座元　　釋良達

同　　　　　　　　　　寺監院　　張妙禪

補本山長座元位[99]

　　本圓、成圓兩師，滯留京都期間，於則武師之招待下，幾乎每日
參觀京都。幾乎將京都名所參觀遍了，但仍不滿足，4日又參觀奈
良，5日歸山。[100]又因穿著臺灣僧服進入京都市內，稱說會引人注
目，於是向平日與大本山有往來之法衣商，新購從軍衣、絡子[101]、和
服、帽子、鞋子等，衣著為氣派之日本僧，去奈良參觀。[102]沈本圓每
夜作詩，其中有一首〈市街觀遊〉內容為：

　　　　啞子遊市街，沿途迷又迷，欲言語不得，急覓指東西。[103]

　　繼之，長谷師於教務本所之要務告一段落，即陪同沈本圓、鄭成
圓於5月12日，由京都出發往名古屋住宿一晚，14日抵達東京麟祥
院，住宿該院。15日起訪問名士及參觀東京。當時下村臺灣民政長官
剛好在東京，便先於15日訪問下村民政長官，17日面會文部省之岡田
文相、柴田宗教局長，18日再訪問該文部省，拜會田所文部次官，當

99　〈賞典〉，《正法輪》388號，大正6年7月15日，頁23。（筆者譯）有關臨濟宗妙心
　　寺派之教師等級，請見附錄表十一「日本佛教各派教師等級名稱」。

100　〈臺灣僧の買物〉，《正法輪》386號，大正6年6月15日，頁15。（筆者譯）

101　日本僧侶胸前的掛帶。

102　〈臺灣僧の買物〉，《正法輪》386號，大正6年6月15日，頁15。（筆者譯）

103　〈臺灣僧の買物〉，《正法輪》386號，大正6年6月15日，頁15。（筆者譯）

夜遊賞帝國劇院。19日赴日光參觀，20日參觀貴、眾兩院[104]，21日參觀帝國大學，於該大學拜會上田、姉崎、高楠諸博士，……27日回到妙心寺。[105]

其中17日之行程，沈本圓、鄭成圓在拜會文部省之岡田文相時，岡田文相訓勉，臺灣人與內地人皆是釋迦牟尼佛之弟子，要能發揮宗教家精神，融合內臺之情誼，其內容如下：

> 維宗教之要，在振肅世道，以圖社會風教之改良進步。殊如佛教東來迄今，已閱千三百有餘年，能與我國民固有之思想融合。……凡殖民地之統治，最要者為何，不外其地之人民，與居住之內地人民，思想感情融合一致，互相理解，互相信賴也。臺灣島人與內地人，同是帝國之臣民，且有同種同文之關係，誼則兄弟也。而在臺之宗教，與內地同為佛教，禪宗最多。宗教上亦等是釋迦牟尼佛之弟子，即宗教上之兄弟也。夫如是，則臺灣人與內地人，其思想感情之融洽，實為容易，欲互相理解，互相信賴，更有何難。願諸君依佛教之教義，以教導臺灣島人，盡瘁於臺灣教化，直接間接，臺灣之進步能如是，其幸福豈獨臺灣受之者哉，帝國實受之也，余切望於諸君者意亦在此。……諸君歸臺後，望記斯言，不惜為國家社會，十分努力也。[106]

在日本停留四十餘日，要事、觀光皆大略完成後，原本6月5日應

---

104 當時的議會制度為「上院」（「貴族院」簡稱「貴院」）與「下院」（「眾議院」）。開始於明治23年11月29日，昭和22年5月2日廢止。辜顯榮、許丙、林獻堂，亦曾為貴院之議員。

105 〈臺灣僧の動靜〉，《正法輪》388號，大正6年7月15日，頁16。（筆者譯）

106 〈文相諭遊歷臺僧〉，《臺灣日日新報》大正6年7月31日，日刊，2版。（筆者譯）

踏上歸臺之途，但成圓師回到京都後稍有微恙，住進大學醫院一星期，為此而延後時日。8日在諸人送行下，離開花園車站，9日由神戶出帆歸臺。[107]

本圓、成圓平安到臺後，長谷慈圓發表感言，其內容為下：

> 先日與臺灣僧一行登（大本）山之際，承蒙各界厚愛，且臺灣開教上申請之各事項寬大許可，以小生為首之一行，今後更加感謝本山之恩威，臺灣僧侶也應會對於本派發展上，協力盡瘁。一行於十三日平安歸臺……馬上至總督官邸訪問安東總督，親切高興地廣為陳述南支那及內地觀光之狀況，……其他官民、信徒、臨濟寺關係者，得知平安歸臺，皆很歡喜，可想而知此回旅行對於社會有甚好影響。尤其在吾人旅行之經過中，偶有報導於當地之三報紙，另在內地也散見於各報紙上，一般多給予臺灣人良好印象，隨之也廣傳臨濟寺之形象。
> 對於我妙心寺本山，臺灣僧三名接受破格之優遇，彼等終生應不會忘卻。歸臺後相傳我臨濟宗大本山妙心寺之名，廣傳於臺灣民間，應可給予深刻之印象，小生在此代替一行呈謝。[108]

由上述引文可知長谷慈圓招待釋傳芳、沈本圓、鄭成圓赴日，雖然釋傳芳因要事先回臺，但由妙心寺派大本山對三僧的上賓式地接待，將開元寺納為末寺，贈予大藏經、舍利塔，破例賜予法階，觀光陪伴，再至東京拜會下村臺灣民政長官、文部省之岡田文相、柴田宗教局長等。回臺後又立即至總督官邸拜會安東總督，此一連串遠赴京

---

107 〈臺灣僧の動靜〉，《正法輪》388號，大正6年7月15日，頁16。（筆者譯）
108 〈臺灣僧平安歸臺〉，《正法輪》389號，大正6年年8月1日，頁15。（筆者譯）

都，與妙心寺派大本山締結本末寺之安排，及拜會官方高層之行程，筆者認為這是臨濟宗策畫與總督府共同合作，欲攏絡臺灣名剎之開元寺及凌雲寺的計畫。妙心寺派未曾給予釋傳芳、沈本圓、鄭成圓佛教僧侶的訓練，就直接授予法階，甚至也給予當時臺灣重要之多位僧侶法階，無疑地就是要藉此「法階」僧級，來拉攏這些僧侶們成為臨濟宗之布教師，除幫忙吸收更多的信徒弟子來鎮南學林就學，甚至能注意信徒之動態，以防再有前一年（1915）西來庵之宗教暴動事件。開元寺日後也成為臨濟宗南部開教所之根據地，凌雲寺住持沈本圓也一直支持著臨濟宗，筆者認為長谷慈圓拉攏釋傳芳、沈本圓、鄭成圓之舉動是成功的。

（三）道友會支持財源

1 道友會成立之經緯

　　明治31年（1898）11月臨濟宗之細野南岳回日後再次來臺時，邀請了東京的足利天應來臺駐錫，模仿在東京已成立的道友會，在臺北邀請有力之官員，設立臺灣道友會。明治31年12月，由藤田嗣章、川淵龍起、木村匡、志村鎧太郎、山下秀實、大島邦太郎、廣瀬鎮之、高橋忠義、……松本龜太郎等三十一人，於《臺灣日日新報》發表〈臺灣道友會設立の主意〉，明訂「臺灣道友會規定」以進德厚交為目的，成立「臺灣道友會」，邀請碩學高德之耆老提倡古德語錄。[109]然而，足利天應回日後，道友會幾乎完全停擺。[110]

109　〈臺灣道友會設立の主意〉，《臺灣日日新報》明治31年12月14日，日刊，2版。
　　（筆者譯）
110　有關「道友會」之發起，見第二章，頁91。
　　關正宗《臺灣日治時期佛教發展與皇民化運動：「皇國佛教」的歷史進程（1895-
　　1945）》頁131，提及：「釋慧嚴根據臨濟宗妙心寺派關係密切的松本無住所寫〈鎮

2 梅山玄秀復興道友會

　　大正2年（1913），大津總長、石井院長、小野檢察官長、三村秘書官、村□事務官、野村事務官、土屋中學校長、尾田女學校長、木村匡、瀧本□夫、中川小十郎、木村泰治、齋藤豐次郎等，於6月1日起，每周星期日上午9時於圓山臨濟寺，聘請梅山玄秀師舉行無盡燈論之提唱會，提唱之前後參禪入室。[111]

3 正式組織道友會

　　大正5年（1916），臨濟護國禪寺為布教興學，振興臺灣本島寺院齋堂之互相聯絡，除建設鎮南學林之外，至各地布教講演，努力教化島民，也組織佛教道友會。[112]大正7年（1918），護國禪寺為努力完成布教興學之基礎為目的，聚集道友會之相關者、全島布教師，聯絡寺院、齋堂主等，於6月23日舉行第一回協議會，決議廣募會員及道友會之擴張。[113]參加的重要官民頗多贊成，決議其旨趣書及略則如下：

南山緣起〉一文推測，得庵（梅山）禪師（1858-1920）在1913年7月以前，臨濟寺伽藍建設之後成立「道友會」。但這種說法有待商榷，……。無論是鎮南學林或道友會（即「臺灣佛教道友會」），都是設立於第二任總監長谷慈圓（1880-1918）繼任（任期1914年6月至1917年12月）之後」。但是筆者對此說法持保留態度。筆者比對《正法輪》及《臺灣日日新報》之記載，明治32年1月，在臺灣的松本龜太郎（無住）之外數名發起，仿照東京之道友會，募集同法熱心之士，組織一團體，歡迎應細野南岳之邀來臺留錫之足利惠倫。足利惠倫來臺說法，受到臺北道友的歡迎。所以「道友會」之成立，應是在明治32年10月來臺的梅山玄秀之前，明治32年1月時細野南岳於臺北已成立。

111 〈道友會再興〉，《臺灣日日新報》大正2年5月30日，日刊，2版。（筆者譯）
112 〈臺灣道友會設立の主意〉，《臺灣日日新報》，明治31年12月14日，日刊，2版。（筆者譯）
113 〈臺灣教信〉，《正法輪》413號，大正7年8月1日，頁21。（筆者譯）

設立旨趣

領臺以來於今二十又三年矣。有形上之設施頗近完整，然至於無形上之啓發，則尚未見就緒。如島民大半猶墨守舊態，未能獲得我德政恩澤，其同化前途可謂遼遠矣。竊思島民心地開發之道，莫若善川宗教。且母國與本島咸仰釋尊為主，其所信諸佛其所誦經典亦無有異。彼此互相提攜和衷協力，固非難事也。因之以圖本島佛教之振興，裨益世道人心，實我島民心地開發，改革從來舊弊，幾亦始可得而同化乎。我等於斯有鑑而創此道友會，一則欲以圖本島佛教統一，二則欲以增進島民福利。而現其理想者也。今也幸得在來諸寺院住持及信徒之中有力者，皆無不熱心相率贊同此舉。亦是佛天將大慈悲，而加護我島民乎，謹告我愛國護法之士。至思於島民啓發希望彼此同化者，鑑我等微志而贊斯業大成是所望也。

入會略則

一、本會稱臺灣佛教道友會，本部置於臺北廳大加蚋堡山仔腳庄三十八番地，臨濟護國禪寺。支部漸設於各地方。

二、本會創設布教興學事業，以圖本島佛教革新，宣傳佛祖的宗旨，期望民智向上發達。

三、本會員協同講究佛教，振興日新自治精神，遵照佛教主旨，說明人道增進自己與他人的福利。

四、本會本部及支部設定時，布教或聘請名師，開臨時講演或時時出差開鑿法話。

五、本會經費以會員出會費，以及一般熱心者寄贈捐款作為支付，漸蓄其餘而作財團法人，以鞏固本會事業基礎。

六、本會會員分為五種：

名譽會員　有學識名望而幫助本會事業或會資者，特由評議員會議決推薦。

贊助會員　贊本會趣旨獻出金百圓以上者，會長推薦。

特別會員　一時獻金三十圓以上者。

正式會員　年額金五圓以上，繼續獻金六年間者。

通常會員　年額金貳圓以上，繼續獻金二年或三年乃至十年者。

一、會員自報名加入之時，得以月賦附納，但會費要經由地方支部或直接附送本部會計主任。

二、會員獻金預存於臺北新高銀行，確實出存。

三、會員送達臺北新高銀行內，可寄本會會計主任小倉文吉。

四、本會發刊道友雜誌為機關，報告會員名簿，會計及諸般會務。

五、各會員賦予會員章，但目前暫且交付暫時會員章，可貼於（自宅）正門。

六、本會會員死亡或罹難時，以金品弔慰。

七、本部每年春、秋二季安置會員各家先亡累代靈牌，舉行鄭重追悼會，會員得隨時參拜亦得請祈禱念經。

八、本會名稱道友者，即信佛教諸善友結合之意也，依不論官紳、士商、僧侶、齋友，亦不問老幼男女進請入會。

附記　本會於大正七年五月二十三日經總督府批准認可矣。[114]

由此設立旨趣書，可知臨濟宗正式成立道友會有兩大目的：一則欲圖本島佛教統一。二則欲增進島民福利。筆者認為這是臨濟宗欲藉由道友會之運作，來掌握臺灣為數眾多的各寺院、齋堂之行動，以便輔助總督府的統治管理。臺灣是被日本統治，基本上被殖民者只能服

114　〈臺灣佛教道友會〉，《臺灣日日新報》大正7年7月12日，日刊，6版。（筆者譯）

從殖民統治者之政策，要有福利談何容易。此「欲增加島民福利」之第二目的，應是指納入臨濟宗下的佛教僧侶子弟，僅繳些許費用，就可於鎮南學林就讀之福利。

其次會員分成五種：名譽會員、贊助會員、特別會員、正式會員、通常會員，皆須繳交會費，以此來資助鎮南學林的經營。於大正7年（1918）5月23日獲總督府批准認可。

4 道友會募款支持臨濟宗

「新設之臺灣佛教道友會，朝向十年之持續事業，於臺灣全島募集會員，預計於持續期間內集資十萬圓，已獲總督府之認可。」[115]

大正7年12月，臺灣佛教道友會鑑於大部分臺灣人皆信仰佛教，然而智識低級之本島人，則又多陷於種種迷信，於是臺灣佛教道友會便發刊會報，極力鼓吹臺灣宗教之革新。內容分和、漢文二種，漢文初號有臺北廳宗教係長柴田廉論述該誌使命，此外另有各名士寄稿，內容豐富。[116]

以對臺灣人及內地人布教為目的而募集資金之佛教道友會，亦是由長谷慈圓師正式向總督府申請，獲得認可。但因長谷不幸於大正7年末（1918）往生，資金一時窘迫。大正8年（1919）「所幸臺灣銀行副頭取（副總經理）之中川小十郎，及明石總督、小倉新高銀行頭取（總經理）等……委託會長中川小十郎、副會長小倉文吉氏、林熊徵氏等，欲變成財團法人組織。」[117]

大正10年（1921）佛教道友會報之續刊，在改革其內容同時，改刊名為「道友」[118]。

---

115 〈臺灣教信〉，《正法輪》413號，大正7年8月1日，頁21。（筆者譯）

116 〈佛教會報發行〉，《臺灣日日新報》大正7年12月9日，日刊，4版。（筆者譯）

117 〈佛教道友會〉，《正法輪》433號，大正8年6月1日，頁19。（筆者譯）

118 〈道友〉（創刊號），《臺灣日日新報》大正10年2月22日，日刊，3版。（筆者譯）

財力沒有其他派別豐厚的臨濟宗藉由道友會之人力、財力，來支援鎮南學林。

四　經營鎮南學林

鎮南學寮於大正5年（1916）10月31日舉行開寮式之後，所屬臨濟宗之臺灣本島寺院，相繼送其弟子入學。在日本統治之前，「可稱是臺灣各寺院之總本山的福州鼓山湧泉寺及福建之興化寺」[119]等，也有送弟子前來留學，因此學生逐漸增加。

繼之，大正6年（1917）臨濟寺住持長谷慈圓師同寺信徒總代星野政敏、中川小十郎、木村匡、木村泰治、吳昌才、王慶忠等諸氏為首，與臺南臨濟宗開元寺、岡山超峰寺、竹溪寺、赤山岩、嘉義火山岩、臺北觀音山凌雲寺等之諸寺，互相討論，依據私立學校令，向總督府提出申請。[120]同年3月7日獲安東總督許可，可於4月1日起開始新學期，但鎮南學林「不敢收容，先將已收容之學生中，成績優秀者進學至本科一年級。其他新生，使其進入預科。」[121]筆者認為有可能是因新生之普通學識、日文程度、佛教教義等的程度尚待加強，所以先將新生編入預科，教授「公學校程度的知識」[122]。

鎮南學林之辦學目標，除了要培養臺灣僧侶及齋友弟子之外，更

---

119 〈鎮南學林新設　臨濟宗の大飛躍〉，《正法輪》381號，大正6年4月1日，頁16。（筆者譯）

120 〈鎮南學林新設　臨濟宗の大飛躍〉，《臺灣日日新報》大正6年3月14日，日刊，7版。（筆者譯）

121 〈鎮南學林新設　臨濟宗の大飛躍〉，《正法輪》381號，大正6年4月1日，頁16。（筆者譯）

122 〈鎮南學林新設　臨濟宗の大飛躍〉，《正法輪》381號，大正6年4月1日，頁16。（筆者譯）

希望培育能促進中國佛教界之革新、將其教澤擴大至南清地方之大抱負者。其學科科目設計除了佛教教理之外，尚有日語、漢文、地理、歷史、數學等。分為預科、本科、研究科三科。學林畢業年限為三年，特別為無資格者設置一年的預科，教授公學校程度的知識。畢業後欲再研究者，則加設了一年的研究科。

但是該學林無校舍設備，只能暫時使用當時現有之教場，「近期內接受臺灣銀行副總經理中川小十郎氏之捐助，投入工費兩萬圓」[123]，於該寺境內建築校堂，由建設公司設計，[124]計劃於該年八月中旬之前全部蓋好，下學期開始，則預訂於新校舍開始上課。[125]至於宿舍之部分，「本應與教室同時建蓋，但因有變更宿舍之位置，所以尚未著手建蓋宿舍。有計畫收買臨濟寺庫裡之臺灣人家屋，用以共同建蓋宿舍及禪堂。」[126]

（一）大正 6 年（1917）度之校況

大正6年3月27日上午10時，鎮南學林在該校暫時之教場，舉行預科學生修了典禮。長谷校長捧讀敕語，其次授予預科修了證書，及對品行方正、學力優等，足為學生模範者，各授予獎品。長谷校長對學生們訓示，修畢預科課程的學生總代表林會妙謝詞致禮。其次，由來賓淨土宗所長花車圓瑞師、觀音山凌雲寺住持沈本圓師、臺南開元寺鄭成圓師等發表祝賀演說，參與之學生除了有修畢預科課程之學生十二名之外，另有在學學生二十名。[127]

---

123 〈臨濟寺長谷慈圓師〉，《正法輪》381號，大正6年4月1日，頁16。（筆者譯）

124 〈鎮南學林新設　臨濟宗の大飛躍〉，《正法輪》381號，大正6年4月1日，頁16。（筆者譯）

125 〈鎮南學林近狀〉，《正法輪》390號，大正6年8月15日，頁21。（筆者譯）

126 〈鎮南學林近狀〉，《正法輪》390號，大正6年8月15日，頁21。（筆者譯）

127 〈鎮南學林修了式〉，《臺灣日日新報》大正6年3月29日，日刊，6版。（筆者譯）

　　因學生增多之關係，教師也需增加。長谷師於5月回到大本山，
除了進行拉攏開元寺、凌雲寺之要務外，亦物色鎮南學林之教師，與
教務本所多方商量後，已與七、八名僧侶交涉，但皆遭拒絕。[128]可見
當時日本多數的僧侶，至臺之意願仍不高。而後終於聘邀到二名教
師，「一名為紀州上品寺徒龜田萬耕，另一名為美濃正英寺徒岩田宜
純」[129]，到臺後，則「共有八名執務」。[130]

　　到了學期結束，「7月19日結業式當日，於開山大師面前，此回掛
籍在本派之十二名臺灣僧侶，舉行職狀傳達典禮。」[131]

　　大正5年（1916）底，鎮南學寮成立之時，沒有校舍、宿舍，大
正6年4月成為正式學校的鎮南學林，其招生多於預定之名額，所以教
室、住宿之設備急需增加，年底時「校舍一棟（煉瓦造費八千圓）已
竣工，現正建蓋宿舍中，將來於新校舍教學。」[132]

　　到了大正6年11月，鎮南學林的招生狀況如下：

　　　　學級制度為預科一年、本科四年、研究科兩年，現在收容預科
　　　　生一年級及本科生一年級。學生人數，本科生一年級二十五
　　　　名，預科四十六名，幾乎多是公學校之畢業生，為臺灣之僧侶
　　　　及信徒之子弟。[133]

128　〈鎮南學寮之教師〉，《正法輪》388號，大正6年7月15日，頁16。（筆者譯）

129　〈鎮南學寮之教師〉，《正法輪》388號，大正6年7月15日，頁16。〈鎮南學寮教師
　　　渡臺〉，《正法輪》394號，大正6年10月15日，頁15中記載「龜田萬耕、岩田宜純
　　　皆為臨濟大學畢業生，10月15日由神戶出發赴任。」〈鎮南學林の近狀〉，《正法
　　　輪》397號，大正6年11月1日，頁18記載「十月十九日龜田、岩田兩教師抵臺。」
　　　（筆者譯）

130　〈鎮南學林の近狀〉，《正法輪》397號，大正6年11月1日，頁18。（筆者譯）

131　〈鎮南學林近狀〉，《正法輪》390號，大正6年8月15日，頁21。（筆者譯）

132　〈鎮南學林の近狀〉，《正法輪》397號，大正6年11月1日，頁18。（筆者譯）

133　〈鎮南學林の近狀〉，《正法輪》397號，大正6年11月1日，頁18。（筆者譯）

　　筆者將長谷慈圓於大正6年1月29日，向臺北廳長提出申請成立「私立臨濟宗鎮南學林」之認可公文，與妙心寺派之代表刊物《正法輪》397號之記載比對後，發現其中本科及研究科之學制有所出入，於是做成下列表格，如表3-1-2所示：

表3-1-2　大正6年（1917）「私立臨濟宗鎮南學林」其申請之認可公文與妙心寺派之代表刊物《正法輪》397號的學級制度對比

長谷慈圓於大正6年1月29日向臺北廳長提出申請成立「私立臨濟宗鎮南學林」，其申請之認可公文內容：	《正法輪》397號，大正6年11月1日，頁18。記載：
預科：一年	預科：一年
本科：第一學年 　　　第二學年 　　　第三學年	本科：第一學年 　　　第二學年 　　　第三學年 　　　第四學年
研究科：一年	研究科：兩年

資料來源：申請「私立臨濟宗鎮南學林」之認可公文，《正法輪》397號，大正6年11月1日，頁18。筆者整理。

　　大正6年申請之認可公文為1月29日，而《正法輪》397號是11月出版，對比鎮南學林之學制內容，其中「預科」為一年並未做更動，而將本來是三年的「本科」延長為四年，及「研究科」拉長為兩年。

（二）大正7年（1918）度之校況

　　大正7年1月鎮南學林雖順利進行，但是長谷慈圓仍相當擔心「鎮南學林不過只是成立學校，但資源財力缺乏，發展上尚須多費苦

心。」[134]雖然「臨濟宗聯絡寺院至今已達二十多個」，[135]住僧脫除舊有之窠臼，在臨濟宗指導下，謀圖擴張教勢。臺灣人僧侶間也熱心布教興學，企劃布教傳道、奔走興學等。對於師資，更是「遺憾本派缺乏布教師，嫌棄臺灣，沒有意願開拓新領土。」[136]所以鎮南學林的經營，實際上是有很大的困難。

除鎮南學林之學生外，長谷慈圓師，亦收容有志於布教之臺灣中年僧侶約十名，預定施行三個月的訓練。閉會後一個月，為了讓受訓完了的僧侶，能更實地練習，除授予布教師之僧階職等，也計畫建立該寺之鎮南學林之宿舍。約投入三千餘圓建築，希望能同時完成多項工程。[137]

一、鎮南學林七月一日起至八月二十日止暑假休息中。

二、鎮南學林宿舍，開間四間半，深九間，為日本禪堂樣式，目前內部裝潢中，下學期開始應可收容學生。[138]

長谷慈圓積極建蓋鎮南學林之校舍，以便讓學生有良好的學習環境。但鑑於師資不足，遂向日本募集「臺灣臨濟寺內鎮南學林教師，有意願者請盡速將履歷表備妥向教務本所提出申請。」[139]

大正7年（1918）學生全體由12月1日起，於臨濟寺參加臘八接心法會，眾生未因整日上課而顯露疲憊之態。白天兩小時（4點至6點），夜晚三小時（6點至9點）參禪，虛心接受長谷校長的嚴格鍛

---

134 〈長谷慈圓師より〉，《正法輪》400號，大正7年1月15日，頁19。（筆者譯）
135 〈長谷慈圓師より〉，《正法輪》400號，大正7年1月15日，頁19。（筆者譯）
136 〈長谷慈圓師より〉，《正法輪》400號，大正7年1月15日，頁19。（筆者譯）
137 〈長谷慈圓師近狀〉，《正法輪》410號，大正7年6月15日，頁數不詳。（筆者譯）
138 〈臺灣教信〉，《正法輪》413號，大正7年8月1日，頁21。（筆者譯）
139 〈鎮南學林教師募集〉，《正法輪》419號，大正7年11月1日，廣告頁。（筆者譯）

鍊，至終無人脫隊。為使學徒習慣日本式的修行方式，收容於舍內養成作息，逐漸奏效。

12月12日學徒全體於臨濟寺佛殿參加記念開祖忌日的開山忌，勤修、出頭、楞嚴、行導。18日至21日舉行第二學期之考試，成績多為良好，尤其中國福建省鼓山之留學生原本皆不會日語、臺語，渡臺後一年間專心讀書，在預科二十五名中，皆在十名之內，成為他生之模範，期望將來有所成。25日舉行學科練習會，接著舉行結業式。26日起為寒假，而學徒大部分雖暫時休假中，但每日上午各三個小時施以數學、國語之特別課程。開學典禮於次年1月8日舉行。[140]

（三）大正 8 年（1919）度之校況

大正7年（1918）12月4日，日夜奔忙的長谷慈圓，因流行性感冒併發肺炎，於臺圓寂，享年四十一歲。[141]

繼之，在總督的協助下，鎮南學林經費由道友會維持，校長依總督之私下授意，由總督府社寺課長丸井圭次郎就任，就像是普通中學裡加入了佛教的特別學校，確立基礎，當時學科及職員列記如下：

宗乘、餘乘[142]、國語、數學、英語、漢文、地理、歷史、修身、法制、經濟、博物、唱歌、體操。

校長	修身、臺灣宗教	文學士	丸井圭次郎
教授	宗乘	臨濟寺主	山崎大耕
同	國語、英語	臨大畢	龜田萬耕
同	佛教、歷史、地理	臨大畢	岩田宜純

---

140 〈鎮南學林彙報〉，《正法輪》400號，大正7年1月15日，頁17。（筆者譯）
141 〈長谷慈圓師〉，《正法輪》422號，大正7年12月15日，頁18。（筆者譯）
142 自宗之教法為「宗乘」，他宗之教法為「餘乘」。

同	國語、餘乘、唱歌	臨大畢	田村象由
同	國語	中學畢	瀨口剛岳
同	數學、英語	高師畢	坂本喜章
同	漢文、漢詩		連雅堂
同	漢文		黃金印
同	博物	殖產局技手	林學周
會計		新高銀行董事	小倉文吉
會計			桐村宗鐵

另其他有兩、三位囑託講師，龜田老師回日中。學生目前收容三個年級，廢除預科，只收公學校（日本本島的小學）之畢業生。[143]

（四）大正9年（1920）度之校況

道友會也發行《道友會報》[144]，行布教傳道。又組織布教團，企劃全島布教。當時道友會之基本募款金雖主要以臺灣人為主，但也向日本人募款。另一方面聯絡既有的臺灣寺院及廟宇，「有如本派之末寺，在制度下指導一切……。學生五十名。」[145]

妙心寺派為興隆臺灣佛教，持續努力諸事，也獲總督府認同，於公於私皆不吝援助，鎮南學林校長因長谷師圓寂而從缺中，大正8年

---

143 〈鎮南學林〉，《正法輪》433號，大正8年6月1日，頁19。（筆者譯）

144 《佛教道友會報》自大正7年12月7日第1號起，獲准以第3種郵件形式發行，登載內容為宗教、時事、學術、宗教相關統計及廣告。發行日為每月10日，發行所為臺北廳大加蚋堡山仔脚庄臺灣佛教道友會本部，發行人為林學周。大正8年6月5日第三種郵便物認可事項變更，大正9年5月4日第三種郵便物發行人變更，大正10年3月10日第三種郵便物廢刊。資料來源：國史館臺灣文獻館。數位典藏整合查詢系統。臺灣總督府府（官）報資料庫。典藏號：0071021716a005。件名：第三種郵便物認可《佛教道友會報》。

145 〈本派の教勢〉，《正法輪》458號，大正9年6月15日，頁7。（筆者譯）

（1919）3月起，由總督府社寺課長丸井圭次郎兼任校長，無薪且自掏腰包贊助學林。[146]

　　長谷往生後，梅山玄秀一直物色後繼住持人選，大正8年幸得山崎大耕答應，於5月4日舉行晉山式，[147]成為臨濟禪寺第三任住持。

　　大正9年（1920）3月鎮南學林因鑑於時勢之推運，參酌寺廟關係者意見，也稍作課程變動。「新設科學級，改正字科，即以中等教育，施於本島佛教徒之子弟，欲以貢獻於本島之教育界也。」[148]因得佛教道友會之援護，建立宿舍、補助膳費等，學費也極為便宜，僅需繳交極少學資，便得修學。[149]3月底，第一屆畢業生共有四名：江妙瑟、李石生、黃栽培、林水龍[150]。到了10月，則有四十多名的學生[151]。

（五）大正 10 年（1921）度之校況

　　　　長谷慈圓遷化後，總督府社寺課長丸井圭次郎為校長，熱心教導。吉田、岡本、田村三師犧牲地努力下，大正十年三月二十五日舉行第二回畢業典禮。當日早上十點於臨濟寺本堂佛前，學生入場、職員入場、來賓入場後，丸井校長捧讀敕語，然後授予畢業證書、結業證書，田村教務主任學年度報告之後，由丸井氏對畢業生懇切地訓示，然後頒獎。基隆布教所主任伊藤大器師發表祝賀，臺北各宗代表則有弘法寺住持小山佑全，來賓代表則為曹洞宗佛教中學林校長江善慧師（臺灣人）等，全

146　〈本派の教勢〉，《正法輪》458號，大正9年6月15日，頁7。（筆者譯）

147　〈臺灣便り〉，《正法輪》433號，大正8年6月1日，頁18。（筆者譯）

148　〈鎮南學林招生〉，《臺灣日日新報》，大正9年3月27日，日刊，6版。（筆者譯）

149　〈鎮南學林招生〉，《臺灣日日新報》，大正9年3月27日，日刊，6版。（筆者譯）

150　〈鎮南學林〉，《臺灣日日新報》，大正9年3月27日，日刊，7版。（筆者譯）

151　〈臺北に於ける社會事業（三）〉，《臺灣日日新報》，大正9年10月27日，日刊，3版。（筆者譯）

都對畢業生演說恭賀及勉勵之詞，其次學生代表李桂林之答詞
後，典禮結束。

大正九年度之畢業生及進級者為：

畢業生十六名（僧侶生四名　齋友生十二名）

進級二年級者　十四名

進級三年級者　五名

修畢預科者　　七名

一等賞得獎者　二名

二等賞得獎者　五名

全勤賞得獎者　十一名

又自前一學年度起有變更學則，將僧侶生為第一部生，齋友生
為第二部生，學科也教授相當的知識。本學年度也有二十五名
入學，逐漸為社會所認同，應為慶賀之事。目前職員除前述四
名之外，觀音山凌雲寺江妙慧師擔任翻譯。連雅堂、黃金印為
漢文老師。法制、經濟學由地方法院裁判官有水常次郎擔任。
代數、幾何學由大龍峒公學校主席古賀氏教授。博物（學科）
之教師則為臺北中學佐藤氏。事務部分吉田師為舍監，岡本師
擔任校友會事務及會計，田村師負責教務一切，諸師皆努力改
善宗教教育之發展。

本學年度鎮南學林也講授自給自足之道，為了學校祈求捐獻
金，教師也與臨濟寺之常住諸師共同托缽，節約費用，只為求
法，做最大努力……。[152]

在確定山崎大耕接任第三任住持之前，先暫由臺南布教所的則竹

---

[152] 〈鎮南學林近況〉，《正法輪》479號，大正10年5月1日，頁13。（筆者譯）

老師擔任寺門、學林之經營。該寺之托缽不僅是臺北，亦是臺灣唯一接受社會大眾之布施供養。歷經一段沉寂後，大正9年11月尾關老師開始托缽，期間曾一度中斷。繼之，則竹老師亦開始托缽。大正10年5月，於學林任教的吉田、岡本、田村諸師除致力文書傳道，也參與托缽，以身說法。[153]

筆者將鎮南學林大正6年至大正10年（1917-1921）之發展，整理表格如下：

表3-1-3　鎮南學林大正6年至大正10年（1917-1921）之學生人數表

資料來源時間	當年入學學生數	備註
大正6年（1917）11月1日	本科生一年級二十五名，預科四十六名。	幾乎大多數都是公學校之畢業生，為臺灣之僧侶及信徒之子弟。
大正7年（1918）	預科二十五名	-
大正8年（1919）6月1日	-	學生目前收容三個年級，廢除預科，只收公學校之畢業生。
大正9年（1920）年6月15日	學生五十名	大正9年度之畢業生十六名（僧侶生四名、齋友生十二名）
10月	學生四十多名	
大正10年（1921）5月1日	二十五名入學 進級二年級者　　十四名 進級三年級者　　五名 修畢預科者　　　七名	-

資料來源：《正法輪》大正6-10年。筆者整理

153　〈臺灣教信〉，《正法輪》479號，大正10年5月1日，頁14。（筆者譯）

五　鎮南學林廢校

（一）宣布廢校

大正11年（1922）年8月15日，道友會幹事暨臨濟寺信徒總代會議，依下述理由決定廢校：

> 一、日常經費不足。
> 二、無應徵之教師。
> 三、因經濟蕭條之緣由，所以基本金之募集受挫。
> 廢校同時，學生一同轉至佛教中學林。[154]

於是，臨濟宗在臺的布教事業，受到極大的頓挫。

（二）廢校理由

在財力、人力不足之下，廢校是必然之事。但是筆者認為也須注意當時之社會背景，才能將鎮南學林廢校的原因，做一深入完整的分析，請見下文。

1　「僧侶」一職，在當時的臺灣社會其職位階層，是普偏低落的

筆者認為在總督府、民間道友會之大力支援下，長谷慈圓集合臨濟宗、臺灣佛教界之力量，創立鎮南學林，培養布教師，雖然有意藉由學林之畢業生幫忙至中國布教，以攏絡日本與中國之關係的內在政治目的，然而其出發點為欲提升臺灣僧侶之水準，是值得讚揚的。但

---

154 〈鎮南學林廢校〉，《正法輪》513號，大正11年10月1日，頁12。（筆者譯）

是臨濟宗卻忽略了，當時的臺灣人對佛教信仰之觀念，尚停留在祈求能夠迅速獲得現世之利益，並求得身家、財產之安定，而非傳統佛教教義的追求自我圓滿、廣度眾生。而「僧侶」此一職業，在當時臺灣之社會地位是極為低下的，「和尚一詞，為輕賤之代名詞」[155]、「在臺灣的普通百姓當中，有視僧侶為非常卑賤之習俗，……（鎮南學林）畢業生，幾乎沒有人當僧侶，全部還俗。」[156]

　　大正6年（1917），日本已統治臺灣二十二年，臨濟宗一味地將日本大本山之佛教教育的模式、制度導入臺灣，但臺灣人民普遍之思想成熟度並未完全提升之背景下，對於僧侶之既有印象，「少有弘揚佛法。惟圖梵宇壯觀。多數齋友。又茫然墨守。鮮知教義之精奧」[157]，是很難改觀的。況且鎮南學林並無規定，畢業生必須為學林義務布教，或必須成為僧侶。大正10年（1921）3月9日刊載於《臺灣日日新報》的〈鎮南學林募生〉：「畢業後不必為僧侶，盡可應用其所修得之學術，向他處奉職。又與內地花園中學，及臨濟宗大學，有聯絡之便。」[158]畢業後之學生若可從事較好的職業、獲得較優之收入，何樂不為呢？所以「多數的經費用於培育僧侶，而在鎮南學林之畢業學生中，終究未能見到任何的經營成果。」[159]畢業生幾乎無人成為僧侶，換言之，鎮南學林並未達成當初設立的目的。

155　細野南岳，〈臺灣見聞錄〉，《正法輪》67號，明治30年6月20日，頁20。（筆者譯）

156　《正法輪》763號，昭和8年3月1日，頁140。（筆者譯）

157　《南瀛佛教》第3卷，第2號，大正11年，第25頁。

158　〈鎮南學林募生〉，《臺灣日日新報》，大正10年3月9日，日刊，6版。（筆者譯）

159　《正法輪》763號，昭和8年3月1日，頁140。（筆者譯）

2 除了基督教的學校外，曹洞宗「佛教中學林」、淨土宗「臺南學堂」亦瓜分了鎮南學林的學生來源

在梅山玄秀、長谷慈圓之構想下，鎮南學林原本是為吸收中國、日本之僧侶，用以培養布教人才。但是中國來的僧侶人數不如預期，所以轉移以臺灣之寺廟、齋堂之子弟為重心。大正11年（1922）之記載：「近來學生間思想變遷，多轉往他校，或就職於實業方面，在學之學生日減，重以經費不足，或在學多轉於曹洞宗學林……」，[160]當時除臨濟宗的鎮南學林之外，在臺北還有欲培養基督教信徒性格之淡水聖書學校，是一所養成基督教傳道從事者的神學校。曹洞宗的臺灣佛教中學林，也是在大正6年（1917）4月正式創立，主要為收容本島人之僧侶及齋友子弟，為預備普通之僧侶堂主之資格，教授曹洞宗之宗乘及普通學，且以授予關於布教之知識為目的。[161]

中國僧侶釋大醒曾提出：日本佛教各宗之間有些是融洽的，也有些是相對立的，他們在暗中也有互鬥。可是他們的戰略是在文化教育的各方面，例如：甲宗發行刊物或創辦學校、乙宗會馬上跟在後頭辦得比甲宗還要好。[162]鎮南學林與曹洞宗的臺灣佛教中學林之學風性質過於類似。鎮南學林雖風景幽靜，但位於臺北城外的圓山；而臺灣佛教中學林的地點則位於臺北城內，交通較為方便。所以臨濟宗除基督教的學校，亦有同為佛教的曹洞宗，在瓜分學生來源。

此外淨土宗秋田貫融於大正7年（1918）7月29日，在臺南向總督府提出申請設立「私立臺南學堂」，希望總督府獲准，其公文記載如下：

---

160 〈鎮南學林廢校〉，《臺灣日日新報》，大正11年9月7日，日刊，6版。（筆者譯）

161 〈臺北州下の最近學事概況（下）宗教〉，《臺灣日日新報》，大正10年8月16日，日刊，2版。（筆者譯）

162 大醒，〈中日佛教之比較觀〉，《南瀛佛教》14卷，4號，昭和11年4月，頁31。

臺南學堂設立御許可願

一、目的對臺灣人之子弟，以獲得簡易之日常普通及對佛教之
　　知識為目的[163]

　　總督府於該年10月25日裁決，同月30日發送。[164]大正10年6月世良義成為繼任校長。大正12年（1923）7月增設商業部。大正13年（1924）廢佛教部，成為單純之商業學校並改名為臺南商業學院。[165]

　　筆者將臨濟宗「鎮南學林」與曹洞宗「臺灣佛教中學林」、淨土宗之「臺南學堂」的設立過程整理如下頁表3-1-4所示：

---

163 〈大正七年十月三十日私立臺南學堂ノ設立ヲ認可ス〉，《臺灣史料稿本》（臺灣總督府史料編纂會，大正7年，出版地不詳），頁數不詳。（筆者譯）

164 〈大正七年十月三十日私立臺南學堂ノ設立ヲ認可ス〉，《臺灣史料稿本》（臺灣總督府史料編纂會，大正7年，出版地不詳），頁數不詳。釋慧嚴，《臺灣與閩日佛教交流史》於頁433中提出：「依據《臺灣教育沿革誌》的記載，臺南學堂於大正7年10月30日，由創辦人秋田貫融，基於欲對本島人施予特殊教育而創……此史料（《臺灣教育沿革誌》所記載）是有問題的……」，筆者對此說持保留態度。筆者查閱《臺灣史料稿本》總督府的檔案登記，臺南學堂確實於大正7年10月30日獲得總督之許可而成立。又，該書頁438中提出：「本校於大正7年9月由來臺日本淨土宗臺南教會所主任秋田貫融創立，以養成臺灣人僧侶為目的，校名為臺南學堂。……」，筆者認為此創立之「時間」（9月），可待日後逐一比對資料。

165 有關淨土宗之「臺南學堂」可參考釋慧嚴，《臺灣與閩日佛教交流史》，頁429-438。

表3-1-4　臨濟宗「鎮南學林」與曹洞宗「臺灣佛教中學林」、淨土宗之「臺南學堂」之成立時間比對整理

臨濟宗	曹洞宗	淨土宗
「鎮南學寮」 大正5年（1916） 10月31日設立 「鎮南學林」 大正6年（1917） 1月29日向臺北廳申請設校。 2月23日臺北廳長認可 3月6日獲得總督府許可 4月1日開學	「臺灣佛教中學林」 大正5年 9月18日申請設校 11月4日獲得總督府許可 大正6年 4月1日開學	「臺南學堂」 大正7年（1918） 7月29日申請設校 10月25日決裁許可 30日發送
大正11年8月15日決定廢校 （1922）	大正11年改名為： 「曹洞宗佛教中學林」 昭和10年（1935）改名為： 「臺北中學」[166]	大正10年（1921）4月除預科、本科外，增設研究科。將本科分為宗教部、師範部、經世部[167] 大正12年（1923）7月增設商業部 大正13年（1924）廢佛教部並改名為：「臺南商業學院」 昭和3年（1928）改名為：「臺灣商業學院」[168]

資料來源：《正法輪》、《臺灣日日新報》，大正5-11年。〈六日私立臨濟宗鎮南學林設立認可之件〉《公府類纂》三十卷之五，收錄於《臺灣史料稿本》。釋慧嚴，《臺灣與閩日佛教交流史》頁319-331、438。〈大正七年十月三十日私立臺南學堂ノ設立ヲ認可ス〉，《臺灣史料稿本》，臺灣總督府史料編纂會，大正7年。筆者整理。

---

166 「臺北中學」即為現今位於臺北士林的泰北中學。有關曹洞宗「臺灣佛教中學林」之沿革，請參閱釋慧嚴，《臺灣與閩日佛教交流史》第三篇，第二章，第二節〈台灣佛教中學林的創設沿革及影響〉。

167 《臺灣日日新報》，大正10年4月26日，日刊，3版。

168 釋慧嚴，《臺灣與閩日佛教交流史》頁438。此校即是「臺南市私立南英高級商工職業學校」

3 臨濟護國禪寺之前後任住持，無法立即承接，造成鎮南學林的經營有斷層

大正7年（1918）底，長谷慈圓突然往生，四個月後，第三任住持山崎大耕於大正8年（1919）5月到臺，大正9年（1920）11月離臺，共在臺一年七個月。之後，約有五個月護國禪寺沒有住持。大正10年（1921）花蓮港東臺寺住持天田策堂於6月12日[169]接任為第四任臨濟寺住持，大正12年（1923）2月回日，在臺一年九個月。第三、四任之住持皆不到兩年就更替，其中的空窗期及任期過短多少都會影響到學林的運作。

臺灣佛教界信仰中心之人物，釋傳芳師於大正7年4月22日在開元寺圓寂，世壽六十四歲[170]；支援鎮南學林經費來源道友會之主要負責人，新高銀行總經理小倉文吉於大正9年往生[171]；同年3月1日梅山玄秀遷化[172]。相關有力主事者陸續逝世，沒有中心人物能帶領學林去因應第一次世界大戰後，國際社會、臺灣本島之經濟環境的瞬息變動，也無法及時注意總督府的最新辦學政策。

4 師資之不足，臨濟宗布教師願意赴臺任教、傳道者甚少

大正6年（1917）4月，鎮南學林開始首屆教學，長谷慈圓於5月回到大本山，除進行安排開元寺、凌雲寺之本末寺廟關係之事外，也募集鎮南學林之教師。長谷慈圓洽談七、八位教師，但皆無來臺意願。最後邀請龜田萬耕、岩田宜純二師來臺授課。

169　〈臺灣臨濟寺住持晉山〉，《正法輪》489號，大正10年10月1日，頁16。（筆者譯）
170　〈傳芳和尚小傳〉，《臺灣開元寺誌略稿》收於王見川、李世偉主編，《臺灣宗教資料彙編》（臺北，博揚出版社，2009年）第二輯，第4冊，頁231。
171　《臺灣日日新報》，大正9年2月10日，日刊，6版。（筆者譯）
172　《正法輪》452號，大正9年3月15日，頁14。（筆者譯）

　　大正8年（1919）大本山的關一部長視察臺灣全島，對以往海外布教者，無法獲得相當的優待頗感遺憾，於是改變海外布教方針，論其優待方法為：

　　一、對有相當資格於海外布教者，不用上納法階香資[173]、法盟義財，及檢定料、授予相當之法階。

　　二、依布教地在住年限，升進相當之法階。

　　　　但於終止海外布教之同時，停止上述兩項，法階資格也停止。[174]

　　大本山調整海外布教方針，給予有意願赴海外布教者，免繳交法階香資、法盟義財及檢定費用之權利。另授予相當之法階。也依在布教地區之服務年限，另外再晉升法階。儘管已給予布教者經濟上、位

173　表3-1-5　臨濟宗妙心寺派之法階香資階級。（單位：圓）

歷住	100.00									
	再住	75.00	100.00							
		前住	35.00							
			住持	25.00	28.00	30.00	32.00	35.00		
				準住	15.00	18.00	20.00	25.00		
					東堂	10.00	12.00	15.00		
						西堂	7.50	10.00		
							塔主	5.00		
								前堂	10.00	
									首座	以下如現行法

資料來源：《正法輪》813號，昭和10年4月1日，頁20。

173　〈海外布教者優待〉，《正法輪》430號，大正8年4月15日，頁18。（筆者譯）
174　〈海外布教者優待〉，《正法輪》430號，大正8年4月15日，頁18。（筆者譯）

階上之優惠，但是，鎮南學林還是找不到願意來臺教授者。大正11年（1922）8月份的《正法輪》中，護國禪寺又再刊登廣告，招募有意願速至臺灣鎮南學林赴教者，其內容為下：

　　一、資格為臨濟大學畢業程度。

　　二、在職中被認可有僧堂履歷者。

　　三、在職中可兼得開教使。

　　四、薪水月額三十圓以上，但伙食費需自付。

　　五、支付赴任旅費。

　　六、有意願者迅速備妥履歷，向教務本所教學部提出申請。[175]

　　臺灣夏天炎熱，衛生也不佳，長谷慈圓又因病在臺往生，因此無論待遇如何優渥，有意願來臺者應屬不多。故師資不足，也是鎮南學林廢校的一主要原因。

5 第一次世界大戰造成經濟不景氣，亦影響日本、臺灣，造成道友會募款受挫

　　大正3年至7年（1914-18）歐洲發生第一次世界大戰，歐洲各國需要大量物資，日本因而景氣興盛。但自大正8年（1919）起，日本進口超越出口。大正9年（1920）歐洲列強景氣復甦，將物資大量輸入日本，日本由債權國變成債務國。日本股票市場暴跌，較歐美早發生戰後恐慌。[176]「經濟界動搖以來，社會百姓蒙受打擊，或破產、或合併，於此困難之際，我鎮南學林雖在財政上有比較堅實之基礎，但

175　〈臺灣鎮南學林教授募集〉，《正法輪》509號，大正11年8月1日，頁13。（筆者譯）

176　石井進等，《詳說日本史》B（東京，山川出版社，2014年），頁315-316。（筆者譯）

依基本金無法募款……」。[177]

而臺灣也受此經濟波動之影響，大正9年烏龍茶發生前所未有之跌價，繼之糖價暴跌。大正10年（1921）全世界大吹不景氣之風，因而信仰的熱忱度也漸次薄弱。[178]在此景氣低迷、民眾生活艱困之時，道友會募款當然不盡理想。故在募款不足之財政困境下，因而廢校。[179]

6 大正11年（1922）總督府改革臺灣之教育學制，鎮南學林未能及時改制

明治38年（1905）總督府發布「私立學校規則」，其中有一條規定為：

> 設立私人學校時，需明記其目的、名稱、位置、學則、經費、及維持方法、校舍的圖面、設立者及教員之履歷、教科書等，獲總督之認可。往後，這些事項若有發生更動時，務必悉數獲得認可。[180]

首先，道友會因財界不景氣之關係，以致基本金募款不盡理想，造成「日常經費不足」[181]，其實已不符合上述規定項目中的經費及維持方法。

---

177 青木守一，〈臺灣開教の將來〉，《正法輪》524號，大正12年3月15日，頁10。（筆者譯）

178 筆者於2014年9月10日查閱《臺灣日日新報》，1920-1923年。（筆者譯）

179 〈鎮南學林廢校〉，《臺灣日日新報》，大正11年9月7日，日刊，6版。（筆者譯）

180 〈私立學校規則の發布〉，《臺灣日日新報》，明治38年11月29日，日刊，2版。（筆者譯）

181 〈鎮南學林廢校〉，《正法輪》513號，大正11年10月1日，頁12。（筆者譯）

　　其次，總督府於大正11年（1922）10月31日發布大正10年
（1921）府令第一三八號「私立學校規則改正」，廢除明治38年
（1905）府令第八十八號「私立學校規則」。[182]繼之，大正11年11月1
日起，實施本島「私立學校規則」[183]，除了初等教育之外，無日、臺
人之分，民眾得以進入任何學校就學。教育制度分為初等教育及高等
普通教育。日、臺人子弟需受高等普通教育，因而設計中學校、高
等女子學校，及高等學校，比照日本本島的中學校、高等女子學校，
及高等學校之規定。但入學資格中要求：修業年限六年之公學校畢業
者[184]。亦即，日本人上小學校，臺灣人上公學校畢業之後，要唸中學
校，就是日本人、臺灣人「共同學習」之新教育令。

　　昭和8年《正法輪》763號中，提到鎮南學林失敗的原因，除了筆
者列為第一條原因：「臺灣對僧侶的看法」之外，亦提及主因也與
「普通學」[185]之教育制度有關，其引文如下：

　　……主要是教授普通學。提到臺灣的事情，僅傳授普通學，中
　　學二年到三年之成績優秀者，被授予中學畢業證書，在臺灣能
　　受到那樣的教育者，是相當傑出之人才。僧侶即使沒去就學，
　　與在俗者交友，亦可生存……[186]

　　原本以教養臺灣青年僧侶及齋友子弟為對象的曹洞宗臺灣佛教中

---

182 大國督，《臺灣カトリック小史》（臺北市，杉田書店，1941），頁292。（筆者譯）

183 〈書房義塾規則一兩日中に發布〉，《臺灣日日新報》大正11年10月28日，日刊，2
　　版。（筆者譯）

184 椿本義一，《台灣大觀》（東京，大阪屋号書店，1923），頁207。（筆者譯）

185 「普通學」：普通學科、科目。

186 《正法輪》763號，昭和8年3月1日，頁140。（筆者譯）

學林也開始轉型，除了「教授大乘佛教教義之外，也教授普通學。」[187]
《臺灣日日新報》亦報導「臺灣佛教中學林，該學林為共學制度，欲
與普通中學相同。」[188]長老會經營的靜修女學校也「暫且廢校，但於
大正11年11月8日獲得新認可。基於總督府之教育方針，實施完全跟
宗教沒關係之教育……」[189]，臺灣佛教中學林、靜修女學校皆有計畫
因應新的教育政策，而鎮南學林卻未能及時轉型。

7 臨濟宗吸收臺灣寺廟、齋堂，卻未能掌握臺灣齋教界之勢力，流失學生來源

　　日本佛教各宗派入臺，一方面互相競爭布教、辦學、辦活動，另
一方面也互相合作，用以對抗基督教，這多少有刺激到臺灣舊有的寺
廟、齋堂，進而提升僧侶的素養及民眾的信教層次。《正法輪》大正
12年（1923）3月號中，有此記載：

> 　　日本領臺之前臺灣既有的先天派、龍華派、金幢派之齋教[190]三
> 派，為對抗不斷革新之佛教，也舉改革之烽火，聯合五萬齋友
> 於嘉義組織佛教龍華會，欲建設齋教之大本山，對於社會奉獻

---

187 青木守一，〈臺灣開教の將來〉，《正法輪》524號，大正12年3月15日，頁10。（筆者譯）

188 《臺灣日日新報》，大正11年4月1日，日刊，2版。（筆者譯）

189 大國督，《臺灣カトリック小史》（臺北市，杉田書店，1941），頁292。（筆者譯）

190 「齋教」源自於白蓮教在家弟子修行之方式，在日治時期被視為佛教一支派，民
間有人稱之為「在家佛教」，日本人總稱為「齋教」。齋教舉行法會、儀式的固定
建築稱為齋堂。
　　　　先天派—菜食無妻
齋教—齋友— 龍華派—準菜食妻帶—齋門—齋友
　　　　金幢派—準菜食妻帶
有關齋教可參考王見川、李世偉著，《臺灣的宗教與文化》（臺北，博揚，1999）。

也著手免囚保護之感化教育。

但由於長谷慈圓師驟逝，或當局的後援不足，齋教雖是臨濟系統，但由臨濟宗分離獨立，建立大本山，雖有本派東海宜誠開教師駐在，為佛教龍華會之顧問，但未能掌握不禁遺憾嘆息。[191]

由此可知，日本入臺之前臺灣就已存在的「齋教」，在經歷了日本統治二十餘年後，看到日本佛教之大本山與末寺的組織制度，連臺南開元寺等的名剎，也都被臨濟宗吸收為末寺。所以大正9年（1920）10月，大仙岩之廖炭以「臺灣佛教龍華會」會長之身分宣傳鼓吹思潮，其記載如下：

鼓吹尊王愛國為目的，並大乘佛教之趣旨，圖島民開發，普及教風，興起社會公共事業以資佛法普被。二、統一全島各齋堂所擁經文法式，及本島齋教，欲置本山……興起金剛山天龍堂……[192]

於是結合當時教友，組織了臺灣齋教界。雖然臨濟宗有派任會說臺語的東海宜誠為龍華會之顧問，但龐大的臺灣齋教界勢力中，尚有派別之分，加上原來長期努力經營與臺灣寺廟關係的長谷慈圓突然病逝，人在情誼在、人去友情斷。之後的住持無法立即銜接，且有空窗期，若僅靠一介布教師的東海宜誠當上龍華會的「顧問」，是無法立刻完全掌握與寺廟齋堂之關係。

---

191 青木守一，〈臺灣開教の將來〉，《正法輪》524號，大正12年3月15日，頁10。（筆者譯）

192 〈諸羅特訊　龍華總會〉，《臺灣日日新報》大正9年10月15日，日刊，6版。（筆者譯）

（三）鎮南學林失敗後，臨濟宗面臨之問題

以臺灣人為對象而開教的只有臨濟宗與曹洞宗，其他宗派多以日本人為中心，但是「曹洞宗先於聯絡寺廟失敗看見教鋒之頓挫，繼之鎮南學林閉鎖。」[193]鎮南學林的失敗，其中當然有諸多因素，而非只是財源上的問題。鎮南學林「悲慘地宣告廢校，此為本派於大正11年度開教史上之一大污點。」[194]但臨濟宗也馬上提出因應之方法，青木守一於〈臺灣開教の將來〉提出下列意見：

> 鎮南學林閉鎖後，可設立鎮南專門道場，改革教化方式。[195]

鎮南學林雖廢校，但臨濟宗立即成立鎮南專門道場，此為昭和9年（1934）專修道場之前身。更於大正14年（1925）開設幼兒教育之日曜學校，詳見後文。

而道友會更是積極地多方面開展事業，而非如往昔只單純地負責財源。為鞏固其基礎，於大正13年（1924）11月12日獲得財團法人組織的認可，由中川小十郎為會長、林熊徵及木村泰治為副會長，提出具體的發展方向，大綱如下：

一、維持鎮南臨濟護國禪寺。

二、復興鎮南學林開設鎮南專門道場。

---

193 青木守一，〈臺灣開教の將來〉，《正法輪》524號，大正12年3月15日，頁10。（筆者譯）

194 青木守一，〈臺灣開教の將來〉，《正法輪》524號，大正12年3月15日，頁10。（筆者譯）

195 青木守一，〈臺灣開教の將來〉，《正法輪》524號，大正12年3月15日，頁10。（筆者譯）

三、本島僧侶之內地留學。

四、舉行講演會。

五、刊行雜誌。

六、祭祀萬靈塔。

七、對臨濟宗聯絡寺廟之設施。

八、建立觀音禪院。

九、其他。新建人事相談所、痼疾慈惠院，著手不良少年之感
　　化免囚保護事業。[196]

　　為了讓臨濟宗之僧侶、教師可以專心授業，道友會負責鎮南學林
的營運經費，也向總督府申請，獲得許可對外募款。但因大環境不理
想，各界捐款不如預期，經費之不足成為鎮南學林於大正11年
（1922）廢校之主因。但道友會並未隨著鎮南學林之關閉而解散，反
而成為財團法人組織繼續支持臨濟宗，更提出今後發展之方向，為臺
灣佛教界努力。後於大正14年（1925）創設鎮南日曜學校，昭和年代
更將事業延伸至幼兒教育。有關道友會經營社會教育之狀況，詳見本
章第三節。

　　在總督府、大本山、道友會各界的相助下，鎮南學林終究未能成
功，臨濟宗妙心寺派對此結果，必定會反思何種教化方式對臺灣人是
最有成效。鎮南學林之廢校，就等於失去了一聯繫各聯絡寺廟的管
道，臨濟宗亦開始擔憂與聯絡寺廟之關係是否變淡，甚至被其他宗派
所吸收？

---

[196] 〈財團法人となった臺灣佛教道友會〉，《正法輪》566號，大正13年12月15日，頁
　　11。（筆者譯）

第二節　專修道場

　　臺灣寺廟齋堂眾多，且多有歷史緣由，臨濟護國禪寺第二任總監長谷慈圓其「外交的手腕，比他宗率先將此等（臺灣）寺廟與臨濟護國禪寺聯繫」。[197]第三任至第六任之總監在臺時間平均一年四個月，第七任總監在職三年十一個月，第三任至第七任之總監在臺平均不到兩年。大正6年臨濟宗成立鎮南學林，主要目的為培養僧侶布教人才，但在長谷慈圓因病往生後，及諸多因素下，於大正11年廢校，之後的歷任總監未再設立培養布教人才之相關機構。直至第八任總監高林玄寶於昭和7年到臺，準備設置專修道場，臨濟宗之布教人才教育已有十年的空窗期。

一　第八任總監高林玄寶於昭和7年到臺

　　長谷慈圓在臺四年多，努力拉攏聯絡寺廟，但是大正7年底長谷遷化之後，聯絡寺廟與臨濟禪寺的關係變淡，或被曹洞宗所奪，或因聯絡寺廟舉相反旗，僅剩的一百一十二所聯絡寺廟，竟一時瀕臨全滅。[198]所以第八任總監高林玄寶於昭和7年四月到臺後，努力恢復梅山玄秀、長谷慈圓培養僧侶的遺志，並力圖改善與臺灣寺廟之關係。首先「打破歷代布教總監與臺灣總督府不親近之型態」[199]，且積極參與南瀛佛教會[200]。

197　香村宜圓，〈臺灣傳道行腳〉（四），《正法輪》795號，昭和9年7月1日，頁9。（筆者譯）

198　香村宜圓，〈臺灣傳道行腳〉（四），《正法輪》795號，昭和9年7月1日，頁9。（筆者譯）

199　〈臺灣佛教專修道場建設〉，《正法輪》756號，昭和7年11月15日，頁21。（筆者譯）

200　南瀛佛教會於大正11年4月4日，由總督府社寺課長丸井圭治郎集合臺灣僧侶、齋友，為振興臺灣佛教而創立的一團體。

　　高林玄寶來臺前，大正13年曾任大本山之執事長，掌管妙心寺派之宗門決策方向，當時高林玄寶提出之施政方針內容分五大綱要：「一、教育之改善。二、布教之普及伸張。三、本末暨本山與檀信徒之親密關係。四、一派之派勢其現狀之調查。五、教學財團之達成。」[201]而其監正部長為曾在澎湖布教過的八橋紹溫，[202]所以對大本山的行政運作及臺灣的布教狀況均能掌握。高林玄寶也曾任學林校長，相當注重人才之培養。到臺後即提出「欲振興臺灣佛教，必先培養本島人僧侶及齋友之子弟」[203]，於是努力奔走籌設專門道場。高林玄寶首先於昭和7年之《南瀛佛教》中提出：

　　　欲振興臺灣佛教，必先培養本島人僧侶及齋友之子弟，使知釋
　　　迦之精神，充實布教之資格，後始可為社會教化，……於宜開
　　　設專門道場，而傳授正法眼藏、大乘佛教教旨，外授社會一般
　　　之學科，云云。
　　　就其經費來源，希望各寺院齋堂能負擔所具有財產十分之一，
　　　而社會事業課應勸導各寺院齋堂有義務捐獻。[204]

　　高林玄寶於此文說明要振興臺灣佛教，須培養僧侶布教人才。首先宜設立專門訓練僧侶之道場，教授僧侶應具備之佛教教義，及基本之學科知識。而有關經費來源，則希望總督府的社會事業課，應多加

201　《正法輪》565號，大正13年12月1日，頁5
202　《正法輪》543號，大正13年1月1日，頁8。執事長決定內閣職員，共同討論決定
　　　該宗派之政策。
203　高林玄寶，〈余の見たる臺灣の舊慣と宗教〉附：佛教將來の施設，《南瀛佛教》
　　　10卷，8號，昭和7年，頁10。（筆者譯）
204　高林玄寶，〈余の見たる臺灣の舊慣と宗教〉附：佛教將來の施設，《南瀛佛教》
　　　10卷，8號，昭和7年，頁10。（筆者譯）

宣傳勸導各寺院、齋堂有義務幫忙，能出資該寺廟所具財產之十分之一。但這只是高林玄寶個人之想法，他必須先改善各聯絡寺廟、齋堂與臨濟宗之關係，於是積極召開聯繫會議。

（一）舉行聯絡寺廟會議

繼之，於昭和7年7月24日，高林玄寶召集臺灣聯絡寺廟住持及堂主，於臺北市圓山町臨濟護國禪寺開聯絡寺廟會議，議決之第二項討論之內容如下：

> 開設佛教專修道場，此件開設趣旨及其目的獲得一同贊成日，甚得時宜之施設。然而至言施設經費問題，則一同反為默然。嚮即議論紛紛，不能以決。不得已，始由總本部長，指名創立委員十六名，期於適當時節，再圖磋商。以期明春，得以實行。[205]

當日會議之出席者，有臺北觀音山凌雲禪寺住持代理西雲岩住持盧覺淨，臺南開元寺住持代理林秋梧、屏東東山住持陳銓淨、昭慶禪寺住持吳義存等十餘名，及官方單位之文教局江藤社會課長、加村社會課社寺係長。高執德、江木生兩社寺係員等亦參加旁聽。[206]大家聽到高林玄寶發表欲設立佛教專修道場，及培養臺灣之布教人才，皆深表贊同。

然而提到經費時，因出席者多為寺廟住持及官員，而非財富家，

---

205 〈臨濟宗開聯絡寺廟會議—於圓山臨濟護國禪寺—〉，《南瀛佛教》10卷，8號，昭和7年，頁69。

206 〈臨濟宗開聯絡寺廟會議—於圓山臨濟護國禪寺—〉，《南瀛佛教》10卷，8號，昭和7年，頁69。

與會者皆默不作聲。因此，高林玄寶了解到，要建設專修道場，必先解決經費之來源，勿再重蹈鎮南學林失敗之覆轍。此外，該會議中討論之第三項，提議日後將專修道場之修畢學生，送至日本內地留學，但此項言之過早先予以保留，其當時之記載如下：

> 第三、派遣內地留學生。此件乃關聯於前記專修道場修畢學生，所提議者。故漸將保留。[207]

對於建設道場，高林玄寶於臨濟宗議會期間，昭和7年10月31日回大本山「請求本山援助，……熱心為臺灣奔走」。[208]有關於臺灣佛教之革新，真宗本願寺布教使高橋良誠也曾於《南瀛佛教》提出建議：「盡量將具有潛力的人，從年少時期開始就送往內地的各宗本山去留學」[209]，但留學之龐大費用，未必人人負擔得起，於是高林玄寶決定在臨濟寺建設專修道場，不將學生送至內地，「在臺灣當地培養臺灣布教人才，希望大本山能全部授予妙心寺派法階。」[210]並向議會提案「臺灣專修道場設置資助費」，其內容如下：

> ……絕對只培養臺灣僧侶，又其中授課之內容，只單純地教授適合僧侶之學科，不授僧侶以外方面不實用之科目。然而梵唄

---

207 〈臨濟宗開聯絡寺廟會議：於圓山臨濟護國禪寺〉，《南瀛佛教》10卷，8號，昭和7年，頁69。

208 〈臺灣佛教專修道場建設〉，《正法輪》756號，昭和7年11月15日，頁21。（筆者譯）

209 本願寺布教使／真宗崇佛會顧問　高橋良誠，〈關於台灣佛教的革新〉，《南瀛佛教》10卷，8號，昭和7年，第31頁。（筆者譯）

210 〈臺灣佛教專修道場建設〉，《正法輪》756號，昭和7年11月15日，頁21。（筆者譯）

或法式的當中，多少教授大聲速讀、筆算，總之將來應為僧侶所具備之教育。因此名字不採學校、學林，而稱專修道場。[211]

由此可知高林玄寶不設立學校，而是成立只訓練僧侶人才之專修道場，教授僧侶應具備的知識、實用之布教技能。更於臨濟宗《宗報》說明有必要立即設立佛教專修道場，原因如下：

本島既有的佛寺齋堂各處林立，計有三百多餘所之多，其外廓之美雖見略備，然概乏人才，不得闡揚教化之實，社會人心廣以感化，誠為本島教界中所最大缺憾者也。且近來僧侶背德不倫之行為層見疊出，屢於新聞紙上大筆特書，以為惡宣傳似此則佛教之信仰不免冷卻，而教門之威信中覺失墜，顧此將來真有不堪慨歎者矣。唯是本島佛教徒於今早自覺醒，轉其向上之活路，若不速構方法，則前途之暗澹，恐限於末路耳。以故佛教徒全體宜起運動，使僧侶齋友各自圖品格識見之向上，新舊思想分明立於難濤之中，佛陀之明燈巍然煥其光輝，堪任教化社會之木鐸，養成其人才，可謂焦眉之急務也。今者臺北圓山臨濟寺設立佛教專修道場，實欲副（應為「負」）此急務之一大事業，欲為青年僧侶齋友研究教義，坐禪辨道，實習布教、梵唄，研鑽國語等課，定必須之科目，將來可當布教傳道者，乃實地修行之道場也。但要在此道場至少一期需三個年，乃至五年十年勤修苦行，蓋其目的以為實修愈深，可得培養佛種，陶冶沙門之品格也。大凡稱為佛陀之弟子，及信佛之教徒者，

---

211 〈第二十六次宗會議事錄〉，《正法輪》763號，昭和8年3月1日，頁140-141。（筆者譯）

宜一齊大舉翼贊此大事業，傳得早為完成，且當喚起大勢之興論，亦各自奮發鼎力援助，以期斯業完璧，是則為臺灣佛教振興與根本策，未必無所小補，敢望先覺同志諸賢，共出大聲疾呼，作獅子之怒吼，庶幾昏沉之佛教界，可以重見光明之天日矣。[212]

臺灣全島寺廟林立，但缺佛教人才。甲午戰後日本佛教進臺至昭和7年已有三十七年，其中出現過臨濟宗之鎮南學林，及曹洞宗之佛教中學林幫忙培育臺灣僧侶，但是鎮南學林只運作五年就廢校，而佛教中學林因總督府之教育令的修正，也轉型為一般中學而非專門培育僧侶之學校。臺灣既有的寺廟、齋堂因日本佛教的刺激，組織了南瀛佛教會，欲振興佛教，其記載如下：

舊慣之寺廟住持，因外來的刺激，從放縱安逸中清醒，集合全島廟主組織南瀛佛教會，對內致力於品性涵養、振興教學，對外致力於布教傳道、發揮威德、對眾生教化、謀求內外充實之社會救濟。[213]

在總督府的助力下，集結了全臺的寺廟住持，於大正11年成立了南瀛佛教會，刊行雜誌、舉行佛教演講會，致力於臺灣人民佛教素養之提升。但是臺灣仍無專門培養僧侶之機構，於是高林玄寶提出，希望盡速於臺北臨濟禪寺設立佛教專修道場，培養能夠教導佛教教義的青年僧侶齋友，教授布教傳道者應具備的坐禪、辦道、梵唄、國語等

---

212 〈佛教專修道場設立之急務〉，《宗報》（臨濟宗），昭和8年9月18日，頁1。

213 青木守一，〈臺灣開教の將來〉，《正法輪》524號，大正12年3月15日，頁10。（筆者譯）

之科目。但若要完成上述修行，需在此專修道場學習至少三年，甚至是五年至十年的實在勤勉修行。於是高林玄寶陸續於各地召開會議。

首先召開全島布教總會，全島布教總會於昭和8年（1933）3月1日下午2時，在臺北圓山臨濟宗總本部，召開會議討論，議題中的第二項關於「佛教專修道場開設之事項」。會中決議佛教專修道場之創設，務速力圖其進步，而進行方法及關於設立內容等，可委託於設立委員承辦。其佛教專修道場設立委員有：沈本圓師、葉智性師、盧覺淨師、陳捷妙師、賴耀禪師、張妙禪師、吳義存師、廖炭、魏得圓師、陳詮淨師、林永定師、林安喜、陳淳仁、蔡智成、高林布教監督、東海宗務執事與河野義雄師。[214]

3月11日下午2時，高林玄寶在臺中州北屯寶覺寺內舉行臺中州宗務會議，決議「佛教專修道場設立費」，臺中州下關係寺、廟每所應志納最少限度金十圓。[215]

3月16日下午1時，在臺南開元寺內舉行臺南州宗務會議，其中決議「佛教專修道場設立費」，以本州下關係寺、廟、齋堂，每處要付最少金額六圓以上，現至本年5月底，各要送納於南部宗務所（臺南開元寺內）[216]

3月26日下午2時，在屏東街東山寺內，舉行高雄州宗務會議。其中決議「佛教專修道場設立義捐金」以本州下關係寺、廟、齋堂，每處要付最少金額六圓以上，議事之同時聲明義捐申請金額如下：

　　一金　十圓也　東山寺殿
　　一金　十圓也　龍泉寺殿

214　〈佛教專修道場設立之急務〉，《宗報》（臨濟宗），昭和8年9月18日，頁3。
215　〈佛教專修道場設立之急務〉，《宗報》（臨濟宗），昭和8年9月18日，頁3。
216　〈佛教專修道場設立之急務〉，《宗報》（臨濟宗），昭和8年9月18日，頁4。

一金　十圓也　元亨寺殿

一金　六圓也　靈照堂殿

一金　十圓也　映泉寺殿

一金　十圓也　明德堂殿

一金　六圓也　圓隆寺殿[217]

5月30日下午1時，在臺北圓山臨濟寺內招募了臺北州下關係寺院布教所各寺廟齋堂之住持等，其中決議各自須負責的「佛教專修道場設立費」於本年新曆7月底，務順志納於臨濟寺。其記載金額如下：

一金　七十圓也　觀音山凌雲禪寺殿

一金　三十圓也　圓覺寺殿

一金　二十圓也　青蓮寺殿

一金　四十圓也　慈航寺殿

一金　二十圓也　湧蓮寺殿

一金　十圓也　　西安堂殿

一金　十五圓也　杜妙月師殿

一金　五圓也　　古月庵殿[218]

筆者就上述資料，有關建設佛教專修道場於臺中、臺南、高雄，所舉行的會議，整理表格如下：

217　〈佛教專修道場設立之急務〉，《宗報》（臨濟宗），昭和8年9月18日，頁5。

218　〈佛教專修道場設立之急務〉，《宗報》（臨濟宗），昭和8年9月18日，頁6。

表3-2-1　昭和8年（1933）有關建設佛教專修道場於全島所舉行的會議行程

會議名稱	會議時間 昭和8年	會議之地點	會議之決議	州下關係寺廟每所應納最低獻額
全島布教總會	3月1日	臺北圓山臨濟宗總本部	「佛教專修道場開設之事項」	-
臺中州宗務會議	3月11日	臺中州北屯寶覺寺	「佛教專修道場設立費」	金額十圓
臺南州宗務會議	3月16日	臺南開元寺	「佛教專修道場設立費」	金額六圓以上
高雄州宗務會議	3月26日	屏東街東山寺	「佛教專修道場設立義捐金」	金額六圓以上
臺北州下關係寺院布教所	5月30日	臺北圓山臨濟寺	-	-

資料來源：〈佛教專修道場設立之急務〉，《宗報》（臨濟宗），昭和8年9月18日，頁3-5。筆者自行整理。「-」為無記載。

（二）籌措專修道場之經費

　　此外，有關專修道場之財源，高林玄寶向大本山說明：「臺灣總督應會每個月補助，經常費數千圓。」[219]所以高林玄寶在回京都之前，應已與總督府達成共議獲得補助，再向大本山請求財政支援。其中《正法輪》之記載為：

　　　　……對於總督府方面，將來在臺灣統治上，將臺灣僧日本化是具有相當地影響。昭和八年度總督府的預算中，以年額六千五

219　〈臺灣佛教專修道場建設〉，《正法輪》756號，昭和7年11月15日，頁21。（筆者譯）

百圓補助專修道場經營費，……以可能補助、當然補助之名
義，大致來說此經營費，幾乎是總督府全額資助，因此建立一
內地禪堂樣式之僧堂，四間半中約十間左右，兩邊做階梯內鋪
瓦，有必要蓋一完全日本式的禪堂。[220]

　　專修道場之總經費財源約需七千圓左右，高林希望大本山能補助
其中一千圓，而剩下的六千圓，高林總監則說：「這要靠我自己去執
行」[221]。不過原本財政就已緊迫的大本山決定只「對臺灣專修道場補
助五百圓」[222]。但是高林玄寶並不氣餒，想辦法再籌經費。獲得大本
山及臺灣總督之支持下，昭和8年3月「以臺灣人之宗教教育機關，
（在）臺灣（的）本（臨濟宗妙心寺）派之專修道場，亦（獲）得臺
灣總督之諒解」，[223]於是專修道場於臺灣臨濟寺內著手建蓋，高林玄
寶在設立專修道場時，也積極物色優秀之教師，希望能來臺教授：

急需教師四、五人，申請者額滿時，以臨濟宗大學出身者為第
一候補，其他則限專門學校以上之出身者，提供衣食住，此外
給予特別優渥之津貼。[224]

---

220 〈第二十六次宗會議事錄〉，《正法輪》763號，昭和8年3月1日，頁140-141。（筆者譯）
221 〈第二十六次宗會議事錄〉，《正法輪》763號，昭和8年3月1日，頁140-141。（筆者譯）
222 〈第二十六次宗會議事錄〉，《正法輪》763號，昭和8年3月1日，頁201。（筆者譯）
223 〈本派臺灣專修道場教師募集〉，《正法輪》763號，昭和8年3月1日，頁16。（筆者譯）
224 〈本派臺灣專修道場教師募集〉，《正法輪》763號，昭和8年3月1日，頁16。（筆者譯）

　　昭和8年9月之臨濟宗《宗報》中，有記述專修道場之經費來源與
支出，其內容如下：

　　　佛教專修道場自倡設以來，承大本山及一般之義捐補助按八千
　　　圓之設立費，禪堂土地工費按壹仟圓，禪堂及附屬建物按六千
　　　圓，常設用品費按七百圓，其他設備按三百圓，計共八千元之
　　　預算。現已照所計畫著手進行，目前正在埋設地基中，本建築
　　　工事雖預定在昭和九年或十年方得完成。[225]

於是筆者就上述引文中佛教專修道場的費用明細，整理如下表：

表3-2-2　　佛教專修道場之建設費用明細

收入		支出	
大本山及一般之義捐補助	八千圓	禪堂土地工費	一千圓
		禪堂及附屬建物	六千圓
		常設用品費	七百圓
		其他設備	三百圓
共計	八千圓	共計	八千圓

資料來源：〈專修道場之開場期〉，《宗報》（臨濟宗），昭和8年9月18日，頁6。

二　成立專修道場

（一）招收專門道場之學生

　　昭和8年9月專修道場雖已在建蓋，但離完全蓋好尚需一、兩年的

---

225 〈專修道場之開場期〉，《宗報》（臨濟宗），昭和8年9月18日，頁6。

時間，不過高林玄寶不浪費時間積極行動，打算先設立臨時講堂，於翌年昭和9年4月開始培植布教人才，並於臨濟宗在臺灣發行的《宗報》中刊登廣告，招收學生。

> ……決定來春即昭和九年四月一日起，即欲暫在臨時建築之講堂，先為收養學徒開始授課。故凡希望入場者，可照來春二月號宗報所發表之規定申請，而講師目前已交涉中。[226]

　　昭和7年，高林玄寶抵臺，舉行聯絡寺廟會議，為振興臺灣佛教、教導教徒，而提倡設立專修道場。然而卻因種種問題，遲遲未能成立。在高林玄寶積極奔走下，昭和9年終於成立暫時之專門道場，道場中已有「修業者十餘名，其中有臺灣人僧俗數名，」[227]且於《南瀛佛教》刊登宣傳「若有志願入道場受學者，要先向道場交涉，得其允許。」[228]

（二）專修道場正式成立

　　專修道場之場地雖未完全蓋好，但在高林玄寶極力之努力下，「全島唯一為禪門的佛教專修道場，在臺北圓山臨濟寺，於昭和9年4月獲臺北州知事之公認」[229]，於同年4月15日舉行開所式，專修道場正式成立。

> 臺北市圓山町護國禪寺內之佛教專修道場、於四月十五日午後二時、在其禪堂開掛單式、是日參式者本會理事加村政治氏並

226　〈專修道場之開場期〉，《宗報》（臨濟宗），昭和8年9月18日，頁6。
227　〈臨濟寺專修道場〉，《南瀛佛教》12卷，3號，昭和9年，頁32。
228　〈臨濟寺專修道場〉，《南瀛佛教》12卷，3號，昭和9年，頁32。
229　〈佛教專修道場　在臺北圓山臨濟寺〉，《宗報》（臨濟宗），昭和12年9月1日，頁2。

各宗代表者、官民二十餘名，而初年度之應募學徒，既達三十名云。[230]

第一屆之參加學生，名單如下表：

表3-2-3　昭和9年（1934）專修道場入場者名簿

現住所（州名）	授業寺	僧名	姓名	年齡（歲）
臺北	凌雲寺	仁妙	王禪養	三十
臺北	保安宮	達妙	陳樹木	三十
新竹	圓光寺	坦懷	林運元	二九
高雄	東山寺	信行	宋維桂	二八
臺北	圓覺寺	隱妙	劉西方	二七
臺北	慈航寺	清傳	曹金鳳	二五
新竹	師善堂	格妙	詹德桂	二四
臺北	靈泉寺	修性	葉徐陸	二四
新竹	未註明寺院名		劉祖基	二四
臺南	龍湖岩	微智	胡文礎	二二
臺南	未註明寺院名		彭宏錦	二二
臺南	未註明寺院名		王綿善	二二
高雄	超峰寺	開瑞	曾洪祥	二二
臺南	信和堂		黃靜德	二十
臺南	修德院	開城	林定國	二十
高雄	映泉寺	心端	鍾連順	二十
臺南	龍湖岩	深明	陳文順	十九
臺南	修德院		吳錦茂	十八

230　〈專修道場開場式〉，《南瀛佛教》12卷，5號，昭和9年，頁37。

表3-2-3（續）

現住所（州名）	授業寺	僧名	姓名	年齡（歲）
臺北	凌雲寺	聖定	潘守己	十八
高雄	德修堂	永達	陳達華	十七
臺中	善德堂		張蘭輝	十七
臺中	善德堂		徐阿榮	十七
臺中	寶覺寺		陳隆盛	十七

資料來源：〈專修道場入場者名簿〉，《南瀛佛教》12卷，5號，昭和9年，頁39。

　　此二十三位之平均年齡為二十二點三歲。且以臺中以南之參加者為多，請見下表：

表3-2-4　昭和9年（1934）專修道場入場者之出身區域別人數

地區	臺北	新竹	臺中	臺南	高雄
人數	6	3	3	7	4
合計（名）	23				

資料來源：〈專修道場入場者名簿〉，《南瀛佛教》12卷，5號，昭和9年，頁39。

圖3-2-1　昭和9年（1934）專修道場入場者之出身區域別

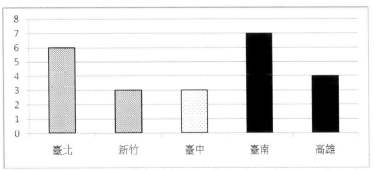

資料來源：〈專修道場入場者名簿〉，《南瀛佛教》12卷，5號，昭和9年，頁39。

以北、中、南區域來看，參加者以臺中以南者人數居多。

（三）佛教專修道場之學則

1 佛教專修道場概則

第一條　本道場稱為佛教專修道場，置場所於臺北市圓山町禪臨濟宗聯絡寺廟總本部，臨濟護國禪寺內。

第二條　本道場主旨是遵用佛教教旨之科目，使本島之僧侶及齋友學習、體驗，以扶養國民精神及養成如法有為之人才為目的。

第三條　欲來本道場入錫掛塔者，要具有左記（下列）之資格：

一、曾受過三皈五戒得度之人，且須身體強壯者。

二、要講究佛教之宗旨，而將來志望為布教傳道者。

三、要公學卒業，或有同等以上學力，而有多少讀學素養之人，年齡十四歲以上三十歲以內者。

第四條　本道場之在錫定員，以三十名為限。

第五條　本道場之在錫掛塔者，須要提出掛塔願書、履歷書、誓約書及保證書。

第六條　本道場之教授科目為：

佛教教義、倫理、國語、漢學、布教法、行持、梵唄、法式。

第七條　每學年有一定之期間，別行修禪之法。

第八條　本道場修業年限訂為三年：學年中分兩期

一、第一學期每年自四月一日至八月末日（但八月一日至八月末日中間定為夏期休暇）

一、第二學期每年自九月一日至翌年三月末日（但一

月二十一日至二月二十一日中間定為冬期休假）

第九條　教授時間另以別表定之。

第十條　日曜日、祝祭日、二祖三佛忌休講。

第十一條　畢業本道場所定之學業者，授予畢業證書，進入上級者授予進級證書。

第十二條　為考察學科起見，平常不定期，如學期末及學年末，均舉行學科測驗。

第十三條　本道場置用下記職員：

一、總鑑一名　　由聯絡寺廟總部長聯繫之。

一、學監一名　　由總鑑裁定之。

一、講師若干名　由總鑑裁定之。

一、舍監一名　　由總鑑裁定之。

一、幹事一名　　由總鑑裁定之。

第十四條　總鑑以下之職務如下：

一、總鑑為鑑掌本道場全體，司場務總理之權，以代表本道場一切之任務。

二、學監為處理關係學務之事，凡配置講師之受持學科或考查學徒之成績、操行、賞罰之調查等，皆其應行任務且總鑑事故之時，即為代理。

三、講師為教授各自受持之科目。

四、舍監為監視學徒，當負指導學徒進止行作之任。

五、幹事是受總鑑命令，擔任庶務會計之事務。

第十五條　職員要時常開職員會議，凡教授之施設，關於學徒事件等對於道場之內容要常互相討論，以圖達成本道場之主旨與目的。但職員會議由總鑑召集之。

第十六條　由本道場關係者中推選常務委員十名。任其協議道
　　　　　場關係案件，但學務委員會由總鑑召集之。

第十七條　為學徒者，要在禪堂內遵守別定之規矩，務當涵養
　　　　　品行之事。

第十八條　學徒之食費不徵義財，須將托缽所得，各十方信施
　　　　　者以充之。但日用什費要各自辦理。

第十九條　學途中對其學術，操行優秀者，考察後給予褒賞。
　　　　　而對其有違背規則本分者，則依職員會議之情狀，
　　　　　照其重輕而訓誡之。甚者懲戒其退場處分。

第二十條　受懲戒或無相當理由於中途退場者，保證人要納付
　　　　　其在學中之義財，每個月＿圓也。[231]

第二十一條　保證人是保證關於學徒之身元及操性一切之事件
　　　　　　並為保證無論其本人尚在錫中，雖在退場之後亦
　　　　　　應負有責任之件。

附則

第二十二條　本規則須經役員會議（職員及學務委員在內）之
　　　　　　決議，方得變更之。[232]

---

231 第十八條中的「日用什費」為「日用雜費」之意。第二十條中，原文無記載金額
　　數字。

232 〈佛教專修道場概則〉，《宗報》（臨濟宗），昭和8年9月18日，無頁數。

2　教授科目

表3-2-5　昭和8年（1933）專修道場之授課科目

科目＼學年		壹學年	貳學年	參學年
教義	禪	禪學大意	禪學大意	禪學大意
	經	佛祖三經	金剛經維摩詰經等	圓覺經楞伽經等
	律	律學大意	律學大意	梵網經
	論	佛教各宗派源流	同左	因明入正理論
	歷史	佛教各宗要	禪宗史	傳燈錄
倫理		國民道德要義	同左	同左
國語		讀解作文	同左	同左
漢學		中學讀本 記事文教範 作文	同左作文	四書五經、作文
布教法		講授實習	同左	同左
行持		法式	同左	同左
梵唄		日課經咒	日課經咒訓練	日課經咒訓練
科外		唱歌、體操、作務	同左	同左

資料來源：〈佛教專修道場概則〉，《宗報》（臨濟宗）昭和8年9月18日，無頁數。

3　佛教專修道場內之禪堂規定

一、本規則遵佛教專修道場概則第十七條定之。

二、學徒要當遵舍監之教訓，無違宣誓務當涵養品行之事。

三、在禪堂內特要遵守下記別各項：

（一）舍內要清潔。自己所持物品要整理。

（二）勿高聲雜談。勿為阻礙他人之言行。

（三）不准將金錢或物品互相貸借。

（四）應接待外來客人，宜在接待廳為之。

（五）疾病之時，需申稟情由入延壽堂療養之。

（六）無論在堂之內外，須當衣著本派規定之僧衣。

（七）外出必須受舍監許可。歸舍要稟明，而出外之時如
　　　腳絆、甲掛、圓笠等，服裝物要端正之事。

（八）日課朝夕課誦之時，總要堅守規定，注意自己勿落
　　　於出頭、眾人之後。

（九）用餐之時應念五觀三匙，以靜肅為旨，而共結當番
　　　者，則要務必全其所定之責務。

（十）各級選任級長一名代表其學級，以便為舍監通達一
　　　切。

（十一）前規定以外，時時揭示之事項亦應遵守。

宣誓

一、生等　為學徒者，願特意尊崇佛勅，奉體國憲，遵守釋尊
　　　　　之寶訓謹慎以期無過佛子之本分。

二、生等　為學徒者，願專心修禪看經，以修得佛教智識並為
　　　　　涵養國民精神，努力以期道德之向上。

三、生等　為學徒者，願當守本道場規則，尊重禮義，敬愛師
　　　　　友，以期信念之忠厚。[233]

233　〈佛教專修道場概則〉，《宗報》（臨濟宗），昭和8年9月18日，無頁數。

4 佛教專修道場之相關申請書

圖3-2-2　佛教專修道場之掛搭願書

△掛搭願書（樣式）
本居地　州　郡　庄　番地
現住所　州　郡　街　番地　某寺徒弟
僧名　俗名
年　月　日生
右者今般貴道場掛搭志願ニ付御許可被成下度
履歷書相添ヘ奉願候也
年　月　日
右本人　印
州　郡　庄　番地
（寺廟齋堂名）住職或是堂主
保證人　印
佛教專修道場
總鑑　殿

資料來源：〈佛教專修道場概則〉，《宗報》（臨濟宗），昭和8年9月18日，無頁數。

圖3-2-3　佛教專修道場之履歷書

履歷書（樣式）
本居地　州　郡　庄　番地
之第　男
現住所　州　郡　庄　番地
寺住職
堂主　某　某　之徒弟
僧名　俗名
年　月　日生
一、三皈五戒稟受之寺堂名師或引進住所氏
名及稟受年月日
二、學業
三、經歷
四、賞罰
右之通リ相違無之候也
年　月　日
右本人　印

資料來源：〈佛教專修道場概則〉，《宗報》（臨濟宗），昭和8年9月18日，無頁數。

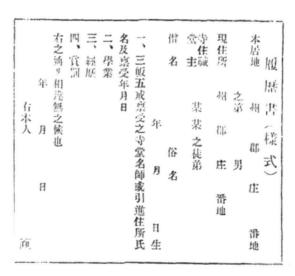

圖3-2-4　佛教專修道場之掛塔誓約書

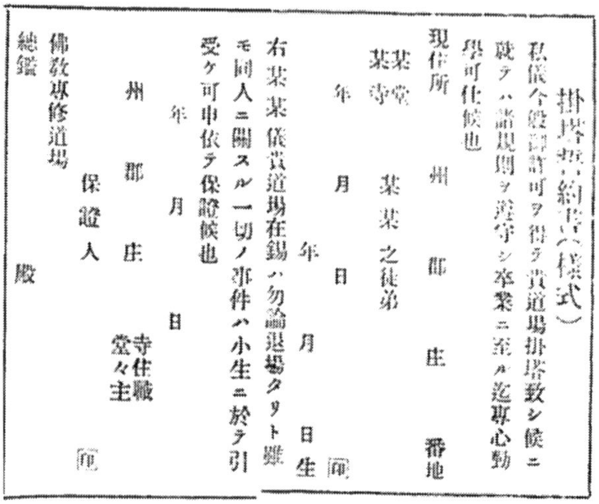
掛塔誓約書（樣式）

私儀今般御許可ヲ得テ貴道場掛塔致シ候ニ就テハ諸規則ヲ遵守シ卒業ニ至ル迄專心勤學可仕候也

現住所　州　郡　庄　番地

某堂
某寺　某某之徒弟

年　月　日

年　月　日生　印

右某某儀貴道場在錫ハ勿論退場タリト雖モ同人ニ關スル一切ノ事件ハ小生ニ於テ引受ケ可申依テ保證候也

年　月　日

州　郡　庄　寺住職
堂々主

保證人　印

佛教專修道場
總鑑　殿

資料來源：〈佛教專修道場概則〉，《宗報》（臨濟宗），昭和8年9月18日，無頁數。

（四）佛教專修道場之經營

昭和10年4月新學年開始，專修道場的入學新生，比預想中得多。[234]

昭和11年佛教專修道場的一日課表，如下：

起床　午前四時

朝課　午前四時二十分

靜座　午前五時

粥座　午前六時

提唱　午前七時

日課　午前七時起至午後三時

234　〈佛數專修道場〉，《圓通》156號，昭和10年5月18日，頁44。

日中　午前十一時

齋座　正午

自習

運動　午後三時至四時半

作務　隨時

晚課　午後五時

藥石　午後六時

入浴　午後七時

靜座　午後八時

解定　午後九時[235]

　　昭和9年3月設立的「佛教專修道場」，其訓練模式為體驗純內地日本人之僧侶生活，臺灣學生對不同的風俗習慣，多少也會有情感、心境之波折。昭和11年，第一屆畢業生於3月畢業，高林玄寶勉勵他們要「站在布教的第一線，或繼續至內地留學。」[236]並從畢業生中挑選兩名成績優秀之學生，薦送至京都的臨濟學院留學。[237]

　　日本領臺後，日本佛教各派互相較勁在臺之布教。昭和10年4月，京都的臨濟宗總部在「大本山妙心寺開創六百年記念・再興本源円通国師四百五十年遠諱大法会」會議中，提出對臺灣留學生之方案如下：

235　〈佛教專修道場〉，《圓通》169號，昭和11年5月10日，頁46。

236　〈佛教專修道場終了式〉，《圓通》167號，昭和11年4月10日，頁42。

237　〈佛教專修道場在圓山臨濟寺〉，《宗報》（臨濟宗），昭和12年9月1日，頁2。但未記載該二生之姓名。

臺灣留學生之優待法如何？（香村宜圓師[238]提出）

為防止臺灣之主要寺廟轉至他派，所以讓臺灣學生進入本派
公立學校或專門學校就讀，學費減免部分，成績優秀者則全
免。[239]

由此可知，京都的大本山瞭解在臺布教之問題，為避免主要寺
廟被其他宗派吸收，所以要優待臺灣留學生，盡量給予協助以培植
在臺之教勢，防止被別派攏絡。而且高林玄寶也很照顧臺灣留學
生，於同會議中提出申請，要設立臺灣僧之宿舍，其記載如下：

臺灣布教總監高林師提出申請，為臺灣僧設置特別宿舍之事。[240]

昭和11年3月，佛教專修道場送出第一屆畢業生，並挑選其中兩
位赴日留學，新學年於4月15日舉行新生入學式及雨安居（vassa，佛
教用語。根據佛制戒律，在雨季中的三個月期間應停止四處雲遊，安
住固定居所度過雨季，精進禪修。）之入制式。道場之經營方針也為
臺灣寺廟所理解，因而申請的學生超乎意外的多，其中更有十五名學
生掛塔。由此得知，有三十名一般學生，習慣專修道場之特殊訓練，
不厭倦地實踐百丈禪師「一日不做，一日不食」的原則。[241]

---

238 〈香村宜圓禪師御來臺〉，《圓通》141期，1934年2月10日，頁49中記載：「香村宜
　　圓禪師曾於昭和9年2月來臺講演」，來臺演講內容可參考——南瀛佛教講習錄——
　　〈佛教的實踐倫理〉，《南瀛佛教》12卷，6號，昭和9年6月，頁2-8。

239 〈個人提案及主要意見〉，《大本山妙心寺開創六百年記念・再興本源円通国師四百
　　五十年遠諱大法会記録》（京都，妙心寺派宗務本所，1937年），頁329。（筆者譯）

240 《大本山妙心寺開創六百年記念・再興本源円通国師四百五十年遠諱大法会記録》
　　（京都，妙心寺派宗務本所，1937年），頁82。（筆者譯）

241 〈佛教專修道場〉，《圓通》168號，昭和11年6月10日，頁38。（筆者譯）

昭和12年5月18日，後藤文學士成為專任講師，新舊在學學生三十名日日勉學，該師期待此校能再隆盛古代大德修行之風氣，但臺灣人自覺仍不夠，各方面尚有難題。[242]同年7月7日在中國發生盧溝橋事變，中日開戰。此非常時期，專修道場於每月1、6日之托缽日，修行托缽於臺北城內外，將所得捐獻國家。[243]但在經費拮据下，佛教專修道場經營四年後，昭和13年高林很感慨地提到：「欲提升本島人之宗教家，盡微薄之力，但非易事。」[244]

（五）佛教專修道場之講習會

雖然中日戰爭越來越激烈，專修道場仍繼續培養僧侶，且派教師至臺教授，昭和16年9月30日大本山授命「廣島縣妙心寺末潮音寺之長岡義晃，為臺灣專修道場專任教師。」[245]但是可能因為戰爭的關係，臺北已不適合僧侶修行，於是臨濟宗將原來位於臺北市圓山町護國禪寺的佛教專修道場，遷移至屏東市東山寺，於昭和16年10月啟用。[246]

翌年昭和17年，再遷至臺中寶覺寺，6月開始上課，並於昭和18年3月25日，以優異的成績送出第二梯次的結業生。同年5月8日，更新招收了二十三名新生，並於寶覺寺中舉行第三回講習會的開幕典禮。講習科目有參禪、提唱、宗乘、教義、國語、法式梵唄、布教法、佛教史、語錄、素讀[247]等，修業年限為一整年。道場總長是臨濟

242　〈佛教專修道場〉，《圓通》180號，昭和12年5月18日，頁35。（筆者譯）

243　〈佛教專修道場入制〉，《圓通》183號，昭和12年9月10日，頁39。（筆者譯）

244　高林玄寶，〈佛教家より觀たる本島人の教化問題〉，《臺灣自治評論》3卷1期，昭和13年1月1日，頁37。（筆者譯）

245　《臨濟時報》925號，昭和16年11月號，頁數不詳。

246　〈雜報〉，《臺灣佛教》21卷，5號，昭和18年，頁20。

247　「素讀」為不理解內容，先大聲讀出之意。

宗布教師飯塚總監，專任教師為長岡義晃老師，講師則有東海宜誠師，黃瑩道師等人。[248]

（六）佛教專修道場經營之成效

昭和7年，高林玄寶於臨濟宗議會期間向大本山表示要在臺灣創設專修道場，「在臺灣當地培養臺灣布教人才，希望大本山能全部授予妙心寺派法階。」[249]專修道場第一屆學生於昭和11年畢業，高林也積極地吸收臺灣弟子，一是透過「佛教專修道場」來挑選，二是直接吸收，使其成為門下「玄」字輩之弟子，三是透過東海宜誠等開教師來招收弟子，送至大本山留學。所以筆者根據《正法輪》之資料，就登記為「臺灣寺（臺北州）班特例地一級臨濟禪寺徒弟」中，有「玄」[250]字之戒名者、法階，整理如下：

表3-2-6　「臺灣寺（臺北州）班特例地一級臨濟禪寺徒弟」中，有「玄」字之戒名者、法階[251]

時間	寺名	姓（戒名）	法階
《正法輪》851號，昭和11年10月15日	臺北州寺班特例地一級臨濟護國禪寺	張玄達除（應為陳或徐）玄恪	補大本山知客職

---

248 〈雜報〉，《臺灣佛教》21卷，5號，昭和18年，頁20。

249 〈臺灣佛教專修道場建設〉，《正法輪》756號，昭和7年11月15日，頁21。（筆者譯）

250 高林玄寶弟子之一的黃氏玄祐尼（黃玉灼女士）於2013年親口告知筆者，高林玄寶的弟子之戒名，皆有「玄」字。

251 臨濟宗妙心寺派之法階為：特住、歷住、再住、前住、住持、準住、東堂、西堂、塔主、前堂、首座、藏主、知客、沙彌。《正法輪》798號，昭和9年8月15日，頁17-18。

表3-2-6（續）

時間	寺名	姓（戒名）	法階
《正法輪》852號，昭和11年11月1日	臺灣寺班特例地一級臨濟禪寺	黃氏玄怡尼 黃氏玄祐尼[252]	補大本山知客職
《正法輪》858號，昭和12年4月1日	臺北州寺班特例地一級臨濟護國禪寺	陳玄信	補大本山知客職
《正法輪》867號，昭和12年10月15日	臺灣寺班特例地一級臨濟禪寺	黃玄教	補大本山知客職
《正法輪》869號，昭和12年11月15日	臺北州寺班特例地一級臨濟護國禪寺	葉玄弘	補大本山知客職
《正法輪》887號，昭和13年12月1日	臺北州寺班特例地一級臨濟護國禪寺	蔡玄活	補大本山知客職
《正法輪》890號，昭和14年3月號	臺北州寺班特例地一級臨濟護國禪寺	沈玄應	補大本山知客職
《正法輪》894號，昭和14年6月號	臺灣寺班特例地一級臨濟禪寺	鄭玄戒、曾玄隆、曾玄茂、連玄壽、鐘玄密、曾玄琢、何玄魯、連玄俊、張玄理、林玄養、張玄德、黃玄彰、黃玄明、蔡玄芝、林玄守、高林氏玄瑛、陳氏玄晶	補大本山知客職
		黃玄孜、鄭玄鳳、陳玄祥、許玄覺、朱黃氏玄性尼	補大本山知客職

---

252 有關黃氏玄怡尼、玄祐尼受高林玄寶協助赴日留學之內容，請見拙作〈由訪談玄祐尼（黃玉灼女士）中─論日治時期臨濟宗妙心寺派在臺之尼僧教育〉，《圓光佛學學報》第22期，2013。

表3-2-6（續）

時間	寺名	姓（戒名）	法階
《正法輪》899號，昭和14年11號	臺灣寺班特例地一級臨濟禪寺	陳玄信、鄭玄戒	補大本山首座職
《正法輪》912號，昭和15年10號	臺北州寺班特例地一級臨濟護國禪寺	張玄達	補大本山首座職
《臨濟時報》[253]920號，昭和16年6月號	臺北州寺班特例地一級臨濟寺	陳玄道	補臺灣開教使
《臨濟時報》933號，昭和17年7月號	臺灣臺北州寺圓山町妙心寺末特例地臨濟護國禪寺	張玄德	補大本山首座職
《臨濟時報》951號，昭和19年1月號	臺灣妙心寺末特例地臨濟護國禪寺	葉玄弘	補授命為臺灣開教使

資料來源：《正法輪》851-951號。筆者整理。

　　昭和9年，佛教專修道場正式成立，直至昭和20年日本戰敗撤退，「曾舉辦八屆」修行課程，[254]其中經歷了臨濟護國禪寺之第八、九、十，三任布教總監，其中第八任總監亦是佛教專修道場創始人的高林玄寶，努力費心教育弟子，其記載如下：

> ……作育學僧有數百名之多，成績較優者，玄公不惜重資派赴日本各大學、禪林者有三十餘人。他們除擔任臺灣各地名剎住持外，有醫師、警官、教員、公務員等，作育這些人的經費，都是來自誦經收入的薄酬或為篤信家的供養金。而玄公平日自

---

253 《正法輪》於昭和16年5月起，改名為《臨濟時報》創刊號為919號，但仍延續《正法輪》之號數。

254 林蘇峰，《高林玄寶大和尚鼎談錄》（日本美濃，鄉土を語る会，1962），頁80。

　　奉儉樸，每日三餐一菜一湯，以其所有，希望用於培植臺灣的
佛教人才。[255]

　　這些受到高林玄寶、專修道場佛學訓練的學生們，雖然未必都
會成為僧侶，但是多活躍於各界。戰後十八年，1963年東海宜誠於
《正法輪》提出，臺灣佛教會的中心人物幾乎都是由臨濟宗僧尼所
佔領。[256] 繼之，1975年臨濟宗妙心寺派僧侶川上孤山氏肯定高林
玄寶努力培育臺籍弟子之貢獻，於《增補妙心寺史》中記載，戰後
日本人雖已撤臺，然高林所剃度的弟子仍活躍在當時的佛教界。[257]

第三節　社會教育

　　學校教育、家庭教育之外，社會教育也是相當重要的體系。臨濟
宗之後援團體道友會，除了幫忙籌措鎮南學林之經費，亦展開社會教
育，其中於大正7年12月發行會報。又於大正8年8月在大稻埕教授普
通課程。

　　其次，鎮南學林雖於大正11年廢校，但臨濟宗將學校教育延伸至
幼兒教育，大正14年利用星期日之假日開設「日曜學校」，昭和後期
更延伸至幼童之照顧，於寺院開設保育園、幼稚園。

---

255 林蘇峰，《高林玄宝大和尚鼎談錄》（日本美濃，郷土を語る会，1962），頁80。

256 東海宜誠，〈台湾仏教との親善促進〉，《正法輪》13卷，3號，1963年3月5日，
　　頁2。

257 川上孤山著，荻須純道補述，《增補妙心寺史》（京都，思文閣，1975年），頁
　　801。

一　道友會的社會教育事業

（一）刊行會報

「臺灣人大部分宗教信仰佛教，然而智識低級者，多陷於種種迷信。」[258]於是臺灣佛教道友會，發刊會報，極力鼓吹臺灣宗教之革新。內容分為日文、漢文兩種。[259]

（二）開設簡易之普通科課程

道友會鑒於一般大眾熱心向學，欲教以日常生活技能與德育，但若不懂日文、漢字則不合時勢之要求。[260]大正8年8月4日於稻江（大稻埕）陳氏祖廟，教授簡易速成之科目，課程內容如下：[261]

男子普通科：

上課日期時間	自午後七時至八時	自午後八時至九時
星期一	國語	算數
星期二	漢文	習字
星期三	算數	漢文
星期四	地理	理科
星期五	保甲法規	簿記（會計）
星期六	國語	修身

258　〈佛教會報發行〉，《臺灣日日新報》，大正7年12月9日，日刊，4版。

259　〈佛教會報發行〉，《臺灣日日新報》，大正7年12月9日，日刊，4版。

260　〈道友學會開設〉，《臺灣日日新報》，大正8年8月3日，日刊，6版。

261　〈道友學會開設〉，《臺灣日日新報》，大正8年8月3日，日刊，6版。

女子普通科：

上課日期時間	自午後二時至三時	自午後三時至四時[262]
星期一	國語	家事
星期二	裁縫	刺繡
星期三	漢文	習字
星期四	算數	生理
星期五	漢文	會計
星期六	園藝	修身

會長	小倉文吉
顧問	
臨濟寺住持	山崎大耕
第一公學校校長	加藤元右衛門
女子公學校校長	櫻井　馨
日新街派出所長	三木佐彌太
大稻埕區長	林熊徵
理事	
魏清德　楊潤波　許松英　許丙　吳時英	
（常務）林學周　（常務）張承基	
名譽教師	
修身教師	山崎大耕
科外教師	連雅堂
同	魏清德
漢文習字教師	林述三

---

262 原文為「自午後二時至四時」，應是「自午後三時至四時」

生理教師	林清月
衛生教師	葉錬金
擔任教師	
教務主任	追本　正修
國語及保甲法規擔任	三木佐彌太
國語理科擔任	葉土□
漢文算數會計擔任	駱香林
裁縫刺繡國語家事擔任	陳氏阿珠
國語圖畫地理修身擔任	林學周

二　開設日曜學校

　　「日曜」即是星期日之意。日曜學校最早是基督教會以兒童宗教教育為目的，於每星期日舉辦的學校。[263]日本在明治初期即有開設日曜學校，在臺灣則要到明治31年，《臺灣日日新報》中記載「萱場農學士、河合龜輔氏及三好重彥氏之夫人等，欲開設日曜學校。」[264]明治36年《臺灣日日新報》出現有關基督教之日曜學校的記載，「於四門外街之日本基督教會堂開設日曜學校」。[265]而日本佛教開設的日曜學校，則要至明治39年淨土宗於臺南開設日曜學校。[266]

（一）鎮南日曜學校

　　日本佛教入臺，首先積極培育布教人才，隨著歐美文化的帶動、社會經濟之發達、民主思想的進步下，也開始注意到學齡前兒童的教

263　講談社カラー版《日本語大辞典》（東京，講談社，1989）。（筆者譯）
264　〈日曜學校〉，《臺灣日日新報》，明治31年1月18日，日刊，2版。
265　〈基督教集會〉，《臺灣日日新報》，明治36年8月15日，日刊，2版。
266　〈臺南學藝界消息〉，《臺灣日日新報》，明治39年1月14日，日刊，2版。

育，大正14年江雲松於《南瀛佛教》中，提倡要盡速設置日曜學校，
其文如下：

> 人之所生，固非性善，少時必須以善導之，後始得為人。故我
> 佛教，必以此大義，集兒童於日曜，以佛之慈悲，佛之威力，
> 教之育之，使其深信於懊惱，自然不勸而行善，故設日曜學校
> 為急要，可期待將來也。[267]

　　江雲松認為可利用星期日開設日曜學校，以佛陀之慈悲教導、培
育兒童，使幼兒有行善之思想。

　　大正14年五月，圓山臨濟寺於17日（星期日）招待學生、學生之
父兄、顧問各關係者等，盛大舉行「鎮南日曜學校」之開校式。其中
已有建成、大龍峒等各校之兒童及其他約五十名申請入學中。[268]隔年
大正15年，鎮南日曜學校於10月23日舉行第一回「お伽大會」（童話
大會），有齊唱、劍舞、獨唱、兒童劇、童謠、舞蹈等。[269]

（二）樂園日曜學校

　　昭和3年末，臨濟宗藉著慶祝昭和天皇登基舉辦祝賀活動，鎮南
學林畢業生及相關者率先發起[270]於臺北大稻埕臨濟宗布教所內，創設
「樂園日曜學校」，其開設主旨為下文：

267　臺北江雲松，〈臺灣佛教振興策〉，《南瀛佛教》3卷，2號，大正14年，頁11。
268　〈鎮南日曜學校　十七日開校式〉，《臺灣日日新報》大正14年5月17日，夕刊，1
　　版。
269　〈お伽大會〉，《臺灣日日新報》大正15年10月22日，日刊，2版。
270　〈開山の禪風を舉陽せんと臺灣に苦門する恩人たち　妙心の臺灣教勢一班〉，
　　《正法輪》664號，昭和4年1月15日，頁15。

鑒於近來所有世相，確信只要人們活在堅實之信仰下，即真可
得樂度日。先哲曰：「若不依宗教而教育之，有如創造有伎倆
之惡魔。」尤其我等共視為佛陀之愛子的潔白無邪之少年、兒
童，明確地教導其溫暖胸懷所持抱之正規的信念，使其憧憬崇
拜偉大佛陀之光明，活用信仰及學力，養成真摯的日本國民，
相信是為現代最重要之事。

據此之意，一為紀念曠古之盛儀大典，吾等鎮南學校相關者發
起之下，不虞微力開設「樂園日曜學校」冀望大方之先覺諸
賢，能贊同此所有之主旨。

昭和三年十二月　發起人一同敬白[271]

　　臨濟宗之樂園日曜學校，設置於大稻埕臨濟宗布教所內，為臺灣
道友會下之附屬事業。筆者認為有可能是因大稻埕布教所地點在市中
心，在交通上會比在城外的臨濟護國禪寺還方便。以下為其校規：

第一條　本校稱為樂園日曜學校，為臺灣道友會附屬事業，校
　　　　舍暫時設置於大稻埕臨濟宗布教所之內。

第二條　本校以兒童為對象，基於佛教精神培養信仰心，依其
　　　　感化提高德操，並資助學業之發達為主旨。

第三條　本校兒童僅限，現為小、公學校之在學兒童，方可入
　　　　學。

第五條　本校設置役員如下：
　　　　校長一名、顧問若干名、主監一名、會計一名、庶務
　　　　若干名。

---

271 〈「御大典紀念事業」樂園日曜學校開設主意書〉，《圓通》81期，昭和4年1月10
　　日，頁53-55。（筆者譯）

（一）校長代表本校總理校務，且因應必要得以召集
　　　本校講師。

（二）講師當擔任修身、國語、唱歌、漢文、故事之
　　　各科，各組設置主任，主任由講師中公選之。

（三）顧問之於本校重要事項，因應其諮議。

（四）校長由講師中任命一名主監，校長有事故之
　　　時，主監代理之。

（五）講師各組各自做成授課教案，分擔授課。

（六）會計掌理金錢之出納，負責諸般設備。

（七）庶務不屬會計，處理各般事務。

第六條　除校長顧問、主監一名、其他之各幹部任期為滿一
　　　　年、但要職者不受此限。

第七條　本校入學期為每年四月，翌年三月為修了期。滿三年
　　　　得以畢業。對修了及畢業者，授予證書。
　　　　有關本校教授之方法，及時間之制定，因應時宜，由
　　　　幹部協議後，校長決議實施。

第八條　本校之經常費，由熱心者之贊助金充當。

第九條　本校對兒童中，品行特為方正，學藝優秀及全勤者，
　　　　給與表賞。

第十條　有關本校之細則，由幹部協議後另定之。

第十一條　本校之幹部定期總會每年一回，於四月開會，報告
　　　　　諸般之事務且改選各幹部。

第十二條　本校則未經幹部三分之二以上贊同，不得變更之。

細則

一、教授時間上午
　　由早上九時至十一時半各科授課三十分鐘。

二、對兒童表賞之標準由各講師評定。

三、本校童話大會於春季秋季舉行兩回。

昭和四年度幹部講師

校長		東海宜誠師		
顧問		臨濟寺住持	觀音山住持沈本圓師	林熊徵氏
		有水常次郎氏	林崇壽氏	許丙氏
主監		井上寬山師		
修身	主任	井上寬山師	江木生氏	
國語	主任	李桂林氏	顏王聰氏	柯旺氏
唱歌	主任	張承濤氏	黃古意氏	李桂林氏
漢文	主任	黃栽培氏	李神義氏	蔡火慶氏
童話	主任	行成弘三氏	黃古意氏	張福全氏
會計	主任	張福全氏	李神義氏	
庶務	主任	江木生氏	蔡火慶氏 黃煙景氏	顏王聰氏[272]

逐一準備齊全後，臺灣佛教道友會於大稻埕布教所中，設立樂園日曜學校，東海宜誠布教師為校長。[273]昭和4年3月24日上午9時在圓山臨濟寺舉行開校式。[274]

三　國語講習會

日本佛教入臺，在各種開教事業中，最首要的就是教授日語，如

272　《圓通》81期，昭和4年1月10日，頁53-55。〈「御大典紀念事業」樂園日曜學校開設主意書〉原文沒有第四條。（筆者譯）

273　東海宜誠，〈經歷書〉，（手稿）。

274　〈樂園日曜學校　開校式舉行〉，《臺灣日日新報》，昭和4年3月24日，夕刊，2版。

真宗本願寺派、曹洞宗進入臺灣時，立即開設國語學校，但當時是因為急於培養懂日文的臺灣信眾方便布教，而非是要輔助官方的學校教育不足之處。學校教育制度在經過明治、大正年代漸趨完備，但仍有很多人未能接受基本之學校教育。日本統治臺灣三十年，時序昭和年代，於是臨濟宗配合總督府政策，利用布教所、寺院等之場地，開設國語講習所，幫助未能接受學校教育者學習日語。北部以臨濟禪寺、大稻埕布教所為主，另外高雄市的佛教慈愛院[275]除醫療救濟之外，也進行社會教化事業，開辦國語講習會，舉行佛教演講，進行布教活動。

（一）（臺北）大稻埕之國語講習會

大稻埕北警察署前之臨濟宗大稻埕布教所，於昭和8年4月起，「為本島社會教育助成」[276]而舉辦國語講習會，欲以短期間之實務教授不會日語的臺灣子弟[277]，使其國語普及、獲得實務上之方便。

（二）（高雄）慈愛國語講習所

日本統治臺灣約四十年，但是當時南部女性受教育的程度不高，於是臨濟宗為配合總督府政策，昭和9年起，於高雄佛教慈愛院開設簡易國語講習所，教導適婚年齡女性國語（日語）。先由暫時性的教授，再改為常設性，當時的《臺灣日日新報》記載如下：

　　昭和九年高雄市佛教慈愛院除救濟事業外，亦計畫教化事業，

---

275 有關「佛教慈愛院」請見本文第四章。

276 《南瀛佛教》11卷，4號，昭和8年4月，頁48。

277 〈大稻埕で國語講習會　臨濟宗布教所で〉，《臺灣日日新報》，昭和8年2月25日，日刊，7版。

鑒於時勢要求，於院內創設國語講習所，募集十五歲以上至二
十五歲之女子，六十名。九月十五日起持續三個月，為使能接
受正規教育開始補習。國語講師委託高雄第三公學校職員二
名，另計畫將來欲該為常設講習所。[278]

　　高雄第三公學校的劉新興、陳水兩位職員志願擔任講師。9月15
日下午7時起在該院舉行開所典禮。松尾（繁治）高雄市尹（相當於
現今的「市長」）與勝谷（實行）高雄州視學（相當於現今的「督
學」）等官民多人出席之下，開式致詞之後合唱國歌，接著東海宜誠
所長致詞、松尾高雄市尹以及勝谷州視學等的懇切訓辭、大乘佛教
會代表薛明氏等來賓祝詞，亦宣讀總督府王野社會課長的祝電。而
後舉行來賓、會員同席的茶會。此第一回之參加學生約有六十名女
性。[279]

　　10月25日，佛教慈愛院選出成績優秀之講習生，參加高雄市所舉
辦的國語講習會，獲得優等良績。隔年昭和10年於2月11日紀元節，
再設常設國語講習所，參加人員有四十七名。[280]

　　昭和12年佛教慈愛院又舉辦第四回之講習會，其記載如下：

昭和十二年佛教慈愛院內開設，自本年四月起開始第四回的講
習，講習生以十五歲以上的女子，現今有六十七名已遠超出名
額，鼓勵學生對時勢持有真摯的自覺，修了年限為二年。[281]

---

278 《臺灣日日新報》，昭和9年8月23日，日刊，3版。（筆者譯）

279 《南瀛佛教》12卷，10號，昭和9年，頁43，記載參加人數為六十二名。《宗報》
　　昭和10年7月22日，頁4，記載參加人數為五十三名。

280 《宗報》（臨濟宗），昭和10年7月22日，頁4。

281 《宗報》（臨濟宗），昭和12年9月1日，頁14。（筆者譯）

　　昭和13年佛教慈愛院又舉行國語講習會，學員有五十人，講習期間為一年。教授內容有：修身、國語、音樂、裁縫及其他。[282]

　　次年昭和14年，也繼續開設國語講習會，為期四十五日，參加的學生有三十八人，教授修身、國語、音樂、裁縫及其他。[283]

　　佛教慈愛院由昭和9年至14年連續舉辦了六年的講習會，對南部地區民眾之國語教育，有很大的貢獻。

（三）（高雄）岡山布教所舉行國語講習會

　　昭和8年6月，岡山布教所成立，[284]昭和12年該布教所以國語及佛學之研究為目的，舉行講習會，男眾老幼四十二名。8月1日由東海宜誠會長及其他職員、講師一同參加，舉行開會式。其中五十歲年長熱心學習者有七名，此第一回講習會從8月起至11月，為期四個月。講師為黃紹享、余春記及該年（1937）6月剛由教師養成所修畢之莊春桐。[285]

（四）（臺南）慈光國講開所

　　昭和12年，臺南州下的虎尾龍善堂堂主施萬章道人，上任以來用心整頓內外。建築物漸趨美觀外，更努力社會教化，於10月開始舉辦國語及佛學之講習，此時講堂及宿舍皆已竣工。[286]

282　〈佛教相關講習會狀況〉，《南瀛佛教》18卷，2號，昭和13年，頁46。

283　〈佛教相關講習會狀況〉，《南瀛佛教》18卷，2號，昭和13年，頁47。

284　〈岡山布教所〉，《宗報》（臨濟宗）昭和8年9月18日，頁10。（筆者譯）

285　〈岡山布教所國語講習會〉，《宗報》（臨濟宗），昭和12年9月1日，頁15。（筆者譯）

286　〈慈光國講開所　虎尾龍善堂に於て〉，《宗報》（臨濟宗），昭和12年9月1日，頁16。（筆者譯）

（五）（臺南）法雨國語講習會

　　臺南竹溪寺於昭和12年6月15日獲得臺南州認可，該寺原本應於7月13日舉辦之法雨國語講習會，但因故延期至8月24日開講。參加講習之學員為素行端正之佛教徒，允許男女共同入會，會期至翌年（1938）3月底。[287]

（六）（臺北）七星郡內湖庄圓覺寺亦設國語講習所[288]

四　舉辦佛教講習

（一）佛教講演

　　昭和4年於高雄成立佛教慈愛院，其設立有二大目的：一為醫療、二為布教。所以在醫療事業上軌道後，進行布教。昭和8年在慈愛院舉辦佛教演講會，進行布教及提倡衛生。昭和10年更擴展到院外的旗後、內帷、鹽埕等處，舉行佛教講演。醫院的地點、建築物之易達性，使臨濟宗的布教更加方便。

> 　　本院設立主旨中的教化講演一事，實屬主要的事業，從前為經費關係，未見實行。然今後按定適常之時機，務欲時時開催教化及衛生的講演會。所以去六月八日、九日連續兩夜間，在該院講堂開催了教化講習會。講師東海理事長以外，有林紉香及薛明氏。每夜聽眾激增，頗為盛況云。[289]

---

287 〈法雨國語講習會　臺南竹溪寺內〉，《宗報》（臨濟宗），昭和12年9月1日，頁16。（筆者譯）

288 《正法輪》916號，昭和16年2月號，頁17。（筆者譯）該頁有此條記載，但未說明此國語講習所之內容。

289 〈財團法人佛教慈愛院事業狀況〉，《宗報》（臨濟宗）9期，昭和8年9月18日，頁12。

對社會教化，乃四月廿四、五、六日三日間，在高雄市旗後、內帷、塩埕各處開催佛教講演。[290]

（二）舉辦大乘佛教會

臨濟宗入臺，不斷地吸收臺灣既有的寺廟齋堂。但是臺灣既有之齋教「有金幢、空門、先天、龍華等之四派[291]，各派俱各執一見，以致今日之佛教如此不能統一」。[292]有鑒於此，東海宜誠於昭和9年6月3日在佛教慈愛院中，為教導民眾研究真理及矯正偏執之宗教，於是開講大乘佛教會。大乘佛教會為佛教慈愛院的附屬事業，「會員每月必須於該院集合，為達成大會之目的，舉行適當之活動」[293]。每月二回例會，昭和10年迄3月末已開十六回。其大乘佛教會之五緣由為：

一、根據佛教慈愛院之宣言。

二、以達成同院之事業主旨為目的。

　　（一）教化：宣言正法，轉迷開悟，解脫大眾精神的苦惱，安心立恬。

　　（二）醫病：救濟社會民眾肉體病苦，社會生活活躍貢獻社會，健全身體。

三、因時勢之要求而為。

---

290 《宗報》（臨濟宗），昭和10年7月22日，頁4-6。

291 增田福太郎，《臺灣本島人の宗教》（東京市，財團法人明治聖德記念學會，1935）頁22，記載：齋教分「金幢、空門、先天、龍華等之四派」。丸井圭治郎，《臺灣佛教》（出版地不詳，出版單位不詳，出版年不詳）頁13，記載：齋教分「金幢、空門、龍華等之三派」。

292 高雄　薛明〈就「讀精神治療與禪理」覆陳紹馥先生〉，《南瀛佛教》12卷，8號，昭和9年，頁41-43。

293 《南瀛佛教》12卷，7號，昭和9年，頁49。

四、為振興真正佛教精神「正法眼藏涅槃妙心。實相無相微妙
　　法門。」之宗旨。

五、願期成佛道之圓成（四宏願）。[294]

（三）佛教講習會

1 （臺北）佛教講習會

高林玄寶於昭和13年於臺北舉辦佛教講習會，講習員有三十名，
講習期間一年，教授修禪、倫理、國語、漢文、法式等。[295]

昭和14年高林玄寶又於臺北舉辦佛教講習會，參加的學員有五
十二名，講習期間三十日，教授參禪、倫理、國語、漢文、法式等。
[296]

2 （臺南）佛教講習會

昭和14年臺灣佛教龍華會於臺南舉辦佛教講習會，講習學員有四
十名，為期十四日，教授內容為：國音、讀經、國民精神作興、內地
式法要、佛教概論、佛教社會事業及其他。[297]

五　兒童保育

昭和10年11月28日，文部次官依命通牒參照，建議各宗派可利用
寺院建築物與空間開辦幼稚園，並為學齡前之兒童開設日曜學校，保

---

294 高雄　薛明〈就「讀精神治療與禪理」覆陳紹馥先生〉，《南瀛佛教》12卷，8號，
　　昭和9年，頁41-43。

295 〈佛教相關講習會狀況〉，《南瀛佛教》18卷，2號，昭和15年，頁45。

296 〈佛教相關講習會狀況〉，《南瀛佛教》18卷，2號，昭和15年，頁47。

297 〈佛教相關講習會狀況〉，《南瀛佛教》18卷，2號，昭和15年，頁46。

持與學校教育之聯繫的同時，培育孩童宗教之情操，努力提升校外指導之效果。[298] 於是臨濟宗除了開設國語講習所之外，也致力於學齡前之幼兒教育。[299]

（一）（臺北）稻江幼稚園

臨濟宗於臺北開設稻江幼稚園，開設年代應該在大正9年之前，《臺灣日日新報》有此記載：「本島司令官柴大將於大正9年2月26日視察稻江幼稚園」[300]。

昭和15年，臨濟學院專門學校學生法輪好道、堀尾正寬、多多良孝宜三氏，利用暑假帶著十六厘米的影片數捲渡臺，在臺灣宗務所後援下，於臺灣三十餘所之寺院、布教所、寺廟、學校等，舉辦影片及童話布教。其中8月19日為稻江幼稚園兒童舉行將近三小時之童話布教，小朋友們相當高興。[301]

（二）（屏東）東山保育園

昭和12年，屏東東山寺於4月3日開設東山保育園，入園之男女兒童，有五歲至七歲共五十六名。保育科目有國語、唱歌、遊戲、談話、手技、禮儀作法等，兩年為一期。保母為盧氏婉貞及朱氏綉絨，園長為東山寺住持，主事為胡精道師。[302]

298　《南瀛佛教》16卷，7號，昭和13年7月1日，頁39。

299　《圓通》178號，昭和12年3月18日，頁29。

300　〈柴大將之巡視〉，《臺灣日日新報》，大正9年2月27日，日刊，5版。

301　〈臺灣教信〉，《正法輪》911號，昭和15年9月號，頁36。

302　〈東山保育園近狀〉，《宗報》（臨濟宗），昭和12年9月1日，頁14-15。（筆者譯）

圖3-3-1　東山禪寺幼稚園

資料來源：民德寫真館編《臺灣佛教名蹟實鑑》昭和16年，頁483。

（三）（高雄）元亨寺濟世保育園

　　昭和12年4月於高雄元亨寺內開設濟世保育園，保育園內容約與東山幼稚園大致相同，發起人有陳亂、陳益等二十一名，與園長長倉秀一共同熱心協助。[303]經過一年後，昭和13年時，園中兒童有五十二名，保姆兩名，每日教授四小時，致力於幼童教育。[304]

303　〈元亨寺濟世保育園〉，《宗報》（臨濟宗），昭和12年9月1日，頁15。（筆者譯）
304　《正法輪》883號，昭和13年8月1日，頁26。（筆者譯）

圖3-3-2　妙心保育園

資料來源：民德寫真館編，《臺灣佛教名蹟寶鑑》，昭和16年，頁475。

圖3-3-3　妙心保育園長長倉法道師

資料來源：民德寫真館編，《臺灣佛教名蹟寶鑑》昭和16年，頁475。

（四）（高雄）內惟妙心幼稚園

高雄市龍泉寺於昭和13年4月4日，利用附近既有之寺廟設置內惟妙心幼稚園，有園兒五十六名、保姆兩名，發起人為龍泉寺信徒總代

表及受人歡迎的區長李天輝。此保育事業之實務遠超過其他幼稚園，由有經驗、有明確自信的長倉法道開教使負責，東海宜誠亦有協助。[305]

（五）（臺南）善行堂之附屬幼稚園

昭和17年當時因總督府的「寺廟整理運動」，位於臺南佳里的善行堂若不加設幼稚園就會被拆除。善行堂之住持惻淨師是黃玉霞的臺灣皈依師父，於是黃氏姊妹拜託當時的「視學」（官員），申請要在善行堂加設幼稚園，黃玉霞及黃玉灼兩姊妹曾在日本留學、加上父親黃深淵在當地政經關係良好，官員也就允諾不拆善行堂。善行堂的住持惻淨法師，便聘請陳素雲、吳素娥（高女畢業）、黃亦娥（黃玉灼女士叔公的女兒）三位老師，開設幼稚園，黃玉灼亦幫忙教授日文，園中約有近三十位小朋友。[306]

第四節　尼僧教育

比丘尼或簡稱為尼，源自梵語 भिक्षुणी bhikṣunī（巴利文 bhikkhunī），有「善良的女性」之意，原指出家得度，受具足戒之女性，其後泛指出家之女性，在日本則稱為尼僧。中國最初之比丘尼為西晉末年之淨檢尼[307]，而日本最初之尼僧為善信尼[308]。

---

305 《正法輪》883號，昭和13年8月1日，頁26。（筆者譯）

306 此段資料為黃玉灼女士於2011年親口告知筆者。黃玉灼女士於昭和時代與姊姊黃玉霞於昭和11年春，皈依臨濟宗護國禪寺之第八任總監高林玄寶後，第一次赴日本名古屋宗榮尼眾學林、第二次則是於京都之花園大學留學。有關此善行堂設置幼稚園之內容，已發表於拙作〈由訪談玄祐尼（黃玉灼女士）中－論日治時期臨濟宗妙心寺派在臺之尼僧教育〉《圓光佛學學報》第22期，2013，頁244-245。

307 淨檢尼（291-361）。可參考趙榮珦，《中國第一比丘尼淨檢傳》，北京市，宗教文化

明治44年臨濟宗妙心寺派以美濃（約岐阜縣南部）、尾張（約愛知縣西部）地區，有最多之尼僧教育學林。尾張有二所、美濃地區有一所尼僧學林。[309]柴田慈孝曾於《正法輪》中投稿〈本派尼眾學林に望む〉（展望本派尼眾學林）提到，大正2年參加內務省舉辦的第六回感化救濟事業之講習會中，詳知世界各國宗教家的活動事業等，參加該講習會中有六位妙齡女子出席，皆是與基督教經營有關的孤兒院、幼稚園、保育園等保姆，但其中沒有一位是佛教徒。[310]此外，其他佛教宗派也已派遣尼僧至海外布教，其記載為：

> 看呀！好比淨土宗派尼僧至夏威夷、菲律賓群島布教，也有對殖民地朝鮮、臺灣傳教……[311]

因看到基督教的女性布教事業，及淨土宗積極地派遣尼僧至海外布教，妙心寺派也開始注意對尼僧的教育。

大正4年時，依據文部省宗教局之記載得知，各宗尼僧住持最多的是淨土宗有三百五十八名，依次為曹洞宗二百六十一人、臨濟宗一百六十六人、日蓮宗八十四人、天臺宗三十二人、真言宗二十四人。[312]

日本自古以男性為政權主導者，在此社會背景下，佛教界亦是如此，尼僧多是被男僧所使喚，地位低落，有如男僧之奴隸。不過妙心寺派於大正8年依宗制改正之法則，謀求提升尼僧地位。[313]同年改正

出版社，2008。徐州竹林寺編，《淨檢法師與徐州竹林傳奇》，北京市，宗教文化出版社，2012。

308 善信尼（574-？）6世紀後半期之日本尼僧。

309 江西白牛，〈比丘尼論〉，《正法輪》289號，明治44年8月12日，頁5。

310 柴田慈孝，〈本派尼眾學林に望む〉，《正法輪》319號，大正3年2月12日，頁12。

311 柴田慈孝，〈本派尼眾學林に望む〉，《正法輪》319號，大正3年2月12日，頁12。

312 〈日本中の尼僧の數は？〉，《臺灣日日新報》，大正4年2月7日，日刊，4版。

313 《正法輪》616號，昭和2年1月15日，頁25。

綱目，回復了尼僧被壓迫的權益，並加以擴張尼僧之權益範圍。[314]

大正12年12月，高林玄寶當選妙心寺派之執事長，負責妙心寺派之運作，監正部長為曾在澎湖布教的八橋紹溫。同月16日高林內局成立[315]，高林內局最注重的是教育的改善。[316]大正13年11月15日至28日，妙心寺派首次嘗試，由「花園婦人會」負責，在大本山召集尼眾講習會。妙心寺派之尼眾教育分為四期：

　　一、初等教育（修業期間六年或八年）

　　二、中等教育（修業期間四年）

　　三、高等教育（修業期間三年）

　　四、宗旨專攻（修業期間不定）

　　對於尼僧，認定法階第七階「西堂職」為尼僧之最高法階[317]。

大正14年10月1日，高林玄寶視察美濃、尾張兩尼眾林，於此兩尼眾林設置專門部。[318]因預計要養成尼僧布教師，所以於大本山舉行尼僧講習會。對於「婦人總會」、「月並會」，也獎勵尼僧成為布教師，站在教壇。[319]

有關臺灣本島女眾之佛教教育，根據《南瀛佛教》的記載，最早

---

314 後藤光村，〈再び尼眾僧堂の開創を江湖に訴ふ〉，《正法輪》699號，昭和5年7月1日，頁6。

315 高林玄寶擔任執事長期間為：大正12年12月至昭和2年12月16日期滿退任。

316 後藤光村，〈再び尼眾僧堂の開創を江湖に訴ふ〉，《正法輪》699號，昭和5年7月1日，頁6。（筆者譯）

317 後藤光村，〈再び尼眾僧堂の開創を江湖に訴ふ〉，《正法輪》699號，昭和5年7月1日，頁6。（筆者譯）

318 後藤光村，〈再び尼眾僧堂の開創を江湖に訴ふ〉，《正法輪》699號，昭和5年7月1日，頁6。（筆者譯）

319 《正法輪》616號，昭和2年1月15日，頁25。（筆者譯）

是於大正14年4月因覺力法師的提倡，在新竹州下香山庄一善堂為女子開設講習會，為期六個月，講習生有二十二名。[320]到了昭和5年則出現教授女子學習技藝之佛教講習所，王兆麟於臺南開設「家政裁縫講習所」（日後的「臺南家政女學院」），目的為以佛教精神養成質實溫和，並實際有智職技能之婦人。[321]

昭和7年，高林玄寶到臺成為臨濟護國禪寺第八任總監，積極設立訓練僧侶之道場。雖然妙心寺派於昭和15年才開始舉辦講習會訓練臺灣尼僧，但高林玄寶於昭和9年就已設置專修道場訓練僧尼。兩年後，昭和11年，挑選優秀的畢業生赴大本山留學。此時機緣的巧合，也一同將臺南佳里的黃玉霞、黃玉灼兩姊妹[322]送至日本念書。

一　玄怡、玄祐兩姊妹首先赴日留學

臺南佳里出身的黃玉霞，因外婆篤信佛教，自幼即跟隨外婆禮佛。學習四書五經之後，看見臺灣尼僧教育程度低落，於是希望能至日本學習佛法，提升尼僧之素質。父親黃深淵為庄長之身分而與臨濟宗常有接觸，父親便請託臨濟宗之東海宜誠和尚幫忙讓女兒玉霞赴日讀書。

320　〈第二回特別講習會（於新竹州下香山一善堂為女子部）〉，《南瀛佛教》3卷，3號，大正14年5月，頁30。

321　〈臺南家政裁縫　設講習所〉，《臺灣日日新報》，昭和5年8月26日，日刊，4版。

322　有關黃氏姊妹赴日留學經過，請參考拙作〈由訪談玄祐尼（黃玉灼女士）中－論日治時期臨濟宗妙心寺派在臺之尼僧教育〉《圓光佛學學報》第22期，2013年12月。黃玉灼（1922-2018）女士在日本都用法名：玄祐，姊姊黃玉霞（1919-1968）在日的法名為：玄怡。回臺後並未出家，因此本文以玉灼女士及姊姊玉霞稱呼。

（一）於京都寶鏡寺學習

昭和11年3月29日出身富裕之家的黃玉霞（十八歲）、黃玉灼（十五歲）姊妹，於臺北市臨濟禪寺受高林玄寶之得度（皈依）後，立即赴日於京都寶鏡寺學習，想進入尼眾學林就學，但父母反對剃髮，於是帶髮入學。《正法輪》的記者採訪黃氏姊妹，姐姐玉霞以流暢的日文說明赴日求法之動機如下：

圖3-4-1　黃氏姊妹（左為妹妹玉灼女士，右為姐姐黃玉霞）

資料來源：《正法輪》853號。昭和11年11月15日，頁26。

我四歲時皈依，但到了小學五年級，跟著家教老師用漢文研讀佛教書籍時，發現到臺灣的尼僧程度相當低落，所以即使再辛苦，也決心要犧牲己身，修行成為優秀尼僧為眾生盡力。我與妹妹二人互相約誓，要努力修行回臺。雖然父親反對剃頭，但有贊成我研究佛教。什麼都當作是修行，從煮飯到擦拭掃除，任何事情都歡喜做。然後空暇時，跟著住持（平松周禪尼）學習譯成日文的經典。[323]

---

323 〈臺北臨濟寺で得度した　可憐な有髮の姉妹尼〉，《正法輪》853號，昭和11年11月15日，頁26。（筆者譯）

記者又問預定在京都多久？姐姐玉霞回答：「我想要十年吧！」[324]
高林玄寶對兩姊妹相當期待，《正法輪》有此記載：

說起臺灣之尼僧，普遍多是因對兩性(關係)的煩悶感到筋疲力
盡、感懷青春(年華逝去)，而感無奈的女性，為尋求老後清淨
的生活而出家。但那對
姊妹仍是青春洋溢之少
女，類似這種（求法
者）極為罕見。因為生
（俗）家為四、五十萬
之富豪家庭，在臺灣人
中有絕大之勢力，並非
一定要使其姊妹作尼僧
不可，而且其兄弟姊妹
眾多，尤其她們以嶄新
之心情，起感恩佛教接
引眾生之布教聖戰，自

圖3-4-2　玄祐、玄怡日本留學記念

資料來源：感謝玉灼女士提供。昭和13年
12月兩姊妹假期歸省，拍攝於高雄龍泉
寺。前左一黃玉灼，前左三黃玉霞，前右
三為東海宜誠和尚。

己想改善臺灣尼眾（之素質），的確使人欣慰，（持有）強而有
力的理想而出家的。然後想赴日本融入真正的禪宗精神，所以
（我）拜託寶鏡寺[325]，但（其姊妹的）雙親非常擔心，她們日
後就會落髮。當然據說其姊妹本人有想落髮，近期應會赴尾張

---

324 〈臺北臨濟寺で得度した　可憐な有髮の姉妹尼〉，《正法輪》853號，昭和11年11
月15日，頁26。（筆者譯）

325 寶鏡寺之住持平松周禪尼為皇族之後代，「門跡」為與皇族有關之寺院，有皇族血
緣者才能當「門跡」之住持。平松周禪尼很關照兩姊妹，玉灼女士告知筆者，有一
次平松周禪尼只帶著玉灼女士一人至明治天皇墓前，連姊姊玉霞都不能去。

（名古屋）之尼眾學林（就學）。[326]

（二）兩姊妹於名古屋宗榮尼眾學林留學

高林玄寶拜託寶鏡寺收留兩姊妹，讓兩姊妹學習日本尼寺之生活及學習日語，一年後送至愛知縣的宗榮尼眾學林，接受正式的尼僧學校教育。黃氏姊妹之父親黃深淵，社經關係良好並對臨濟宗支持有加，加上祖母與當時臺南佛教界知名僧侶捷圓師師出同門等，高林對兩姊妹更加期待。因高林玄寶是兩姊妹皈依之日本師父，顧慮到父母不願讓兩姊妹出家，於是兩姊妹先帶髮於宗榮尼眾學林念書，當升上二年級後，高林玄寶特地親赴該校為兩人剃度。

尾張宗榮尼眾學林創立於明治21年，起初於大慈寺開校，十多年後轉移至現今的宗榮寺，明治44年校長為伊藤宜周尼[327]，1937年時的校長是余語宜陽尼。黃氏姊妹於昭和12年3月起至愛知縣宗榮尼眾學林入學，《宗報》有記載如下：

> （兩姊妹）努力修行，向學之堅意及認真精進的態度，實為其他住眾之模範。將來為啟發臺灣佛教女眾，期待兩禪尼之精進及學業成功。且該學林準照叢林之規矩，鑽研佛學，學費僅酌收少額。[328]

---

326 〈臺北尼眾界の刷新を念願する〉，《正法輪》853號，昭和11年11月15日，頁27。（筆者譯）

327 〈尾張尼眾學林〉，《正法輪》402號，大正7年2月15日，頁15。余語宜陽尼師承伊藤宜周尼。玉灼女士曾為余語宜陽尼之侍僧一年，照顧其之起居、生活。

328 〈內地留學生近狀〉，《宗報》，昭和12年9月1日，頁13。（筆者譯）

　　高林玄寶鼓勵兩姊妹要精進學習，日後回臺布教，提升臺灣女性佛教的素養。且說明該校的教學形式是符合叢林、有規矩法度的學校，學費亦不貴，多少也有想藉機宣傳以吸引更多的臺灣女眾赴該校念書之意。

圖3-4-3　玉灼女士全家於竹溪寺

資料來源：感謝玉灼女士提供

圖3-4-4　玉灼女士於宗榮尼眾學林

資料來源：感謝玉灼女士提供。[329]前排左一掛有掛絡者為宗榮尼眾學林校長余語宜陽尼，前右二為黃玉霞，前右三為弟弟黃櫻楚。前二排左一黃玉灼，第三排左三站著掛有掛絡者為澤木弘道尼。拍攝於宗榮尼眾學林。

---

329 感謝臨濟宗妙心寺派木村俊彥教授（東北大學文學博士・前養德院副住持）告知：余語宜陽尼與澤木弘道尼皆是住持。玉灼女士告知：住持戴白色掛絡，學生戴黑色掛絡。澤木弘道尼為余語宜陽尼之師妹，有時會來宗榮尼眾學林，昭和15年被大本山派遣來臺駐錫，戰後仍在臺灣布教，直至圓寂。

　　大正時期臨濟宗成立鎮南學林，曹洞宗也有創立佛教中學林，皆很積極地設立僧侶學校。至昭和時期有關於尼僧之培育，兩派都很努力推動，昭和11年《南瀛佛教》有記錄如下：

> 上個月受高林老師得度，入學於尾張（名古屋）尼眾學林的兩姊妹之記載，在日臺報導後，廣為人所知。即使在曹洞宗最近尼僧之皈依者亦變多，現於名古屋的關西尼學林亦有五名尼僧在學。……言及海山郡中和庄圓通寺的話，在臺灣是最有名之尼寺，該住持林妙清尼的養女蓮舟尼，……預定明年四月赴東京駒澤大學入學。[330]

　　除了僧侶的培育，由此引文可看出曹洞宗早已著手培育尼僧，且將有臺籍尼僧要去東京念大學，這必然促使臨濟宗須加速培育臺灣尼僧，因此在黃氏姊妹之後，高林玄寶也連續介紹了數位臺灣尼僧赴尼眾學林留學。玄怡（黃玉霞）、玄祐（黃玉灼）於昭和11年赴日後，高林玄寶之臺灣「玄」字輩尼僧弟子，玄妙尼、玄瑛尼、玄光尼、玄直尼，皆赴宗榮尼眾學林留學。昭和18年，由玄怡（黃玉霞）親自帶至尼眾學林念書的素道尼，則是臺灣留學尼僧之最後一屆。[331]除了曹洞宗、臨濟宗努力培育尼僧，淨土宗也於昭和11年派出玄深尼赴日就讀淨土宗尼眾學校，筆者就「日治時期赴日留學之臺籍尼僧」整理如表3-4-1所示：

---

330 〈本島尼司僧的內地留學〉，《南瀛佛教》14卷，12號，昭和11年12月，頁52。（筆者譯）《曹洞宗尼僧史》（東京，曹洞宗尼僧團本部，1955），頁423：「大正15年5月6日依文部省私立學校令認可關西尼學林之設立」，是為現今的愛知專門尼僧堂。

331 感謝玉灼女士告知，有關高林玄寶之臺灣「玄」字輩，尼僧弟子。

表3-4-1　日治時期赴日留學之臺籍尼僧（昭和2-18年・1927-1943）

曹洞宗	吳真玉昭和2年左右留學關西尼學林 聖光尼昭和11年就讀名古屋關西尼學林 正定尼昭和11年就讀名古屋關西尼學林 正果尼昭和11年就讀名古屋關西尼學林 道昭尼（達願）昭和12年就讀曹洞宗關西尼學林 靜光尼昭和13年入學於關西尼學林 勝光尼昭和13年名古屋關西尼學林 廣學尼昭和13年就讀關西尼學林 廣禪尼昭和14年就讀關西尼學林 正相尼約昭和14年曹洞宗高等學林畢業 道慧尼約昭和14年曹洞宗高等尼學林畢業 達成尼約昭和15年赴日依曹洞宗總長高階瓏仙出家 達賢尼昭和16年名古屋曹洞宗高等尼學林畢業 智慧尼赴關西尼學林（年代不詳）
	達禪尼昭和12年入學於駒澤大學專門部佛教科 禪剛尼昭和12年入學於駒澤大學專門部佛教學科 如學尼昭和15年畢業於駒澤大學專門部佛教科 修空尼昭和15年入學於駒澤大學專門部佛教別科
淨土宗	玄深尼昭和11年赴日就讀淨土宗尼眾學校 達超尼昭和12年和玄清尼東渡日本就讀淨土宗尼眾學校 玄清尼昭和11年就讀淨土宗尼眾學校 慧明尼昭和16年就讀淨土宗尼眾學校
臨濟宗妙心寺派	玄怡尼昭和12-17年宗榮尼眾學林 玄祐尼昭和12-17年宗榮尼眾學林 玄勗尼（妙慧）昭和12年4月入學宗榮尼眾學林 德照尼（惟宗）昭和16年就讀宗榮尼眾學林 玄妙尼就讀宗榮尼眾學林（年代不詳，但在素道尼之前） 素道尼昭和18年就讀宗榮尼眾學林[332]

資料來源：整理自王宣蘋，《日治時期留學日本的尼僧》，師範大學臺灣史研究所碩士論文，2013，頁110-129。

---

332 玉灼女士告知：素道尼為宗榮尼眾學林之臺籍留學生最後一屆。

　　由王宣蘋之研究中，可知最早赴日留學的尼僧為約昭和2年赴曹洞宗的吳真玉。接下來則要到昭和11年起曹洞宗、淨土宗、臨濟宗才開始相繼有尼僧赴日留學。

二　大本山派開教尼僧來臺視察

　　根據《臺灣日日新報》之記載，昭和7年11月底淨土宗西山深草派的日本善光寺曾派遣二名尼僧來臺，於同年12月3日抵達信州善光寺之北投臺灣別院[333]。臨濟宗注意到需要海外布教的尼師，於昭和11年秋天，妙心寺大本山為尼眾舉辦兩週之講習會[334]，開始訓練尼僧之布教人才。

　　昭和12年9月6日派兩位開教使來臺布教，分別是：

　　　　岐阜縣寺班五等地二級本光菴住持　深貝義忠尼
　　　　兵庫縣寺班六等地三級壽佛菴住持　奧村惠遠尼
　　　　任命為臺灣開教使[335]

　　兩位開教使於9月27日抵達基隆，隨即巡錫臺灣，並於各地演講。其時間、地點、講演主題，筆者整理如下表：

333　〈善光寺別院　二尼僧を派遣　今度善光寺から〉，《臺灣日日新報》昭和7年11月30日，日刊，7版。（筆者譯）

334　〈後藤老師をむかへて〉，《正法輪》857號，昭和12年3月1日，頁32。（筆者譯）

335　《正法輪》865號，昭和12年9月15日，頁27。玉灼女士告知：曾於宗榮尼眾學林見過深貝義忠尼。

表3-4-2 昭和12年（1937）深貝義忠尼、奧村惠遠尼兩開教使於臺灣全島之布教行程與演講內容

日期	演講地點	奧村惠遠尼	深貝義忠尼
9月29日	臺北 臨濟寺	「現代婦女の心構へ」（現代婦女之思想準備）	「折伏の慈悲」（折服之慈悲）
	臺北 鐵真院	「銃後の護り」（後方的守護）	「日本女性としての信念」（身為日本女性的信念）
10月3日	新竹 淨業院	「佛陀の四句誓願」（佛陀的四句誓願）	「青年の宗教」（青年的宗教）
10月4日	斗六 真一堂	「日本婦人の使命」（日本婦人之使命）	「尼僧生活に就いて」（就尼僧生活而論）
晚上七時		「佛教徒の本旨」（佛教徒之本旨）	「合掌」（合十）
10月5日	海豐崙 引善堂	「感謝の生活」（感謝的生活）	「尼僧の使命」（尼僧之使命）
下午	虎尾 龍善堂	「日日是好日」（日日是好日）	「禪堂と其生活」（禪堂與其生活）
晚上	嘉義 布教所	「らしくあれ」（做你自己）	-
10月6日	新營 善德堂	-	「信仰の姿」（信仰之姿態）
晚上	鹽水 布教所	「時局に處する國民の覺悟」（處於時局之國民的覺悟）	-
10月7日	西港 和信堂	「現代青年の行くべき道」（現代青年的應行之道）	「精進生活」（精進生活）

表3-4-2（續）

日期	演講地點	奧村惠遠尼	深貝義忠尼
當夜兩尼僧住宿佳里黃深淵家中，黃深淵的兩位女兒黃玉霞、黃玉灼，正於宗榮尼眾學林留學中。			
10月8日	佳里 善行堂	「正しき信念」 （正信念）	「平常心是道」 （平常心是道）
當夜兩尼僧住宿佳里黃深淵家中。			
10月10日	臺南 竹溪寺	「教育と宗教的信念」 （教育與宗教的信念）	「佛教と實際生活」 （佛教與實際生活）
10月12日	關帝廟 明德堂	「人生の自覺」 （人生之自覺）	「一句の聞法」 （聞法一語）
10月13日 - - - - - - - 14-18日	高雄 大崗山 龍湖庵	「內地式坐禪の仕方を教へよ」 （教導日本式坐禪之方式）	
10月20日	里港 慎修堂	「時局と婦人の覺悟」 （時局與婦人之覺悟）	-
10月22日	東山寺	-	「我が理想鄉」 （我理想之鄉）

資料來源：深貝義忠〈臺灣に使して〉，《正法輪》869號，昭和12年11月15日，頁22-25。深貝義忠〈臺灣に使して（二）〉，《正法輪》870號，昭和12年12月1日，頁22-24。深貝義忠〈臺灣に使して（三）〉，《正法輪》871號，昭和12年12月15日，頁19-22。筆者整理。

圖3-4-5　深貝義忠尼、奧村惠遠尼兩開教使於昭和12年（1937）在大崗山開講記念

資料來源：《正法輪》869號，昭和12年11月15日，頁23。

　　龍湖庵[336]為臺灣屈指可數的尼寺之一，尼僧之數目有可能是島內

---

336 龍湖庵之創設由來為「大崗山龍湖庵（岡山郡阿蓮庄崗山營四八六號），於明治40年11月創建。明治42年春時永定上人卓錫超峰寺未久、顧慮女眾無相當清修之所，乃於山南綠林幽處、擇就勝地、築數間茅庵暫作女眾棲身之所。明治43年改建（發起人為林神，應為「坤」之誤字。）。明治44年、乃就山石改築佛殿、惟庵舍粗略、僅住女眾四、五而已。至大正7年春來者漸眾、永定上人（俗名林蕃薯）乃募集相當緣金，全部改築寺貌頓然一新、時住眾已及三十餘人矣。大正9年、由永智師渡華、恭請會泉法師來山指導一切、智師旋即西逝、同年復由會公歸華、邊請會機法師同來、就新大殿講經及指示修禪念佛儀式、禪林之制始成雛形，越年乃設早晚五堂功課儀軌、女眾道心、益見精進。大正11年重修（發起人為邱毓珍）。大正13年、以發心者眾、乃議訂同住清規三十條、立安單之制、為女眾終身寄託之常住。昭和元年增建（發起人為洪瑞西），昭和3年增建。昭和9年大雄寶殿以建築日久、風雨剝蝕、滴漏不堪梵誦，時曾有臺南信士孫君清波來山，感諸女眾禪誦之莊嚴、而憫佛殿之衰頹，乃發心獨任重修之責。昭和13年現在約有八十名女眾在此專心修行。」〈大崗山龍湖庵萬年簿序〉，《南瀛佛教》14卷，3號，昭和11年3月，頁54。16卷，12號，昭和13年12月，頁25。另有龍湖庵建於明治41年之說。

第一[337]。昭和8年尼僧有九十四名[338]。根據《南瀛佛教》之記載，昭
和11年大崗山龍湖庵有一百四十名之尼僧於此修行，引文如下：

> ……此處為純女人修行之道場，有一百四十名。一日五次行
> 事，誦課三次、念佛禪坐兩次，共計五次，相當忙碌。念佛禪
> 坐一併，為純中國式之修行法。當然此大崗山以前就有中國的
> 法師經常在此講經，良達法師啦、會泉法師啦、慧雲法師等，
> 其他諸多法師來此，但皆是純中國式的指導，現今仍依照實
> 行。禪淨一致之修行法並非不好，但以總禪之立場來看。總覺
> 得不夠。……此為宋朝時代禪僧之修行方法，至今日流弊未
> 斷，特別有如臺灣，全吸收中國之餘波，對此更是無判斷力。
> 只要是中國形式的話，甚麼都無所謂，直接輸入……。[339]

　　由引文可知，時有中國僧侶前來龍湖庵，教導尼僧於中國宋朝時
期之禪淨雙修的修行方式，只要是中國方式的修行，龍湖庵皆仿效
之。但是臨濟宗屬於禪宗，昭和12年7月發生中日戰爭，所以兩位開
教使於龍湖庵駐錫多達五日，教導臺灣尼僧日本的坐禪方式，應多少
希望能切斷龍湖庵之中國方式的修行模式，提升臺灣尼僧之素質。之
後，二尼於該年11月2日離臺。

---

337 遠山三樹，〈龍湖庵〉，《霸王樹》（幸榮俱樂部，臺灣，昭和8年5月15日），頁43。
　　（筆者譯）

338 遠山三樹，〈龍湖庵〉，《霸王樹》（幸榮俱樂部，臺灣，昭和8年5月15日），頁44。
　　（筆者譯）

339 〈高雄州下巡回講演會　高執德〉，2月21日《南瀛佛教》14卷，4號，昭和11年4
　　月，頁25-26。（筆者譯）

圖3-4-6 龍湖庵之日治時期地籍資料

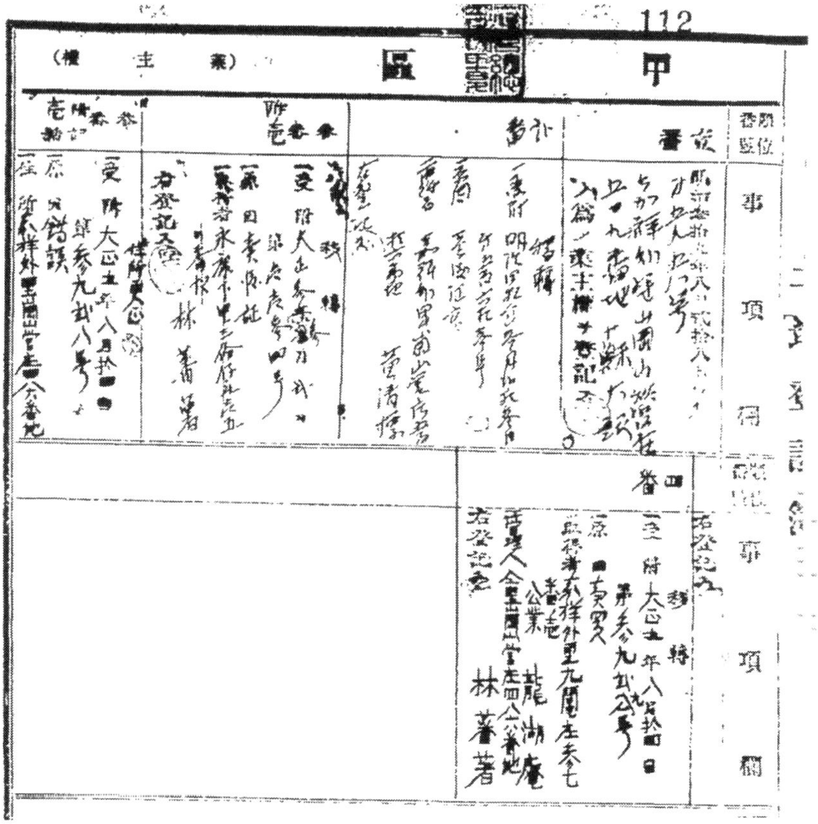

資料來源：感謝高雄路竹地政所協助提供。筆者查閱。

三 昭和14年正式派遣東海昌道尼來臺駐錫

昭和14年，大本山先派遣東海昌道尼來臺布教，東海昌道尼曾參加過大本山於昭和8年舉行的高等講習會，有關東海昌道尼的記載如下：

　　……五十人男僧中五位尼僧，岐阜縣揖斐郡池田村毘沙庵住持
　　東海昌道（三十四歲）……尼眾學林畢業後，熱心研究出席講
　　習會。[340]

　　熱心參加講習之東海昌道尼成為首位臨濟宗來臺駐錫布教之尼
僧，昭和14年夏8月於新竹州下迴龍（尼）寺，努力擔任兩個月長期
講習之教師。10月初旬駐錫高雄龍泉寺，10月15日起為一個月之練習
會的教師。該會結束後移至臺灣五大名山之一的大崗山蓮峰寺專注於
僧尼教育。該寺為既有之中國式的寺院，為順應時勢將伽藍改造成與
日本寺院同樣的本堂，計畫此工程竣工後，成為教導青年尼眾佛教教
育道場之機構。[341] 其間東海昌道尼曾提到：「語言不通是開教最困難
之問題。說者之微妙熱情、親切之處，是很難透過翻譯的」[342]。言語
無法溝通是傳道者的煩惱，「現雖然呼籲使用國語，爾後兩、三年，
臺灣開教不免相當困難，但本宗布教之方針以身說法為第一要諦，依
語言傳道為第二義」[343]。

　　昭和11年9月，小林躋造就任臺灣第十七任總督。昭和12年7月7
日中日發生盧溝橋事件，因此日本第一次近衛文麿內閣於同年9月時
推行「國民精神總動員」政策。配合此國民精神總動員，小林總督提
出統治臺灣三原則：「皇民化、工業化、南進基地化」，其中內容包括

---

340 〈高等講習會と尼僧さん〉，《正法輪》770號，昭和8年6月15日，頁13。另四位尼
　　僧為：山本義棟尼、木村義秀尼、上田義英尼、佐藤楚泰尼。（筆者譯）

341 〈梵唄法式練習會　臺灣全土に開催〉，《正法輪》902號，昭和15年1月號，頁
　　30。（筆者譯）

342 東海昌道尼，〈臺灣開教に就ての所感〉，《正法輪》906號，昭和15年5月號，頁
　　10。（筆者譯）

343 東海昌道尼，〈臺灣開教に就ての所感〉，《正法輪》906號，昭和15年5月號，頁
　　10。（筆者譯）

臺灣人改日本姓氏、推行「國語運動」、「寺廟整理」與「正廳改善」
等。東海昌道尼於昭和15年在臺布教時提到：

> 臺灣人兩百多年來所傳承的中國系統之佛教信仰，使其轉機或
> 打破習慣並非易事。然而今回遇此機運，提供寺廟千載難逢的
> 好機會，以此寺廟整理運動為一劃分。為延伸本派教線幾乎寢
> 食難安，於各地新設本派所屬之布教所，但因布教所無常駐主
> 任，或為他宗所奪，或有名無實而被埋沒。[344]

　　總督府實施「寺廟整理」運動，寺廟齋堂為避免被拆毀，於是紛
紛轉至日本佛教各宗派之名義下，其中南部以臨濟宗較盛。臨濟宗的
財政原本就比其他派別拮据，布教師也少，布教所無常駐布教師，很
快地就會被其他宗派奪取，或只是掛名在臨濟宗下，有名無實，於此
也凸顯出布教人才的缺乏。

（一）昭和15年於大崗山開設佛教尼眾講習會

　　昭和15年4月16日，大本山又派遣第二位尼僧──愛知縣寺班六
等地一級本光住持澤木弘道尼，為臺灣開教使。[345]

　　昭和15年《南瀛佛教》中有記載，關於東海昌道、澤木弘道兩尼
來臺駐錫之緣由為：

344　東海昌道尼，〈臺灣開教に就ての所感〉，《正法輪》906號，昭和15年5月號，頁
　　　10。（筆者譯）

345　昭和15年5月4日大本山將澤木弘道尼之僧階晉升為「大本山塔主職」。《正法輪》
　　　906號，昭和15年5月號，頁26。東海宜誠之徒弟是「道」字輩，但是東海昌道
　　　尼、澤木弘道尼來臺之前均已是寺院之住持，且在日本尼師多師承尼僧。東海亮
　　　道編、野川博之著，《台灣三十三觀音巡拜》（大阪市，朱鷺書房，2004），頁12，
　　　記載東海昌道尼、澤木弘道尼為東海宜誠之徒弟，筆者對此持保留態度。

以內地（日本）來看臺灣全島，尼僧過著本島尼院之生活，所謂的齋姑數量亦可觀。自往昔即缺日本尼僧教師，因而此等專門教育無法實行。此回由臨濟宗大本山之京都妙心寺，派遣東海昌道、澤木弘道兩尼僧教師，至以尼院有名的大崗山，並駐在之。因此，高雄州臨濟宗教務所自七月一日起長達六個月的時間在蓮峰寺主辦佛教講習會，由各地選拔、推薦具有公學校畢業以上之國語能力的尼眾、齋姑二十名，施以尼眾修道之訓練。

學科有修身（國民道德）、教義國語、佛教史、法式誦經、裁縫等。每日授課五小時，亦有早晚誦經、坐禪等，使其接受相當於日本尼眾道場之相同教育。尤以提升國民精神之涵養與素質為本意，並以培養教界之有為人才為目的。

此外，該講習會會長由臨濟宗東海教務所長擔任，講師由東海昌道尼、澤木弘道尼兩位開教使常駐，擔任各科目之教導。亦欲聘請各界學識淵博者教授專門講座，做學科外之教導。[346]

由此引文可得知臨濟宗派遣東海昌道尼、澤木弘道尼來臺，是為了要舉辦佛教講習會，用以訓練已具日語能力之臺灣尼眾，會員主要是南部一帶的僧尼、齋姑，由地方寺院推薦參加者二十名，講習會內容則近似日本尼眾道場之訓練方式。

每日早上四點半起床，佛教早課坐禪完了後，整齊排列於殿堂前，嚴肅奉唱國歌、遙拜宮城、遙拜伊勢皇大神宮、祈願皇軍武運長久默禱。天亮時升完國旗後吃早飯，上午八點至下午五

---

346 〈雜報・舉行佛教（尼眾）講習會在大崗山蓮峰寺舉辦六個月〉，《南瀛佛教》18卷，8號，昭和15年8月，頁33。（筆者譯）

點學習學科，下午亦有教導習字、裁縫等。晚上下課後，於寺內對不懂國語者，使其接受國語講習。[347]

東海宜誠首次擔任尼眾講習會之會長，經常從高雄至大崗山來鼓勵會員、信徒。12月13日，舉行講習會終了式，而當年正值神武天皇即位紀元2千6百年，大崗山蓮峰寺為了祈念寶祚之無窮，曾向臨濟宗大本山京都妙心寺申請聖壽尊牌供奉，由於正奉送到臺北布教監督所，蓮峰寺於12月13日上午11時舉行「聖壽牌」奉安式[348]，下午講習會員數名之年輕尼僧們，舉行表演法話會。[349]

（二）昭和16年舉行臺灣尼眾普通布教講習會

昭和15年舉辦大崗山佛教尼眾講習會，次年昭和16年臨濟宗又舉辦了臺灣尼眾普通講習會，《南瀛佛教》記載如下：

> 高雄州下崗山蓮峰寺與臨濟宗高雄教務所共同主辦，本島尼眾修習皇道佛教知識，涵養國民精神，以養成教界有為人才之目的，自五月五日起為期六個月於崗山郡蓮峰寺，講習會開辦中之情況，講習科目有修身、教義、國（日）語、佛教史、法會梵唄、裁縫等。[350]

347 〈臺灣に使して 臨濟學院 多夕良生〉，《正法輪》915號，昭和16年1月號，頁29。（筆者譯）

348 《臺灣佛教》19卷，1號，昭和16年1月，第49頁。安奉「聖上尊牌」之目的為：「聖上尊牌於全島重要寺院，以確立佛徒信仰之中堅。不問內、臺人士籍忠君愛國之精神。結合宗教的信念，以成真、俗兩諦圓融之大義，所望大方諸彥匡其不逮云爾。」《南瀛佛教》6卷，6號，昭和3年6月，頁74。

349 〈臺灣に使して 臨濟學院 多夕良生〉，《正法輪》915號，昭和16年1月號，頁29。（筆者譯）

350 〈雜報‧尼僧講習會〉，《臺灣佛教》19卷，6號，昭和16年6月，頁37-38。

大本山比照「尼眾講習會例之規則」[351]，其中第三條「尼眾講習會設置幹部」，正式任命東海宜誠為尼眾普通布教講習會會長及其他職員之職銜的任命，其記載如下：

臺灣妙心寺末龍泉寺住持　　東海宜誠

任命為昭和十六年度臺灣尼眾普通布教講習會會長

臺灣妙心寺末臨濟禪寺住持　森元成

任命為昭和十六年度臺灣尼眾普通布教講習會講師

---

351 尼眾講習會例（法則第一百八十一號）：

　第一條、本例依綱目第六十一條所定制。

　第二條、尼眾講習會為專研宗旨之精要、布教之方法，並以修得尼眾之必要的學識及技能為目的。

　第三條、尼眾講習會設置幹部如左：

　　　會長　　一名
　　　主監　　一名
　　　講師　　一名
　　　助講師　若干名
　　　幹事　　一名

　第四條、會長以下之幹部的任命及其職務等，皆比照高等布教講習會例。

　第五條、尼眾講習會應合時宜於宗務本所舉辦之，其會期為期十五日。

　第六條、講習員就具左記資格者加以選拔。

　　　一、本派尼眾學校畢業者或具有同等以上之學歷者。

　　　二、有在本派尼眾專門道場掛搭一年以上者。

　第七條、講習員之推薦及入會退會等皆比照高等布教講習會例。

　第八條、講習員之旅費及停留期間之費用為自費，但宗務本所應給與相當之補助。

　第九條、對於修完規定講習的講習員在考察後授予修了證書。

　第十條、具有尼眾講習會修了證書具有高等布教講習會之入會資格。

　第十一條、有關尼眾講習會之諸項規定以教令規定之。

　　　　　資料來源：《正法輪》868號，昭和12年11月1日，頁45。（筆者譯）

臺灣妙心寺所轄明德堂駐在　東海昌道
任命為昭和十六年度臺灣尼眾普通布教講習會主監

臺灣妙心寺所轄龍湖庵駐在　澤木弘道
任命為昭和十六年度臺灣尼眾普通布教講習會幹事（七月十五日各通）[352]

（三）昭和 17 年舉辦臺灣尼眾講習會

昭和17年春天，黃氏姊妹從名古屋宗榮尼眾學林畢業回臺，得知澤木弘道尼已派駐在高雄大崗山，便常去探望她，跟她學做海青。

昭和17年2月18日起至同年12月24日，臨濟宗於東港明德堂開設佛教講習會[353]，大本山比照昭和16年之講習會方式，任命東海宜誠等人為臺灣尼眾講習會之幹部，記載為下：

臺灣妙心寺末龍泉寺住持　　東海宜誠
任命為昭和十七年度臺灣尼眾講習會會長

臺灣妙心寺末臨濟禪寺住持　森元成
任命為昭和十七年度臺灣尼眾講習會講師

臺灣妙心寺所轄明德堂駐在　東海昌道
任命為昭和十七年度臺灣尼眾講習會主監

臺灣妙心寺所轄龍湖庵駐在　澤木弘道

352　《臨濟時報》922號，昭和16年8月號，頁31。

353　〈佛教講演會〉，《臺灣日日新報》昭和17年12月28日，日刊，4版。

任命為昭和十七年度臺灣尼眾講習會幹事（五月二十八日各通）[354]

臨濟宗會發給參加該講習會者御守，如圖3-4-7及3-4-8所示：

圖3-4-7　臨濟宗臺灣聯絡寺廟總本部　大本山妙心寺御守正面

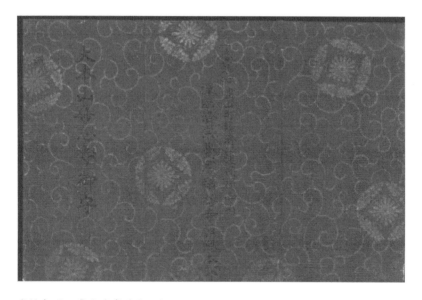

資料來源：感謝陳專美女士提供。

圖3-4-8　臨濟宗臺灣聯絡寺廟總本部　大本山妙心寺御守內面

資料來源：感謝陳專美女士提供。

　　講習會期間，因東海昌道尼要回日本一個月，所以東海宜誠和尚電致請託已從宗榮尼眾學林畢業回臺的玉灼女士，赴明德堂幫忙一個月，教導佛教常識、三合經（普門品、金剛經、楞嚴咒）、靜坐等。曾參加昭和17年度臨濟宗佛教講習會之高雄陳專美女士，告知筆者講習會的內容為：

> 講習會分為公學校畢業已經會日語的上午班，及需要教授不識文字之學員基礎日語的下午初級班。講習會快結束的前幾天，當日學員穿上僧衣，背著托缽袋，大家排成一列，口中發出ホ^{ho}オ^{ou}ウ的聲音，跟著老師（東海昌道尼）走。[355]

---

355 感謝曾參加昭和17年度臨濟宗佛教講習會之陳專美女士，告知此會課程內容。

托缽之行動原是表示行「法」之義。[356]其他宗派在行托缽之時，站立在該戶人家面前唱誦佛號或誦經，而臨濟宗在行托缽之際，較少唱名誦經，大多站在該戶人家面前只唱誦「ホオウ（ho-u）」。[357]「法」的發音，在漢音[358]為「ハフ（ha fu）」，吳音[359]為「ホフ（ho fu）」，唐音[360]為「ホ（ho）」。臨濟宗在行托缽之時將「法」以「ホオウ（ho-u）」唱出，此為宋朝之蜀僧所教導的「迦濕彌爾國」[361]之發音，而非上述的漢音、吳音、唐音。[362]《正法輪》中有記載托缽即是行道、行法，遵行古代禪風，引文說明如下：

圖3-4-9　素道尼

資料來源：感謝屏東廣修禪寺提供。

---

356 今井福山，〈托缽の字義と托缽の聲明〉，《正法輪》625號，昭和2年6月1日，頁7。（筆者譯）

357 今井福山，〈托缽の字義と托缽の聲明〉，《正法輪》625號，昭和2年6月1日，頁5。（筆者譯）

358 「漢音」是日本漢字發音的一種，古代稱為「からごえ（karagoe）」（「漢」的日文訓讀是から，「聲」的日文訓讀是ごえ）。「漢音」為西元8、9世紀的日本奈良時代後期至平安時代初期，由遣唐使和留學僧在中國學習，將漢字發音帶回日本，主要反映唐朝中葉長安附近地域的音韻體系。

359 「吳音」是日本漢字發音的一種，指日本自大和時代從中國南朝之建康地區所傳入的日語漢字之發音。日本在「吳音」傳入後，到奈良時代則從唐朝長安傳入新漢音。「吳音」與「漢音」一樣主要傳承了中古漢語的特徵。

360 「唐音」是日本漢字發音的一種。廣義的「唐音」（唐、宋音）指鎌倉時代以後直至近代傳入日本的漢字發音，包含室町時代傳入的「宋音」與狹義的「唐音」，亦就是指江戶時代（明、清）傳入的漢字發音。「唐音」的「唐」、「吳音」的「吳」、「漢音」的「漢」，並非意指中國的朝代，而是對當時中國之泛稱。

361 「迦濕彌爾國」（梵語：काश्मीर, कश्मीर, IAST：Kāśmīra, Kaśmīra）是北印度古代國家，即今日之克什米爾。《西域記》作「迦濕彌羅國」，漢、魏、南北朝均作「罽賓」。

362 今井福山，〈托缽の字義と托缽の聲明〉，《正法輪》625號。昭和2年6月1日，頁5。（筆者譯）

迦濕彌爾國之音「ホオウ（ho-u）」是實行道之義，與漢土（中國）的「法」（日文念作ホフ（hou））字音相近、義理類似，因而托缽時所誦以「ホオウ（ho-u）」為法之義理，確立托缽之說，法吾宗有古禪家之學風。[363]

　　活潑外向的姊姊玉霞，則活用自身在日本學習到的學問、經驗，努力傳教演講佛學，隔年昭和18年，姊姊玉霞親自帶至尼眾學林念書的素道尼[364]，就是該講習會的學生之一。

圖3-4-10　昭和17年（1942）12月8日臨濟宗佛教講習會結業前托缽

資料來源：感謝陳專美女士提供照片。前排中央東海宜誠和尚，前排左一澤木弘道尼，前排右一東海昌道尼，第二排左三素道尼，第三排左二陳專美女士。

---

363 今井福山，〈托缽の字義と托缽の聲明〉，《正法輪》625號。昭和2年6月1日，頁7。（筆者譯）
364 素道尼（1920-1995），屏東縣高樹鄉廣修禪寺之住持，其履歷為：
　　參加昭和17年2月18日起之屏東東港明德堂於「臨濟宗佛教講習會課程」修了。
　　昭和18年3月赴日本愛知犬山市塔野地，就學於臨濟宗宗榮尼眾學林。
　　昭和23年1月10日普通部五年畢業。同年就學於同學林之專門部，一年課程修了，昭和24年歸臺。資料來源：感謝屏東廣修禪寺提供素道尼親手履歷手稿。

圖3-4-11　臨濟宗佛教講習會，昭和17年（1942）12月24日於屏東縣
東港明德堂結業

資料來源：感謝陳專美女士提供照片。前排左三東海宜誠，前排右四東海昌道尼，
前排右三澤木弘道尼，前排右二吳素娥（教授日語），第二排左一女眾為陳專美，
二排左四素道尼，第三排右一黃玉灼，第四排右二黃玉霞。

（四）昭和 18 年之尼眾講習會

因連續舉辦三屆尼僧講習會，臨濟宗計畫繼續舉行第四屆的尼僧
訓練，《臨濟時報》有此記載：

> 今回昭和18年2月8日起，由各地選拔推薦具有國民學校畢業學
> 歷之尼僧齋姑三十名，累積尼眾修道之訓練，學科有修身、公
> 民教義、國語、佛教史、法式誦經、裁縫等，每日教授五小
> 時，早晚勤行坐禪，準日本式之尼眾道場訓練。尤其有希望
> 國民精神之涵養及素質能向上之用意，以培養有為人才為目
> 的。[365]

365　《臨濟時報》941號，昭和18年3月號，頁28。

根據資料紀錄，尼眾講習會舉辦了昭和15至17年（1940-1942）三屆[366]，筆者將其資料彙整如下：

表3-4-3　妙心寺派於昭和15至18年（1940-1943）在臺之尼眾講習會的時間、地點與學員程度

	昭和15年度	昭和16年度	昭和17年度	昭和18年度
名稱	大崗山佛教尼眾講習會	臺灣尼眾普通布教講習會	臺灣尼眾講習會	※
舉辦時間	昭和15年7月1日至同年12月13日	昭和16年5月5日起為期六個月	昭和17年2月18日至同年12月24日	昭和18年2月8日起
學員程度	具有公學校畢業以上之國語能力的尼眾、齋姑。	※	已有日語基礎的上午班，及需要教授不識字之學員基礎日語的下午初級班。	※
舉辦地點	高雄蓮峰寺	高雄蓮峰寺	東港明德堂	※

資料來源：《南瀛佛教》18卷，8號，頁33。《臺灣佛教》19卷，6號，頁37-38。《臺灣日日新報》昭和17年12月28日，4版。以及陳專美女士之告知。※不詳。《臨濟時報》941號，昭和18年3月號，頁28。東海宜誠親筆手稿經歷書。

---

366 東海宜誠親筆手稿經歷書中，詳細記載滯臺至戰後期間之經歷。其中有記載昭和15-17年度擔任尼眾講習會之會長，但昭和18年度並無記載有擔任尼眾講習會之會長。以及曾參加過昭和17年度臺灣尼眾講習會，師承東海昌道尼之高雄的陳專美女士告知筆者，昭和18年度時東海昌道尼、澤木弘道尼都在寺院忙碌寺務，未曾聽東海昌道尼提過昭和18年度之尼僧講習會，所以昭和18年度之尼僧講習會有可能未舉辦。

其中，由昭和15年招收「具有國
語能力」的學員，到了昭和17年開設
「會日語」及「不會日語」的兩種課
程，可以看出此尼眾講習會之招生困
難，本欲以尼眾、齋姑為對象的尼僧
教育，兩年後也開設了推展基礎日
語、識字之教學。地點則由高雄南移
至東港，應有可能是要避開戰亂。

圖3-4-12　澤木弘道尼

資料來源：感謝屏東廣修禪寺提供。

四　戰後澤木弘道尼之動向

戰後日本人撤臺，東海昌道尼、
澤木弘道尼均回到日本[367]。1946年春，玉灼女士取得（京都）臨濟學
院之學位，弟弟黃櫻楚也拿到（東京）拓殖大學學位。回到日本後的
弘道尼找到正在等待船期欲回臺灣的玉灼女士，表明心願希望能繼
續在臺弘法，於是玉灼女士與弟弟黃櫻楚帶著弘道尼一起等船，在神
戶搭船時，弘道尼登記之名字為林美雲。[368]到臺後，弘道尼行事極為
隱密，留有頭髮，寄住佳里黃家約有一年，後至臺南與秀琴（昔日之
信徒）一同生活。東海宜誠手稿中有記載戰後澤木弘道尼之行蹤如
下：

---

367 江燦騰先生於〈日治時期高雄佛教發展與東海宜誠〉，《中華佛學學報》第16期
　　（2003年9月），頁211-231，註〔20〕。中提到「……直到戰爭結束，日本統治當局
　　撤出臺灣，……澤木弘道尼則決心死守臺灣和本地的尼眾共住……。」但筆者認
　　為澤木弘道尼是有回日，再來臺灣。感謝玉灼女士、峰淨長老、廣修禪寺住持達
　　性法師告知此段歷史。亦感謝日本永昌寺提供東海宜誠之手稿，見圖3-4-13。
368 當時搭船時只須登記名字，不用提示證件。

圖3-4-13　戰後東海宜誠手稿記載有關澤木弘道尼之行蹤

資料來源：感謝日本永昌寺提供。

弘道尼到台後消息無し、近聞に依れば現在傅秋琴[369]とに於て、俗家生活致し居り。後日住所番地調查の上致します。

弘道尼到臺後無消息、依近聞現與傅秋琴過著俗家生活。（待）後日調查住址號碼。（筆者譯）

　　在戰後臺灣仇日之社會氛圍下，弘道尼與秀琴有時住在龍湖庵，有時在臺南俗家，極為低調，後來弘道尼到大樹鄉的昆明寺。1949年素道尼學成歸臺之後，得知昔日恩師弘道尼在臺，便邀請她至廣修寺。弘道尼由於日籍身分的關係必須低調，但仍默默行善，曾將真宗本願寺派的屏東寺，無法處理而放置在墓地的兩、三百人骨灰罈，逐一登記並祭祀於廣修禪寺。

369 玉灼女士告知應是「秀琴」（昔日龍湖庵之信徒，俗家在臺南），而非「秋琴」。有可能是日文中「秀」、「秋」發音均為「しゅう（Syu-）」。

圖3-4-14　澤木弘道尼處理屏東寺之骨灰罈，放置於廣修禪寺

資料來源：感謝屏東廣修禪寺提供。

　　1989年，弘道尼圓寂，廣修寺為感謝她對佛法的奉獻，特別請託東海宜誠和尚在戰後所住持之日本岐阜縣永昌寺，幫弘道尼製作日本臨濟宗妙心寺派之牌位「妙心塔主弘道雲尼和尚禪師」以茲紀念。

圖3-4-15　澤木弘道尼、素道尼之牌位

左一　贈　住持妙心素道英和尚尼

左二　特贈再住妙心蓁亮道禪師大和尚

右一　妙心塔主弘道雲尼和尚禪師

右二　臨濟正宗當寺傳法開祖特授再住妙心海巖宜誠禪師大和尚[370]

資料來源：感謝屏東廣修禪寺提供。

---

370 「住持」、「再住」、「塔主」為妙心寺派之僧階，請見附錄。

臨濟宗派遣東海昌道尼、澤木弘道尼來臺，以佛教講習會先訓練臺灣之尼眾，教導日式之修行方式。待日後於尼眾學林留學之臺籍尼僧們回臺後，即可為該派之尼僧教育注入新血。戰後，黃玉霞、黃玉灼姊妹雖未正式出家，但黃玉霞活躍於南部各寺廟，教授日語、佛學。妙慧尼創建白蓮寺，德照尼創辦善光寺、佛學雜誌、禪學研究院等，素道尼也於1953年6月起擔任中國佛教會臺灣省分會屏東縣支會理事宏法委員一職。受過臨濟宗訓練的尼僧們學以致用，亦提升了臺灣尼僧之素質。

第五節　小結

佛教是由佛、法、僧所組成，一教派之興衰、法脈之延續，必定得依賴「僧」之有所作為，僧才之培養必當首先著手。梅山玄秀於建蓋臨濟護國禪寺之時，已擬定好臨濟宗在臺之開教策略——臨濟護國禪寺不僅只是弘揚佛教，以提升臺灣人的佛教素養，希望更能成為培育中國與日本僧侶之道場。護國禪寺於明治44年完成後，第二任住持長谷慈圓於大正3年6月抵臺，為實踐梅山玄秀之布教方針，開始拉攏臺南開元寺、觀音山凌雲寺、嘉義大仙岩共同出資，於大正6年在臺北臨濟護國禪寺設立鎮南學林，招收福建、臺灣的僧侶。且為鞏固與聯絡寺廟之關係，把臺南開元寺、觀音山凌雲寺納為臨濟宗妙心寺派的末寺，並破例賜予妙心寺派的法階給釋傳芳等多位當時臺灣佛教界重要僧侶。亦延請道友會之仕紳支援鎮南學林的經費。

然而囿於當時臺灣人對僧侶社會地位的態度、經營費用、住持更替、教師不足，及教育學制改變等諸多因素，鎮南學林於大正11年8月廢校，這對臨濟宗之布教政策是莫大的挫敗，於是該教派改變布教方向，以臺南開元寺為南部之據點，積極地拉攏各地之寺廟齋堂。

　　昭和7年4月，第八任住持高林玄寶來臺，有著豐富教學經歷的高林，看到臺灣並無實質的僧侶教育機構來培養僧才，在其努力奔走下，於昭和9年正式成立「佛教專修道場」。雖然起初參加者眾多，但仍然面臨到經營之艱困，高林認為最有成效的方式還是需積極地吸收臺灣弟子，送至大本山留學。這些弟子學成歸國後，如臺中寶覺寺的陳玄信，以及曾赴宗榮尼眾學林留學的黃玉灼女士及姊姊黃玉霞女士，廣修禪寺的素道尼，日後都成為臺灣佛教界的中堅分子。

　　除僧侶人才的培育，臨濟宗也於寺院中開設國語講習會，先教導未能受教的民眾，再舉辦佛教講演會進行布教。更將教育延伸至幼兒。大正14年利用星期日之假日開設「日曜學校」，昭和後期更延伸至幼童，於寺院開設保育園、幼稚園，寺院除了是信仰之聖地外，也發揮了社會教育的功能。

第四章
佛教慈愛醫院[1]

　　本章將探討臨濟宗妙心寺派在臺之醫療事業，所以首先介紹日本佛教中之藥師如來佛信仰及佛教醫療救濟的歷程。其次，考究「佛教慈愛醫院」之設立過程，以及與「佛教慈愛院」之關係。繼之，探討從妙心派之大本山迎奉「藥師如來尊像」來臺之意義，也對戰後該院之作為做一瞭解。

　　臨濟宗在臺的學校——鎮南學林雖於大正11年（1922）廢校，但臨濟宗在臺之臺灣人信徒數卻於次年起急速增加，筆者首先整理臨濟宗在臺之聯絡寺廟齋堂數、分析全島之信徒人數，考究該結果與佛教慈愛醫院之設立的關聯性。其次針對佛教慈愛醫院之建設過程，做一詳盡考察，實地探訪找出成立時之記念碑文，並探討在當時以基督教醫院為中心之臺灣醫療環境下，該院所具有之時代意義。

　　宗教是人類精神的寄託，尤其是在人們遭遇生活逆境、病痛難忍時，更會想要尋求信仰之心靈慰藉。「佛教一進入中國，就依其慈悲理想，展開了許多利他行活動。」[2]慈悲喜捨、幫助眾生離苦得樂為佛教基本教義之其中一項，而藥師如來佛的十二大願中，其中第六、七願，即有發願幫助眾人解脫病痛：

1　本章根據〈日治時期臨濟宗妙心寺派在臺之布教——以醫療濟世為主體的布教方式〉口頭發表於2011年10月1日「南山佛教文化研討會」（論文未刊登發行）修改而成。在此銘謝許洋主教授、闞正宗教授賜予寶貴意見。
2　中村元著，江支地譯《慈悲》（臺北，東大，1997）頁154。

> ……第六大願：願我來世得菩提時，若諸有情，其身下劣，諸
> 根不具，醜陋頑愚，盲聾瘖啞，攣躄背僂，白癩顛狂，種種病
> 苦，聞我名已，一切皆得端正黠慧，諸根完具，無諸疾苦。第
> 七大願：願我來世得菩提時，若諸有情，眾病逼切，無救無歸，
> 無醫無藥，無親無家，貧窮多苦，我之名號一經其耳，眾病悉
> 除，身心安樂，家屬資具悉皆豐足，乃至證得無上菩提。[3]

在日本有關藥師如來佛之最早記載，為聖德太子祈求父親用明天皇病癒，而造藥師佛像，奈良法隆寺中祭祀的藥師如來像之光背中，刻有銘文如下：

> ……召於大王天皇與太子而誓，願賜我大御病太平，欲坐故將
> 造寺藥師像作仕奉詔。……[4]

此段銘文說明聖德太子祈禱父親若能病癒，將建造寺廟、藥師佛像，奉獻自我。念誦藥師如來佛號，便能解脫病苦、諸病痊癒、身心安康之信仰，也因聖德太子雕造藥師佛像後，逐漸流傳。之後，藥師寺[5]祭祀的本尊藥師如來佛像，則是為祈求持統天皇之病癒而建蓋的，新藥師寺[6]的藥師如來像，也是祈願聖武天皇眼疾能夠康復，發願建造的。古代日本醫藥不發達，而皇族又多信仰、雕造藥師如來佛像，因此藥師如來佛之信仰廣為盛行，寺廟中也多有祭祀藥師如來佛。

3　《藥師琉璃光如來本願功德經》（CBETA中華電子佛典協會http://www.cbeta.org/result/T14/T14n0450.htm

4　「法隆寺金堂藥師如來像光背銘」，此像為西元623年所造。

5　藥師寺是天武天皇於西元680年發願建蓋，西元697年持統天皇完成本尊藥師如來佛之開眼。之後因平城遷都之關係於西元718年遷移至現在奈良縣奈良市西ノ京町。

6　新藥師寺是光明皇后於天平19年（747），祈願夫婿聖武天皇病癒，於奈良所建蓋。

　　中國史書《史記‧補三皇本紀》中記載神農[7]嚐百草，始有醫藥。道家強調修煉養生。《三國志》中也明記華佗[8]行醫濟世。佛教典籍中也有醫療相關之記載，中國佛教僧侶的救濟事業中，「最值得注意的是治病與貧民救濟」[9]。東晉時代佛圖澄善於醫療，竺法曠遊行村里救治村人疾病。太康9年（288）洛陽發生流行病死者不絕，而訶羅竭竟救治了無數垂死病患。洛陽的安慧以神水醫治病患、羅浮山的單道開則醫治眼疾……等[10]，皆以寺院為中心施療救濟人民。到了唐朝已有僧侶設置病坊，幫助貧苦之人，《唐會要》記載如下：

　　　　……開元五年宋璟奏悲田養病，從長安以來，置使專知，……悲田乃關釋教，此是僧尼職掌，不合定使專知，元宗不許……今緣諸道僧尼盡已還俗，悲田坊無人主領，恐貧病無告……[11]

　　由此引文可知，唐朝已有佛教僧尼設立悲田坊，幫助民眾醫療。
　　日本的史書中，最早有關佛教醫療救濟之記載是聖德太子在四天王寺境內建立「四箇院」，分別是敬田院、施藥院、療病院、悲田院，其中《聖德太子傳曆》之記載如下：

　　　　復四箇院建立意趣，何以識乎？施藥院是令殖一切芝草、藥物之類，順方合藥，隨各所樂，普以施與。療病院是今寄宿，一

7　神農，又稱神農氏，漢族神話人物。傳說中為農業和醫藥之發明者，他遍嘗百草，教人醫療與農耕。
8　華佗（145-208），東漢末年之方士、醫師，事跡見於《後漢書‧方術列傳下》、《三國志‧方技傳》及《華佗別傳》。
9　中村元著、江支地譯，《慈悲》（臺北，東大，1997），頁154。
10　道端良秀，《中国仏教史全集》第1卷（東京，東京都書苑，1985）頁64。（筆者譯）。
11　（宋）王溥，《唐會要》（北京，中華書局，1998），卷49，頁863。

切男女無緣病者，日日養育如師長、父母、病比丘，相順療
治，禁物蒜肉任所願樂，令服差癒，但限日期祈乞三寶至於無
病，莫違戒律努力。悲田院是令寄住貧窮、孤獨、單己、無
賴、日日眷顧莫令致飢渴，若得勇壯強力時可令役仕。四箇院
雜事，其養料物，攝津國、河內國，每國官稻各三千束，以是
供用。而已三箇院國家大基，教法最要，敬田院一切衆生歸
依，湯御、斷惡、修善、速證，無上大菩處也。四箇院建立緣
起，大概如斯，歲次乙卯。[12]

　　日本的社會事業之源流在中國[13]，此「四箇院」為日本最早之佛
教醫療機構，聖德太子開創了佛教醫療之救濟事業[14]。此後，篤信佛
教的光明皇后也為了貧窮孤苦無依之病患發起慈善事業，於「天平2
年（730）在平城京設置施藥院，讓窮病者療養」。[15]日本皇室透過佛
教所發起之救濟事業，發揮了救助貧民之功能。

第一節　佛教慈愛醫院成立之經緯

　　布教之方式，除口頭傳教之外，亦有刊行雜誌、著書以及古典書
籍的翻刻，即所謂文筆傳教或是文書傳道，但這還不算是傳教的全
部，亦有成立感化院、養老院、育兒院、貧民院、施藥局、醫療院、
補習學校、托兒所等，以各種之慈善事業，從事實際事務的活動，都

12　《聖德太子傳曆》收錄於高楠順次郎、望月信亨，《聖德太子御伝叢書》（東京，金
　　尾文淵堂，1942），頁11。（筆者譯）
13　橋川正，《日本仏教と社會事業》（東京，丙午，1925），頁34。（筆者譯）
14　東海宜誠，〈全國佛教大會に關聯して　思ひを黎明の臺灣佛教へ〉，《南瀛佛教會
　　會報》18卷，7期，頁2。
15　渡辺幾治郎，《皇室と社會問題》（東京，文泉社，1925），頁196。（筆者譯）

算是布教的一種。[16]

清咸豐8年（1858）英法聯軍清廷敗北被迫簽定「天津條約」，其中規定開放臺灣南部之安平（臺南）與北部的滬尾（淡水）。之後，清同治4年（1865）英國長老教會之馬雅各醫師（Dr. J. L. Maxwell）來到臺南，6月16日開始行醫及傳道，此為臺灣之西洋醫療傳道的開始。經過一番波折後，於明治33年（1900）在臺南設立基督教醫院。[17]

明治28年（1895）臺灣割讓給日本，明治30年（1897），曹洞宗之布教師佐佐木珍龍即在艋舺開設慈惠院，此院可說是日本佛教宗派在臺灣地區首先之醫療救濟事業，其記載如下：

> 今般艋舺舊街新興宮內設置曹洞宗慈惠醫院 　 附別紙院內親則書於此及申請書
> 　 明治三十年四月三十日
> 　 院主　佐佐木珍龍　印
> 　 院長　森　拳石　　印[18]

但是很可惜，此院只開設一年就結束了。臨濟宗雖也於明治31年（1898）3月，派大崎文溪布教師在澎湖開設了第一個附屬施療院，[19]專治眼疾，但因大崎文溪調回日本而告終。之後，臨濟宗在臺的醫療機構，要至昭和時期才又出現。

---

16 臨濟宗妙心寺派教學部長武井明堂師，〈傳教方法〉，《南瀛佛教》9卷，1號，昭和6年1月1日，頁50。

17 莊永明，《臺灣醫療史，以臺大醫院為主軸》（臺北市，遠流，1998），頁33。

18 〈曹洞宗慈惠院設置屆〉，《宗報》（曹洞宗）18號，頁16。（筆者譯）

19 見第二章第三節。

一 臨濟宗之聯絡寺廟、齋堂持續增加

　　臨濟宗妙心寺派布教師東海宜誠奉大本山之命於大正4年（1915）10月20日來臺，並於大正5年（1916）10月30日至大正7年（1918）10月9日擔任臺灣臨濟宗鎮南學林教師兼舍監，[20]大正9年（1920）5月7日，受臺灣佛教龍華會會長推戴，任臺灣佛教齋教三派合同教團之顧問。大正10年（1921）12月24日，蒙臨濟宗臺灣布教總監，任命為臺灣聯絡寺廟、齋堂、總本部之宗務主事。[21]鎮南學林因後援團體道友會經營不善、學生人數減少之諸多因素，於大正11年（1922）廢校。臨濟宗擔心聯絡寺廟、齋堂會獨立或是被其他宗派所攏絡，於是更加努力保持與聯絡寺廟、齋堂之關係。

（一）昭和 2 年臨濟宗於中、南部的聯絡寺廟、齋堂已超越北部

　　大正12年（1923）4月20日，臨濟宗於臺南開元寺設置「總本部出張南部開教所」（總本部南部出差開教所），東海宜誠以主事之身分在駐。東海宜誠精通臺語，於是更積極努力攏絡臺灣的寺廟、齋堂。大正14年（1925）2月18日，建立高雄州屏東郡屏東街布教所，承高雄州知事三浦碌郎認可。同年10月31日屏東布教所竣立。大正15年（1926）2月23日龍泉寺竣工。同年1月25日臺南市三分子設立臨濟宗總本部教務所，承臺南州知事嘉多孝治認可。[22]臨濟宗當時向全島各地開教狀況之記載如下：

20　澎湖　愚善，〈高僧略歷〉《南瀛佛教》7卷，2號，昭和4年，頁77。
21　東海宜誠，〈經歷書〉，（手稿）。
22　東海宜誠，〈經歷書〉，（手稿）。

臺灣以往之佛教是由南方支那傳來，以宗派系統來說是為禪宗，其大部分為我臨濟宗。以此緣故，大正五年長谷慈圓師首先以道友會之事業，為養成本島僧侶方面之人物，設立鎮南學校。亦在地方上臺北觀音山、嘉義大仙岩、臺南開元寺、竹溪寺、大崗山、超峰寺等，企圖展開與本島重要寺廟之聯絡。此開教之事業，以臨濟寺為總部，漸次向全島各地延伸教線。茲此十年間，現聯絡寺廟齋堂數已達一百零四所。其中，中、南部達八十三所占多數，為一大教團，呈現出網羅臺南、高雄兩州下之重要寺廟的盛況。逐年顯現其親善融合之事實，又各地信徒激增，所到之處信徒兩百人乃至三百人為一團，組織本宗信徒會，寺院、布教所也有自然地建立、新建蓋之氣象。為本島佛教界，且我信徒之共同慶賀之喜事也。[23]

　　臨濟護國禪寺於明治44年（1911）竣工完成，臨濟宗有了此一道場後開始積極布教，第二任總監長谷慈圓於大正5年（1916）起開始拉攏本島重要寺廟之臺北的觀音山凌雲禪寺；嘉義的大仙岩；臺南的開元寺、竹溪寺；高雄的大崗山、超峰寺等，並於大正6年（1917）正式成立鎮南學林。大正15年（1926）10月聯絡之寺廟、齋堂有九十四處、昭和2年（1927）達一百零四所，而其中，中、南部已有八十三所。昭和5年（1930）已達一百二十處的聯絡寺院、齋堂。筆者將其教線延伸發展，整理如下：

---

23 〈臺南所報〉·臨濟宗本島開教況態及佛教慈濟團之創立大會，《圓通》64號，8月號，昭和2年8月10日，頁26。

表4-1-1　臨濟宗妙心寺派在臺之寺院、齋堂的發展數（大正12年至昭和5年）

日期	寺院、齋堂聯絡數目	分布狀況
大正12年（1923）10月26日	63	北部本部12、中部本部20、南部本部10、同第二本部21。
大正14年（1925）3月30日	70餘	從未開過總會。
大正14年（1925）9月15日	-	於臺南開元寺設置總本部宗務所，臨濟宗在臺南州管內有32所。
大正15年（1926）2月10日	93	於臺南開元寺設置總本部宗務所，臺南州34、高雄州27、臺中10州、新竹州6、臺北州16。其中71所在中、南部（臺中、臺南、高雄三州）。
大正15年（1926）10月5日	94	臺北16、新竹3、臺中10、臺南37、高雄28所。本島僧侶、齋友、布教人員46名，日籍開教師17名。
昭和2年（1927）5月19日	-	臺南、高雄之教勢，計兩州下，寺廟、齋堂聯絡數，70餘所實佔全臺三分之二。
昭和2年（1927）8月	104	中、南部寺院有83所。[*]
昭和4年（1929）	110餘所[**]	-
昭和5年（1930）1月11日	120	-

*　見〈臺南所報〉，《圓通》64號，昭和2年8月號，頁26。
**　見澎湖　愚善，〈高僧略歷〉《南瀛佛教》7卷，2號，頁78。筆者整理。
資料來源：《臺灣日日新報》大正12年至昭和5年。「-」為報紙未記載。

　　在上表中值得注意的是，自昭和元年[24]（1926）起，臨濟宗在臺的寺院齋堂聯絡數，不斷逐年成長，尤其是中南部因攏絡齋堂、廟宇的關係，更是大幅增加。中南部之寺院、齋堂聯絡數目已大幅超越北部，昭和2年（1927）臺南、高雄之聯絡數已達三分之二，這代表該派在南部的教勢已超越北部，且持續往南蓬勃發展中。而且各地信徒人數也在增加，各自聚集、結會、組織信徒會。

（二）臺南、高雄之佛教徒籌設平民醫院

　　臺南是臺灣最早開發的地區，當時雖已有臺南州下設置的臺南慈惠院[25]，及基督教會成立的基督教醫院[26]等等醫療救濟機構，但是仍有很多窮人付不起醫藥費。於是臺南、高雄兩州下佛教信徒，有「鑑於貧病人之顛然疾苦，每窮於醫藥，遷延致誤者多有其人，以是共發慈悲心，欲施大願力普濟無告，……」[27]臺南、高雄當地之佛教徒本著慈悲、醫病醫心之信念，大家共同發心出錢出力，幫助貧窮病患，於大正15年（1926）6月8日，在崗山超峰寺之臨濟宗寺廟聯絡大

---

24 1926年至12月25日止，為大正15年。隔日起為昭和元年。

25 〈臺南慈惠院及佛教慈濟團〉，《臺灣日日新報》昭和2年6月7日，日刊，4版：「臺南慈惠院，自大正12年設置診療所，於南市末廣町，為慈善事業之施設。邇來功效頗著。……是不特市民而已，其由地方來求醫者，實繁有徒。蓋該院對於貧病窮民，既不取其醫藥之資，而於中產以下，亦僅微其實費，為之治療，如成人一日分水散藥，祇十五錢，小兒減半，是種社會事業會。貧困細民之受惠，固不待言，中產階級以下患者，得其裨益，良菲淺鮮。臺南州當局，自昨年來，因鑒於鄉村僻壤，貧病民之困苦，特令該院出向近市郡部，為定期巡回診療，迄今年除，收效之速，盡人而知。惜乎範圍廣泛，力所不及，不能日日續行開診，致令鄉民計期待日，殊深盼望，查客年度，診療之患者，實費者有七五、四九一人，施療三、七四三人，計自開設迄今已有二十二萬二千六百五名之多。」

26 現今的新樓醫院。

27 〈佛教慈濟團成立附設醫院不久開辦〉，《臺灣日日新報》昭和2年5月26日，夕刊，4版。

會中提議，設置平民醫院，此為「佛教慈愛醫院」成立之濫觴，其記載如下：

> 臺南市臺人佛教信徒，曩畏圖救貧病人之疾苦，屢設有醫療機關之議。迨昨年乃由竹溪、開元、慎德、西華、德化諸寺院齋堂，出而發起，分途向臺南、高雄兩州，勸募諸善信出資，共設貧民醫院，其經費預算三萬圓。奔走未幾，贊同者眾，現聲明額已達九千圓，遂於數月前具稟兩州當局，請其批准，聞近將許可。去八日發起人及代表，乘九日崗山超峰寺倡開臨濟宗寺廟聯絡大會之機，先一日在該寺開磋商會籌畫一切事宜，竝議再出勸捐，務期達至定額，討論後各無異議，決愈積極進行，該院取名佛教慈愛醫院。擬先置花園町慎德齋堂待基礎鞏固，再擇地建築院宇，醫師聘富有經驗者擔任，藥資貧者施療，餘取半數，當局對於此舉，頗深嘉許。[28]

由上述記載可知，大正14年（1925）起由竹溪、開元、慎德、西華、德化諸寺院齋堂在臺南、高雄等地，經過一年的募款，已共同募集了九千圓之善款，欲建設平民醫院。大正15年（1926）6月8日，在崗山超峰寺的臨濟宗寺廟聯絡大會中，決定再募集經費，並確定命名為「佛教慈愛醫院」，先暫時設立於臺南花園町慎德齋堂，也已報備臺南、高雄兩州當局，待經費募集完備時，再擇地建設醫院。對於貧者免費診療，一般民眾則收取半費，以達到佛教救濟的宗旨，兩州當局也樂見其成。

---

28 〈佛教徒籌設醫院經費豫算三萬圓〉，《臺灣日日新報》大正15年6月13日，夕刊，4版。

　　臺南開元寺於大正6年（1917）成為臨濟宗之末寺，竹溪寺之住持與開元寺眾僧多有師徒關係，因此與開元寺關係深厚的竹溪寺也逐漸進入至臨濟宗之系統中。大正9年（1920）齋教界成立龍華會，欲仿照日本佛教制度成立臺灣齋堂之大本山，東海宜誠雖擔任該龍華會之顧問，但龍華會因成立時間尚短，且齋教界中有派別之分，東海宜誠尚無能力影響龍華會之運作。大正11年（1922）鎮南學林失敗，臨濟宗意識到除了臺灣主要寺廟外，也必須掌握住齋教界之聯絡齋堂。精通臺語的東海宜誠努力布教，到了大正15年（1926），慎德堂、西華堂、德化堂等臺南之齋教系統，也參與佛教慈愛醫院的創建募款，筆者認為藉由此佛教慈愛醫院之設立，臨濟宗可以更鞏固與南部寺廟、齋堂系統的關係。

二　佛教慈愛醫院的創設

　　因寺院、宮廟、齋堂的信仰思想不一，且布教傳道者彼此缺乏聯繫、各自所為，以致無法團結。[29]大正13年（1924），東海宜誠已是臨濟宗南部總本部開教師，也寄望藉由「慈愛醫院」的創設，透過社會醫療救濟事業，來凝聚臨濟宗在南部之勢力，期待成為一大佛教教團，當時的〈佛教慈愛醫院創設及布教團組織趣旨書〉中記載如下：

> ……然本島之佛教，有各地之寺院齋堂，布教傳道者間從來欠缺相互關聯之團結力，致使一教團各自為教，不得宣揚社會的教化之真義，亦不能振興救世之大業，是誠所遺憾也。

---

29 不僅臨濟宗，其他宗派也面臨到此問題。見〈明石總督を訪ふ＝宗教統一の必要を說く〉，《實業之臺灣》大正8年1月1日，108期，頁25-29。

兹幸與本島佛教，同宗、同文、同律，之最密接。有關係者，
臨濟宗為一其總部，設置臺北臨濟護國禪寺，今也聯絡全島布
教寺院之數，已及百有餘信徒亦在各地有激增之盛狀。其中在
臺南、高雄之教勢，計兩州下，寺廟齋堂聯絡者數，正七十餘
實佔全臺三分之二。吾等於兹特與南部兩州下，本宗關係者，
及有志者等，相圖遵照我佛教之本義，體釋尊慈悲之大願，一
欲創設佛教醫院，（為貧窮者給以免費施療，為一般患者給以
半費施療之方便等慈善事業。）一欲組織布教團（各地派遣布
教職員，以行布教演講，教化的事業）以此二大目的。組織成
一教團。欲為圖成利他益世之事業者耳。[30]

由上述之文可知，臺灣北、中、南各地區之寺院、齋堂，各自獨
立互相不聯絡，布教者也未能去整合，因此佛教之真正教義未能廣為
宣揚，臨濟宗在臺之布教事業也無法貫徹。昭和2年（1927），臺南、
高雄之寺院齋堂聯絡數，已達全臺的三分之二，這對臨濟宗來說是一
大好時機，日本與臺灣佛教合作，透過設立佛教醫院，為貧困者免費
施療，一般患者則自付醫療費用之半額。另外，欲宣傳大乘佛教之信
仰，教化民眾，以此兩大目的來組織一教團，此教團即是於開元寺成
立的「佛教慈濟團」。

另外該趣旨書中也提到：

竊思本島人，一般之信仰狀態，雜然不純之信者。輙對神佛為
醫病之要求，往往妄信邪法，昧行不衛生之事，此例蓋實不

尠，此而欲期改善，一由宗教方面從而啟導，較為得力，同時一面對醫療上，併為經濟的設施，或者施療亦不可不具備思維啟導，與設施承宜，兩兩相併行為，是為佛教醫院，特設之主旨者此耳。

更進而想及本島近來之思想界，外觀雖似文化之進展，然受思想之感染實欠真實之精神。道義之頹廢，人心之不良化，不知不覺日趨日危有一一枚舉之不遑者。此而欲圖善化，振肅世道，依日本、臺灣佛教之提攜協力，以之普遍佛門宗旨之真義、自信，在乎使民眾涵養堅實之信念，是即本教團縱橫盡致。一方高唱大乘佛教之真旨，一方遵照教育勅語精神作興，（道德涵養）之聖旨欲以為地方人心之啟導，用資善化俾及於正，是為布教團組織之主意者此耳。[31]

「臺灣以中國為祖的關係，其習慣相當迷信，作任何事都要祈禱、消災解厄。」[32]由於智識教育低落，對生活時常感到不安也不知道自己的弱點。醫療不發達，使得臺民仍停留在神佛治病的觀念，妄信消災解厄及祈禱，祈求現世利益之迷信信仰。所以臨濟宗欲透過佛教醫療來改善民眾生病要就醫之觀念，教導佛教教義，以明治天皇所頒布的教育敕語[33]來提升臺民的思想精神、道德水準。

---

31 〈佛教慈愛醫院創設及布教團組織趣旨書〉，《臺灣日日新報》昭和2年5月19日，夕刊，4版。（筆者譯）

32 《南瀛佛教》10卷，8號，昭和7年10月，頁15。

33 教育敕語的主要目的，是因當時的日本教育過於偏重介紹歐美的文物，而疏忽了日本固有的道德教育，明治天皇於昭和23年10月30日頒布，要求學生也必須培養自身的道德與修養。昭和時期是臺灣小學生在固定慶典時必朗誦的訓文。內容為：「朕惟我皇祖皇宗，肇國宏遠，樹德深厚。我臣民，克忠克孝，億兆一心，世濟其美。此我國體之精華，而教育之淵源，亦實存乎此。爾臣民，孝于父母，友于兄弟，夫婦相和，朋友相信，恭儉持己，博愛及眾，修學習業，以啟發智能，成就德器。進

第二節　設立佛教慈濟團以籌建佛教慈愛醫院

　　要設立醫院且妥善掌握資金收支，需要有一專門的負責團體。臨濟宗在明治31年曾於澎湖興辦施療院，但僅只是大崎文溪以個人布教師之力，聘請軍醫於布教所幫忙民眾治病。然而此次是臺南、高雄之臺灣人信徒自己發起，欲建設醫療機構。由於大部份的人都沒有接觸過醫院事業，且此醫療事業更關係著臨濟宗必須結合南部教勢之布教重責，於是臨濟宗決議設立佛教慈濟團，負責佛教慈愛醫院的募款和布教團事業的進行。

一　佛教慈濟團成立大會

　　大正15年起，臨濟宗南部各寺院及熱心民眾等，有鑑於時代之需要，體念佛陀慈悲救世之本願，乃發起創設佛教醫院。[34]昭和2年5月22日，臨濟宗南部各寺院及諸熱心民眾等，於下午1時起在開元寺開會。創設之經過如下：

> ……出席者有七十餘名，列席來賓有吉田布教總監、及酒井臺南教育課長、今潭警察署長、其他各位。初由東海委員長述明前記事業創設之趣旨，為開會辭，即行議事。決議種種事項並對諸募集者，交付募集書類，可以向各方面之善信募集捐獻

廣公益，開世務，常重國憲，遵國法，一旦緩急，則義勇奉公，以扶翼天壤無窮之皇運。如是者，不獨為朕忠良臣民，又足以顯彰爾祖先之遺風矣。斯道也，實我皇祖皇宗之遺訓，而子孫臣民之所當遵守，通諸古今而不謬，施諸中外而不悖。朕庶幾與爾臣民，俱拳拳服膺，咸一其德。」森清人《教育勅語謹話》，東京，直靈出版，昭和18年序文及頁8。

34　〈佛教慈濟團設立大會〉，《臺灣日日新報》，昭和2年5月27日，夕刊，4版。

金。議定該團名稱，稱為「佛教慈濟團」，立宣言三條。

一、吾人要基實相大乘佛教之宗旨，興法濟生，以期民眾之身
　　心得安寧，增進共榮之福祉。

二、吾人要奉體佛陀大慈悲心之本願，互相扶助之精神，以期
　　實行社會事業。

三、吾人要改善從來所妄信宗教的弊習，以圖佛教真義之振
　　興。[35]

　　由此引文可知佛教慈濟團有三項主旨：第一目的是弘揚正信佛法，使人人皆能身心安康。第二目的為奉行佛陀慈悲之願互助互持，實現社會慈善事業。臺灣人自古多迷信，凶吉禍福等觀念充斥於社會百般生活中，為自己利益向神佛祈禱，深信其目的能達成。對於疾病相信也可依祈願、法術等方式求得病癒，而流傳此類迷信的治療法。[36]所以佛教慈濟團之第三個目的，即是要破除臺灣人的宗教巫術治病之陋俗。

　　成立佛教慈濟團的目的，最主要就是要建蓋佛教醫院，幫民眾治病，於是在該佛教慈濟團創立大會中，交予各負責者有關募款之文件，以便向各方信徒募金。創立此會之前，臨濟宗已向官廳申請，並獲准以佛教慈濟團之名義募得建蓋佛教醫院之費用，有關事業之進行，說明如下：

　　　至於該事業之進行，乃欲從布教先著手。來月間（下個月
　　　中），決定派出布教職員。向高雄、臺南兩州下，巡迴講演其
　　　醫院之建設。當俟募集費有三分之一納入，即隨時著手。然若

35　〈佛教慈濟團設立大會〉，《臺灣日日新報》，昭和2年5月27日，夕刊，4版。
36　杵淵義房，《臺灣社會事業史》（內湖庄（臺北州），德友會，1940），頁257。

募集上，致有延緩，則定來年四月間決要建設實施。而創辦事
業役員仍照從前所選舉，諸氏選任之如下：實行正委員長東海
宜誠、同副委員長許清江。庶務部委員（兼）許清江、同黃宗
岳、同魏得圓、同陳徹淨、同龔宗。會計部委員鄭玉記。布教
部委員魏得圓。……[37]

　　佛教慈濟團由布教方式進行募款，派遣布教人員於臺南、高雄巡
迴講演，宣傳欲建設佛教慈愛醫院，請信徒共襄盛舉贊助捐款。募資
達目標的三分之一，即一萬圓時則立即建設醫院。即使募資未達理
想，也會於翌年（昭和3年）4月動工。創設之部門分有實行部、庶務
部、會計部和布教部。東海宜誠為實行正委員長。相關委員另有許清
江、黃宗岳、魏得圓、陳徹淨、龔宗、鄭玉記等人。

（一）於報紙宣傳募集經費

　　當時要募集三萬圓龐大之金額並非易事，且大正13年8月，開元
寺曾發生寺產問題，[38]有鑑於此，臨濟宗要向信徒募款，更須明確交
代資金動向，才不致有宗教斂財之嫌，造成民眾反感。昭和2年5月19
日，佛教慈濟團於《臺灣日日新報》刊登募款條文明文規定其募款之
由，且須開立收據詳記資金明細，以便得到當局准予募款的許可，其
募款條文規定如下：

　　　捐贈金募集許可條目
　　　一、募集目的

37　〈佛教慈濟團設立大會〉，《臺灣日日新報》昭和2年5月27日，夕刊，4版。

38　當時開元寺有發過生寺產問題，見〈開元寺財產問題〉，《臺灣日日新報》大正13年
　　8月4日，夕刊，4版。〈開元管理紛糾〉，《臺灣日日新報》，大正13年8月20日，日
　　刊，4版。

今回依臨濟宗聯絡寺院、齋堂等及熱心者出為發起，為創設佛教（慈愛）醫院，並組織布教傳道事業，故欲募捐以充其事業費及基本金。

二、募集方法

募集者募集各地方熱心者之喜捨金。逐一交付領收證。以明其收支。

三、要募集之金品種類

（一）金三萬圓也。

四、募集區域

臺南州、高雄州，二州之管內。

五、募集期間

許可後滿三個年。

六、募集金品處分之方法並期間

甲、募集金全額三萬圓。其中醫院創設費三千圓。事業進行費九百圓。醫院及布教團費（兩個年）三千六百圓。預備費五百圓。醫院建築費積立金二千圓，其餘二萬圓為基本金。設立財團法人依之以為醫院布教團事業之維持經費。

乙、募集許可後三個年六月。

七、收支預算

收入金參萬圓也，支出金參萬圓也。

八、募集事務所

「臺南州下」置於臺南市三分子一五〇番地，開元寺臨濟宗總本部事務所內。

「高雄州下」置於高雄市內惟字內惟五四三番地，龍泉寺內。[39]

39　〈佛教慈愛醫院創設及布教團組織趣旨書〉，《臺灣日日新報》昭和2年5月19日，夕刊，4版。

圖4-2-1　龍泉寺日治時期的地籍資料

資料來源：感謝高雄鹽埕地政事務所協助。筆者於2015年4月查閱。

　　其中需要留意的是第六條的甲款中，有一項布教團費，可明確地得知：在建蓋醫院的同時，亦行布教事業，並成立財團法人，以確保維持醫院布教團事業之經費。筆者就佛教慈愛醫院第六條募款金額之明細費用，分析如圖4-2-2所示：

圖4-2-2　佛教慈愛醫院之「捐贈金募集許可條目」中，第六條「募集金品處分之方法並期間」的金額明細內容

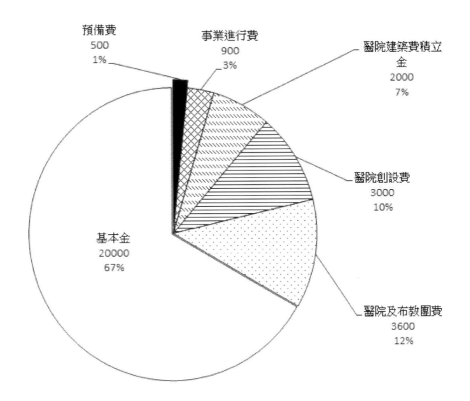

資料來源：〈佛教慈愛醫院創設及布教團組織趣旨書〉，《臺灣日日新報》昭和2年5月19日，夕刊，4版。筆者繪製。（單位：圓）。

布教團欲向民眾募款三萬圓，其中兩萬圓用在日後成立財團法人，作為維持醫院及布教團事業之經費。東海宜誠經歷過鎮南學林因道友會之募款不順，維持費用不足而導致廢校，所以將募款金額的三分之二作為基本金，勿再重蹈鎮南學林的前車之鑑。其次醫院及布教團費三千六百圓佔了總額12%，而醫院之建築費二千圓與創設費三千圓佔總金額的7%、10%。其餘事業進行費九百圓，預備費五百圓。佛教慈愛醫院成立後，必須要能確保維持經營之費用。

（二）佛教慈濟團慈善托缽募款

臨濟宗南部寺院齋堂及有志之士於昭和12年5月22日在開元寺成立佛教慈濟團，欲創設佛教慈愛醫院，興利施療事業，且為組織布教傳道團，紛紛向各地之熱心民眾募集事業費捐款金，聯合關係寺院住持、齋堂道友等，於昭和13年3月4日舉行第一回聯合托缽。其記載如下：

> 當日首先於開元寺集合，共計十八名之圓帽、黑衣行缽姿之僧眾，於正殿前本尊誦經然後發錫，前往臺南神社參拜，誦鎮守諷經，繼之向州長官邸行缽，片山臺南州州長對其一行鼓勵督促後，喜捨淨財一封。上午一行於市中各町托缽，中午於高島愛生堂接受午食供應後，於慎德堂散會。此行托缽所得全部為公益，稻米施與貧困者，金錢一切捐贈予本團事業施療院。每月行缽兩回，為期一年。每回東海宜誠開教師、魏得圓師、釋存義、妙元、各師、其他開元寺常住僧眾多數亦參加，臺南市內西華堂、德化堂、竹溪寺之各所亦參加實行為由。
> 另行缽當夜或前夜，若遇市內之適所有舉行佛教演講會，為資民眾精神之教化，只停止此市內托缽，但適逢於屏東、高雄、嘉

義等市街之際，目睹此舉，可使一般民眾感到佛法之興盛。[40]

昭和3年3月4日，佛教慈濟團之相關人士十八名，頭戴圓帽、身著黑色袈裟，集合於開元寺正殿誦經之後，至臺南神社參拜唱誦鎮守經文，接著向臺南州片山州長托鉢，然後一行人於市中各區行鉢。中午於高島愛生堂用餐後，於慎德堂解散。其中民眾捐獻的稻米則贈予貧困者，錢財則贈予佛教慈濟團，為建設醫院之基金。但若遇當日或前一日夜間有佛教演講，則停止托鉢。

然佛教慈濟團每月兩次於臺南市的托鉢募款，並不順利。4月9日開元寺僧眾再次出遊行鉢，「然既非沿門求助，欲俾自行捐施者，意外少數。聞自舉行以來，成績不佳。」[41]臨濟宗必須再想出對策，以解決建設佛教醫院之資金。

二　佛教慈濟團開總會協議

由於募款創設醫院之事業並不順利，於是佛教慈濟團於昭和3年7月10日，在臨濟宗佛教慈濟團本部之臺南市開元寺內開總會協議，討論變更計畫。且欲增設分院，以提供更多的醫療服務。會議內容如下：

……該開團發起人及關係者全部總會。協議如左：

一、關於本團事業計畫變更之件。

二、各地方施療分施之件。

三、其他重要事項。

40　〈佛教慈濟團慈善托鉢〉，《圓通》73號，5月號，昭和3年5月10日，頁37。

41　〈僧眾托鉢〉，《臺灣日日新報》昭和3年4月16日，夕刊，4版。

該關係者全部三百名。即臺南、高雄兩州下寺廟齋堂等云。[42]

原本籌劃透過布教托缽、巡迴演講來募款，但民眾捐款不踴躍，於是臨濟宗更改計畫。此變更之計畫，應是指變更建設醫院的地點，其記載如下：

> 臺南、高雄兩州下臨濟宗聯絡寺院、齋堂，及熱心家發起之下。組織佛教慈濟團。……開設佛教慈愛醫院。該院本預定設在臺南，旋擇新開地勞動者較多之高雄市。[43]

臺南原本就有官方的慈惠院，也有「既有基督教醫院之施設」[44]。佛教慈愛醫院若蓋在臺南，臨濟宗欲發揚的佛教之救濟特色不知能否完全發揮。而且民眾會與基督教的醫院做比較，討論其醫療效果差異。與其蓋在臺南，倒不如改設於新開發地，即勞動人口較多之高雄市。筆者就總督府之記載，比對大正12至昭和17年（1923-1942）臨濟宗於各州、廳之臺籍信徒數及日籍信徒數比對，請見圖4-2-3「大正12年至昭和17年（1923-1942，頁435）臨濟宗各州、廳之臺籍信徒總數比對」（附於文末「彩色圖表」，頁430）、圖4-2-4「大正12年至昭和17年（1923-1942）臨濟宗各州、廳之臺籍信徒與日籍信徒總數比對」。

---

42 〈佛教慈濟團開總會協議〉，《臺灣日日新報》昭和3年7月8日，夕刊，4版。
43 〈佛教慈愛醫院施療事業概況〉，《臺灣日日新報》昭和4年4月27日，夕刊，4版。
44 《南瀛佛教》7卷，3號，昭和4年5月25日，頁58。

圖4-2-4　大正12年至昭和17年（1923-1942）臨濟宗各州、廳之臺籍信徒與日籍信徒總數比對（單位：人）

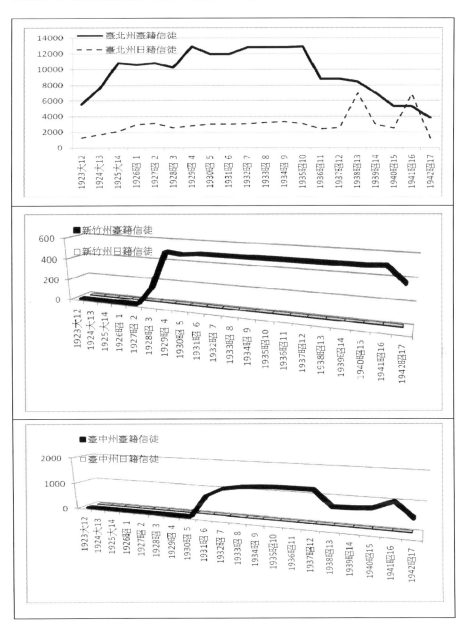

圖4-2-4（續）

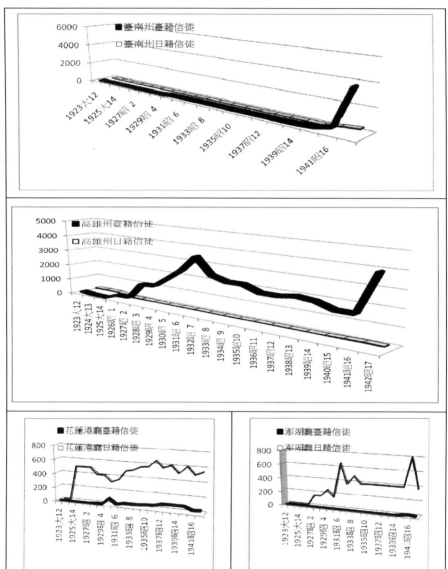

資料來源：歷年《臺灣總督府統計書》數據請見附錄表七：大正12年至昭和17年
（1923-1942）臨濟宗於各州、廳之信徒數。

　　有關臨濟宗在全島的臺灣人信徒數，以圖4-2-3「大正12年至昭和17年（1923-1942）臨濟宗各州、廳之臺籍信徒總數比對」（見頁430）來看，很明顯的臨濟宗在臺北州的信徒數最多，大幅超越其他州廳，這與臨濟宗以臺北之臨濟護國禪寺為據點有關。而新竹州、臺中州、臺南州，花蓮港廳、澎湖廳之臺籍信徒數皆很少。高雄州的臺籍信徒在昭和2年有350人，但昭和3年時突然增加到1,350人，筆者認為這應該與建蓋佛教慈愛醫院有關。昭和4年有1,420人，同年4月慈愛醫院開始幫忙民眾醫療，昭和5年臺籍信徒則增為2,030人。

　　其中再細分臨濟宗在各州、廳之臺籍與日籍信徒比例，以圖4-2-4「大正12年至昭和17年（1923-1942）臨濟宗各州、廳之臺籍信徒與日籍信徒總數比對」，在臺北州臺籍信徒一直是多於日籍信徒；而新竹州要到昭和2年、臺中州要到昭和5年，臺籍信徒才開始多於日籍信徒；臺南州要到昭和16年臺籍信徒才開始激增，超越日籍信徒。高雄州的臺籍信徒於昭和元年開始多於日籍信徒；花蓮港廳、澎湖廳則是日籍信徒居多。由此可以推知，臨濟宗對臺籍信徒布教之教線，應是以臺北向南延伸至新竹、臺中，但是臺南的信徒數一直沒有增加，而高雄則是由昭和初年開始增加。花蓮及澎湖則以日籍信徒為重心。

　　明治41年，臺灣南北鐵路完成。昭和初年，高雄的工商發展、人口數已逐漸超越臺南。高雄的未來發展性超過臺南，而且東海宜誠為高雄龍泉禪寺之負責人，筆者認為此二點也有可能是臨濟宗考量將慈愛醫院改設於高雄的因素。此外，也和臺南開元寺的僧侶們，是否皆能全力支持東海宜誠有關。[45]

45　「東海宜誠與開元寺之關係」可參考江燦騰，〈日據時期臨濟宗妙心寺派日僧東海宣誠來台經營佛教事業的策略及其成效〉（一）、（二）《妙林》9卷1月號，1997年，頁37-40。2月號，頁23-27。〈日治時期高雄佛教發展與東海宜誠〉，《中華佛學學報》卷16，2003年7月，頁211-231。胎中千鶴，〈日本統治期台灣における臨濟宗妙

〈佛教慈愛醫院施療事業概況〉中除了提到變更設置醫院的地點外，亦決定將醫治事業分療至各地方，筆者認為此舉應是想藉由擴大醫療地區，讓更多的民眾知道將設置佛教醫院，希望有更多的民眾幫忙捐款。

其次，筆者就在臺之主力教派的真宗本願寺派、曹洞宗、臨濟宗，在臺南及高雄的臺籍信徒作比對，請見圖4-2-5及4-2-6：

圖4-2-5　大正12年至昭和17年（1923-1942）真宗本願寺派、曹洞宗、臨濟宗，在臺南的臺籍信徒總數比對

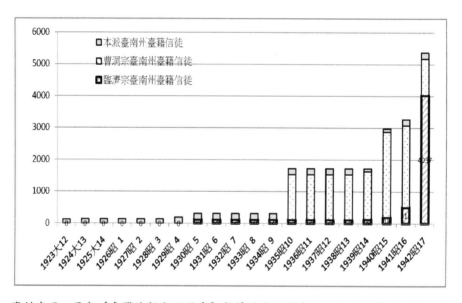

資料來源：歷年《臺灣總督府統計書》數據請見附錄表六：大正12年至昭和17年（1923-1942）臨濟宗於各州、廳之臺籍、日籍信徒數。附錄表七：大正12年至昭和17年（1923-1942）曹洞宗、真宗本願寺派於臺南州、高雄州之臺籍信徒數。

心寺派の活動——1920～30年代を中心に——〉，《台灣史研究》第16號，1998年。
　　王見川〈略論日僧東海宜誠及其在台之佛教事業〉，《圓光佛學學報》第3期，1999年3月，頁357-382。

圖4-2-6　大正12年至昭和17年（1923-1942）真宗本願寺派、曹洞宗、臨濟宗，在高雄的臺籍信徒總數比對

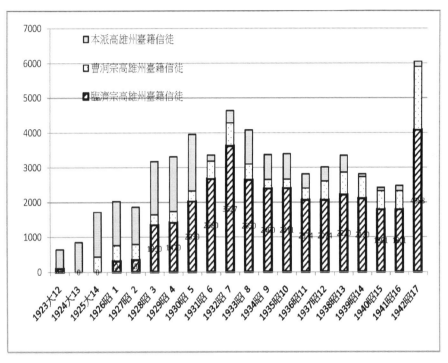

資料來源：歷年《臺灣總督府統計書》數據請見附錄表六：大正12年至昭和17年（1923-1942）臨濟宗於各州、廳之臺籍、日籍信徒數。附錄表七：大正12年至昭和17年（1923-1942）曹洞宗、真宗本願寺派於臺南州、高雄州之臺籍信徒數。

　　以圖4-2-5「大正12年至昭和17年（1923-1942）真宗本願寺派、曹洞宗、臨濟宗，在臺南的臺籍信徒總數比對」及圖4-2-6「大正12年至昭和17年（1923-1942）真宗本願寺派、曹洞宗、臨濟宗，在高雄的臺籍信徒總數比對」可以看出雖以臺南開元寺當作據點，至昭和4年止，臨濟宗在臺南的臺籍信徒數據幾乎微乎其微，昭和3年3月4日，臨濟宗於臺南，為建蓋慈愛醫院籌設經費，所舉行的第一回聯合托缽，成績不理想，或許與臨濟宗在臺南的信徒數有關係。而昭和3

年臨濟宗在高雄的臺籍信徒總數雖比真宗本願寺派少，但也有一千三百多人，慈愛醫院「本預定設在臺南，旋擇新開地勞動者較多之高雄市。」[46]筆者認為除了臺南已經有基督教醫院之因素外，高雄的臨濟宗信徒人數眾多，才是能支持慈愛醫院發展的最大原因。

第三節　佛教慈愛醫院之醫療事業

大正14年臺南、高雄之臨濟宗信徒欲籌建平民醫院，經過數年之努力，佛教慈愛醫院於昭和4年在高雄開院。

一　佛教慈愛醫院開院

經東海宜誠的奔走下，佛教慈愛醫院獲得臺南、高雄兩州知事之准許，4月1日於高雄市鹽埕町開院。

（一）佛教慈愛醫院於高雄市鹽埕町開院

佛教慈濟團在昭和4年4月以「事業資金六千八百圓」[47]，創設慈愛醫院，2日起開始為民眾診療，《臺灣日日新報》記載如下：

> ……此次籌設慈愛醫院於高雄市鹽埕町一丁目高雄旅館前，已得臺南、高雄兩州知事許可，來四月一日午後三時，將舉開院式，二日起開始施療事業。醫師乃楠梓洪瑞西氏，每日午後二時至午後六時，以犧牲的從事診療。一般患者，徵收藥價普通

---

46 〈佛教慈愛醫院施療事業概況〉，《臺灣日日新報》，昭和4年4月27日，夕刊，4版。
47 〈佛教慈愛院業務狀勢〉，《宗報》（臨濟宗），昭和10年7月22日，頁4。

半額，對貧困者乃給施療券，無料診療。[48]

　　楠梓的洪瑞西[49]醫師，贊同該事業以使民眾身心安康為主旨，為該院專任醫師無償幫忙診療，每日下午2時至6時對病人義務治療。日本大學醫學士陳文元也為該院之醫生，負責院內治療，內外科皆已備妥。慈愛醫院為完成佛陀慈悲救濟眾生之宏願，對一般患者只收半價醫藥費，幼兒則收一毛。另在高雄市「稚寮、內帷、旗後、鹽埕、田町等各方面」[50]則置介紹者，以「黃慶雲、林迦、李天輝、蔡真、蔡智成諸氏擔當云。」[51]頒予施療證，主動發現需要照顧的貧民病患，免費為之施療。[52]但此診療事業尚屬草創，醫院設備尚未齊全，於是「高雄之林迦、黃慶雲、胡知頭、蔡真諸氏將慨捐巨金，建新舍於同市。」[53]患者之人數日漸增加，待一個月後擬行終日或夜間之診療。[54]由於就醫人數持續增加，《臺灣日日新報》之記載如下：

　　　　高雄市鹽埕町佛教慈愛醫院，昨年四月一日開院，對一般患者徵收半價，貧者施療。開院當時至九月十五日，每日午後二時起至六時之間診療。自九月十六日起至今，則皆自午前八時起至午後五時診療一般患者延人口五千四百九十六名，藥價收入

48　〈佛教慈濟團　設慈愛醫院於高雄　開辦施療事業　四月一日將舉開院式〉，《臺灣日日新報》，昭和4年3月30日，日刊，6版。

49　「佛教慈愛醫院」首任院長。

50　〈佛教慈愛醫院施療事業概況〉，《臺灣日日新報》，昭和4年4月27日，夕刊，4版。

51　〈佛教慈濟團　設慈愛醫院於高雄　開辦施療事業　四月一日將舉開院式〉，《臺灣日日新報》昭和4年3月30日，日刊，6版。

52　〈佛教慈愛醫院施療事業概況〉，《臺灣日日新報》，昭和4年4月27日，夕刊，4版。

53　〈佛教慈濟團籌建施療醫病　工費由篤志樂捐〉，《臺灣日日新報》，昭和4年4月5日，日刊，4版。

54　〈佛教慈愛醫院施療事業概況〉，《臺灣日日新報》，昭和4年4月27日，夕刊，4版。

一千九百六十五圓，免費病患七百六名。金額三百五十七圓，
聞佛教慈濟團四年度收入三千二百七十七圓，支出四千六百四
十一圓，不足由前年度收納金補充。本團寄附金一萬三百三十
五圓，內支出四千九百四十二圓，現存五千三百九十二圓餘。
貯存於高雄興業信組開辦後對於貧病者多所貢獻。不失慈濟本
旨云。[55]

筆者將其整理如表4-3-1及表4-3-2所示：

表4-3-1　佛教慈愛醫院昭和4至5年度（1929-1930）之看診人數

診療日數		共計295日	
看診期間	看診時間	一般患者	免費醫治
1929年4月1日-1929年9月15日	午後2-6時	-	-
1929年9月16日-1930年2月3日	午前8時-午後5時	-	-
人次		5,496人	706人
共計人次		6,202人	

資料來源：〈高雄佛教慈愛醫院一般藥價平減貧者施療踴躍捐輸者踵相接〉《臺灣日日新報》，昭和5年2月3日，日刊，4版。《南瀛佛教》8卷，3號，昭和5年3月1日，頁40。筆者整理。

---

55 〈高雄佛教慈愛醫院一般藥價平減貧者施療踴躍捐輸者踵相接〉，《臺灣日日新報》昭和5年2月3日，日刊，4版。

表4-3-2　佛教慈愛醫院昭和4年度（1929）之收入與支出明細

藥價	收入	1,965圓
1929年度	收入	3,277圓
	支出	4,641圓（不足由1928年度補足）
慈濟團捐贈		10,335圓
	支出	4,942圓
現存		5,392圓

資料來源：〈高雄佛教慈愛醫院一般藥價平減貧者施療踴躍捐輸者踵相接〉《臺灣日日新報》，昭和5年2月3日，日刊，4版。

　　醫舍雖是臨時搭建，醫療設備也未齊全，一切尚在草創期，但醫療人員不畏炎日，洪瑞西醫生也不支薪地提供醫療服務，到昭和14年底已治療多達3,400百位的病患，其中「一般實費患者三千二百四十五名，免費病患二百二十七名」[56]，佛教慈愛醫院雖免費治療貧民，但實費患者卻是免費患者的十四倍多，顯示當地之一般民眾是非常需要醫療服務。於是「欲革正從前宗務制度，專圖布教傳道振興」[57]之臨濟宗護國禪寺第七任布教總監坂上鈍外，於昭和15年1月12日午後1時，在臺南市開元寺內舉行中南部聯絡寺廟齋堂會議，召集寺廟、齋堂主及布教職員，……其中附議事項有討論佛教慈濟團，該記載如下：

　　佛教慈濟團所關諸件：
　　一、醫院建物土地及建築所關
　　二、募集金所關

<hr>

56　〈佛教慈愛醫院籌建院舍〉，《臺灣日日新報》，昭和5年8月9日，日刊，4版。
57　〈中南部寺廟宗務會議　十二日開於臺南開元寺　附議佛教慈濟團事項〉，《臺灣日日新報》，昭和5年1月11日，日刊，4版。

　　三、應用活動寫真布教

　　四、提議其他重娶事項[58]

　　其中第一項討論醫院建物土地及建築，可知佛教慈濟團積極地另外再尋找更適合的地點，欲建蓋更舒適的醫院，以提供更好的治療。

表4-3-3　佛教慈愛院診療之昭和5年度（1930）診療統計書（昭和5年自1月1日至12月末日）

月別	診療日數	一般患者數	施療患者數	藥費收入（圓）	藥料施療（圓）
1月	24	384	46	158.86	21.85
2月	23	407	55	163.80	23.31
3月	25	481	42	184.99	17.87
4月	24	507	29	240.85	9.73
5月	27	710	40	291.30	14.30
6月	24	751	15	331.34	5.48
7月	27	904	46	353.32	22.78
8月	26	866	26	324.46	12.82
9月	25	958	44	356.23	17.73
10月	25	990	76	385.17	27.71
11月	24	887	68	323.72	38.58
12月	26	841	59	302.94	22.44
合計	300	8,691	546	3,416.98	234.60

資料來源：《宗報》（臨濟宗）昭和6年3月1日，頁10。該原文中「一般患者數」為：8,691人，但筆者計算後應為：8,686人。

---

58 〈中南部寺廟宗務會議　十二日開於臺南開元寺　附議佛教慈濟團事項〉，《臺灣日日新報》昭和5年1月11日，日刊，4版。重「娶」事項，可能是誤字，應為重「要」事項。

表4-3-4　昭和5年度（1930）收支決算報告（單位：圓）

收入			支出		
		10,737.84			5,813.47
明細	捐款收入（臺南州下）	492	明細	醫院經費	4,786.28
	同上　　（高雄州下）	760		事業進行費	393.89
	醫院藥費收入	3,416.86		布教傳道費	133.60
	存款利息	676.22		預備費	499.60
	前年度結餘金	5,392.76			
			其中400圓為醫院建設土地收買費		
			計算收入與支出後剩餘金4924圓37錢		
詳細明記於全部會計簿，現金預存於高雄興業信用組合。					
			如上之所記無違　本間會計		

資料來源：《宗報》（臨濟宗）昭和6年3月1日，頁11。該原文中「支出總額」為：5,813.47，但筆者計算後應為：5,813.37。

表4-3-5　佛教慈濟團昭和5年度（1930）之捐獻者芳名（單位：圓）

臺南州管內之部			高雄州管內之部		
芳名	地區	金額	芳名	地區	金額
魏得圓	臺南開元寺住持	200	楊春安	高雄	50
黃啟耀	臺南	50	韓哲卿	里港	50
謝來成		40	盧超偉	屏東	20
鄭暮祥		6	陳　亂	高雄	30
曾氏顏		20	邱氏竹妹	舊潭頭	20
曾來輝		15	莊氏阿隨	里港	150
林硬鼻		2	黃　格	高雄	100
張元治		5	王氏痛		50
劉進丁		4	蔡智成	高雄	50

表4-3-5（續）

臺南州管內之部			高雄州管內之部		
芳名	地區	金額	芳名	地區	金額
張夏漢		10	洪阿元	半見	20
林獅		3	陳 糞		10
張能		5	陳自然		100
林遠		100	蕭有涼		100
蘇氏月		7	林安喜		10
林 棺		3			
李生地		6			
林 獅		2			
林 牛		4			
曾 雨		10			
		計492圓			計760圓

資料來源：《宗報》（臨濟宗）昭和6年3月1日，頁12-14。

　　佛教慈愛醫院雖才開院不久，其醫療救濟事業卻已受到民眾的肯定，而負責醫院運作的慈濟團也明確交代財政收支，以確保醫院的經營，取信於大眾。

> 昭和四年四月一日起佛教慈愛醫院開始診療，至今是有一年十個月，而經過事業頗稱順調，醫院長洪瑞西氏，熱心努力診療，現下狀況患者每日略計三、四十名，勿論高雄市民，及州廳、督府、當局、俱認定該事業為民眾一般之裨益，故得臺灣社會事業協會，助成金下附內達，本團特對該協會、申請、補助金貳千圓也。[59]

---

[59]〈臺中州方面委員聯盟臺中市〉，《方面時報》18期，昭和11年5月20日，頁24。

　　該院受到政府的認同，於昭和6年起每年的2月11日紀元節時都拜受宮內省御賜金三百圓[60]，也向社會事業協會申請補助金，以確保資金可有基本的固定收入來源。

（二）於北野町籌建新院舍

　　因天氣炎熱、病患激增、醫療設備尚未完全等[61]因素，於是在昭和5年底，佛教慈濟團計畫購置高雄市北野町之土地，建蓋可容納兩百名病人之大醫院，提供更完善的醫療。

　　取之社會、用之於社會，佛教慈愛醫院的醫療行為獲得政府肯定，每年可得補助金，作為基本財政收入，佛教慈愛醫院經營三年後，佛教慈濟團於昭和7年捐獻出所有財產，而高雄市林迦、蔡真、蔡生、黃慶雲、胡知頭等諸善士之出資，及國庫之補助金，於高雄市北野町一丁目三二番地（現今之高雄市鹽埕區建國四路303號）建蓋醫舍。[62]

> ……故本院急謀建築，幸得高雄市內慈善家蔡真、黃慶雲、林迦、胡知頭、蔡生諸氏等，負擔慈愛院建設全部工事費，以達本團之慈愛目的。其工事目下計畫進行，而建設用地，已對土地會社買收北野町一丁目廿二番地（筆者查閱應為三二番地）、百七十四坪、每坪價格廿五圓、計金四千參百五拾圓，該工事豫定今春著手，建築設計，樓下（一樓）充作醫院，分設內科、外科、研究室、事務所、宿直室、看護婦室、患者收容室、（收容約二十名）其他專務醫師宿舍、倉庫、炊事場、便所、

60　〈臺中州方面委員聯盟臺中市〉，《方面時報》18期，昭和11年5月20日，頁24。

61　〈佛教慈愛醫院籌建院舍〉，《臺灣日日新報》，昭和5年8月9日，日刊，4版。

62　〈佛教慈愛院業務狀勢〉，《宗報》（臨濟宗），昭和10年7月22日，頁4。

浴室、壽終室、及附屬建物設備。樓上（二樓）充作大講堂，正殿供奉佛像，此所能容的三百人之坐位，可謂大講演場矣。本院建設地，在北野、鹽埕兩町之中央，使患者往來裨極便利，同地建設完成，是我佛教界、社會民衆之大幸福，為圖共存共榮之策，不得不謀建廣大堅固之醫院，亦蒙諸慈善家捐資成美。本團關係者，故勿論以後仰望一般有志者對於斯業，希冀越發贊襄，無不勝禱盼。[63]

圖4-3-1　佛教慈愛院之日治時期地籍資料

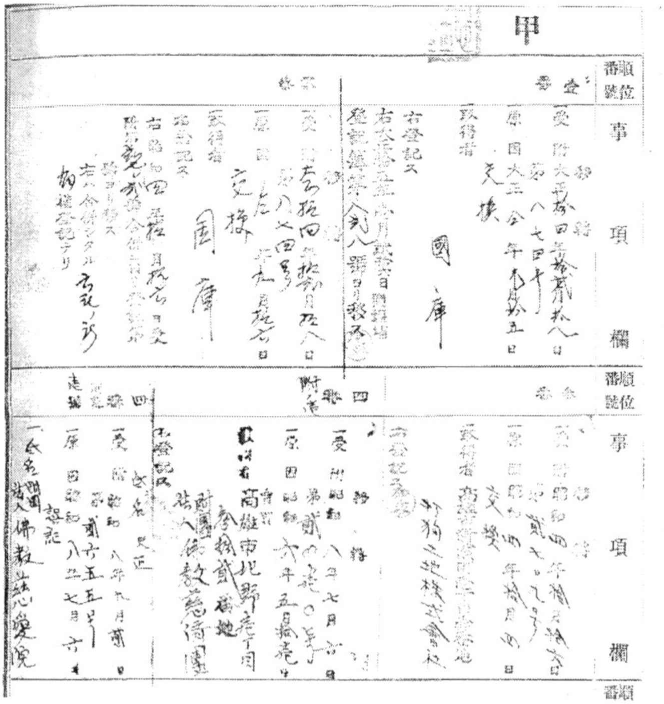
甲

順位番號

事項欄

資料來源：感謝高雄市政府地政局鹽埕地政事務所協助。筆者於2012年查閱。

63 〈慈愛醫院診療事狀況〉，《宗報》（臨濟宗）昭和6年3月1日，頁9-10。

　　新醫舍預計蓋於北野町、與鹽埕町（暫時院舍）之中間，地點方便，為兩層建築物，一樓為醫院，分設內、外科及醫療研究室、辦公室、值班室、護士室、可收容約二十名病患之收容室、其他專任醫師宿舍、倉庫、廚房、廁所、浴室、壽終室及附屬建物設備等。二樓則是可容納三百人之大講堂，奉有佛像，可供人參拜佛像，透過宗教的救濟信仰進行布教。

二　成立財團法人佛教慈愛院

　　佛教醫院開始醫療民眾的同時，昭和4年10月，佛教慈濟團也舉行秋季巡迴布教，在臺南州下各地方講演，講師有東海宜誠師、李周圓師、李頌德師，預定10日於西港庄信和堂、11日佳里庄金唐殿、12日麻豆街（未定）、13日六甲庄赤山岩恒安宮演講。[64]

　　昭和5年2月21、22日佛教慈濟團之委員長東海宜誠，與南部重要寺院開元寺、大崗山寺僧侶十二名於高雄市托缽，宣傳佛教慈濟團主旨，巡迴講演。又二日間之夜間於鹽埕、旗後、田町、內帷各地做佛教講演。[65]

　　昭和6年3月15日的臨濟宗《宗報》裡已特告，「佛教慈濟團將來改稱佛教慈愛院，組織財團，蓋欲確立其事業之維持。」[66]為方便佛教慈濟團於高雄市布教，東海宜誠為於高雄市北野町一丁目三十二番地（即佛教慈愛醫院）成立財團法人佛教慈愛院，以確保佛教慈愛醫院能持續經營及高雄地區之布教事業的進行。

64　〈佛教慈濟團巡講〉，《臺灣日日新報》，昭和4年10月5日，夕刊，4版。

65　〈佛教慈濟團托缽講演〉，《臺灣日日新報》，昭和5年2月21日，日刊，8版。

66　《宗報》（臨濟宗），昭和6年3月15日，頁14。

第一條　本法人稱為財團法人佛教慈愛院。

第二條　本法人為圖臺灣佛教（臨濟宗聯絡寺廟、齋堂、教團），振興向上，善導人心教化，實施社會事業，增進民眾福祉為目的。

第三條　本法人之事業所置於高雄市北野町一丁目三十二番地。

第四條　本法人為達前條目的，進行事業如左：

一、經營佛教慈愛醫院（免費）施療，及實費診療事業。

二、於佛教慈愛院內設置臨濟宗布教所，時時講演而且實施地方巡迴演講。

三、為達教育慈善救濟其他本法人之目的，對於社會事業認為必要所關照。

第五條　本法人設立之日，所有基本財產照別紙目錄。

第六條　左記各號該當之者編入本法人基本財產。

一、特為基本財產寄附本法人之財產。

二、歲計剩餘金結轉至翌年使用不必要之款。

第七條　本法人之目的遂行上，欲處分基本財產者，務要理事三分之二以上之同意。

第八條　對於基本財產，須要講究安全而且確實之方法而管理之。

第九條　對於本法人之財產，所有收入及其他之收入，此為普通財產，為第二條之目的而使用之，但用途特指定之寄附金不在此限。

本法人之會計年度，每年四月一日起至翌年三月末日止。

第十條　本法人置理事七名、監事二名。理事之任期定三年、監事之任期二年，但重任不妨。

第十一條　理事中互選一名為財團法人佛教慈愛院理事長。
　　　　　（以上略稱）
　　　　　理事長為本法人代表召集理事會時為其議長，其他
　　　　　處理理事會相關一切之事務。
　　　　　理事長有事故時，由理事長指名之理事代理其聯務。
　　　　　理事之聯務合議本法人之重要事項，及處理院務監
　　　　　事之聯務。監察本法人之財產，及理事所執行之業
　　　　　務狀況。

第十二條　理事及監事因期滿改任或辭任死亡其他之事由，致
　　　　　缺員時設立者或理事長指定之。

第十三條　於理事會所決議事項如左：
　　　　　一、預算決算所關事項。
　　　　　二、理事長認為必要事項。
　　　　　理事會開會前，其議事預先通知各理事。

第十四條　本寄附行為若欲變更時，得理事三分之二以上之同
　　　　　意，且要受主管官廳之認可。

第十五條　本法人解散之時，要理事三分之二以上之同意。

第十六條　本法人解散之時，所屬財產依理事會之議決方可處
　　　　　分，與本法人同一或類似事業。

第十七條　本法人設立之際，理事及監事由設立者指定之。[67]

　　財團法人佛教慈愛院成立時，其中有關該院之捐贈行為的第二
條：「本法人為圖臺灣佛教臨濟宗聯絡寺廟、齋堂、教團，振興向
上，善導人心教化，實施社會事業，增進民眾福祉為目的。」[68]大本

67　〈財團法人佛教慈愛院寄附行為〉，《宗報》（臨濟宗）昭和6年3月15日，頁15-16。
68　〈財團法人佛教慈愛院寄附行為〉，《宗報》（臨濟宗）昭和6年3月15日，頁15。

山之臨濟宗妙心寺派管長東海東達，特地對此第二條文於昭和7年6月下達「禪臨濟宗教示要綱」，其內容如圖4-3-2所示：

圖4-3-2　臨濟宗妙心寺派管長東海東達下達財團法人佛教慈愛院之「禪臨濟宗教示要綱」

財團法人　佛教慈愛院

此ニ指示スル所ノ臨濟宗ト八臺灣ニ於ケル內臺臨濟宗ノ教團ヲ意味シ。其ノ大本山八京都花園妙心寺ナリ、臺灣島ニ於ケル總本部ヲ臺北市臨濟護國禪寺トス、財團法人佛教慈愛院寄附行為中第二ニ定ムル所ノ臨濟宗教旨トシテ左記要綱ヲ教示ス。

□　禪臨濟宗教示要綱

第一、本宗八教主釋迦牟尼佛ヨリ相傳ス正法眼藏涅槃妙心實相無相微妙ノ法門ヲ信奉シテ、個々本有ノ自性ヲ發揮シ。其實地ニ體解スルヲ以テ宗旨トス。

第二、本宗々徒八花園法皇ノ聖旨ヲ奉シ、開山無相大師ノ慈念ヲ體シ、尊皇奉佛ヲ以テ信條ノ要義トス。

第三、臺灣ニ於テ特ニ內臺人ノ精神融和ヲ高調シ、常ニ自他俱ニ智德ノ涵養ニ努ムルヲ以テ本誓トス。

第四、本宗々徒八教主釋尊ノ絕大ナル慈悲ヲ感得シ、四恩報謝ノ信念ヨリ社會共存共榮ノ福祉ヲ增進センコトヲ以テ、念願ノ要諦トス。

昭和七年六月二十一日

臨濟宗妙心寺派管長　東海東達

資料來源：〈臺灣佛教專修道場建設〉，《正法輪》756號，昭和7年11月15日，頁22。

圖4-3-2之譯文：

財團法人　佛教慈愛院

　　此所指示之臨濟宗者，是意指於臺灣之內（日本）、臺（灣）臨濟宗教團，其大本山為京都花園妙心寺，以臺北市臨濟護國禪寺為臺灣島的總本部。財團法人佛教慈愛院寄附行為中第二

條所定之臨濟宗教旨，教示左記要綱（如下）。

☐禪臨濟宗教示要綱

第一、本宗相傳自教主釋迦牟尼佛，信奉正法眼藏、涅槃妙
　　　心、實相無相微妙之法門，發揮個個本有之自性，以其
　　　（確）實地體解為宗旨。

第二、本宗宗徒，奉花園法皇之聖旨，體開山無相大師之慈
　　　念，以尊皇奉佛作信條要義。

第三、在臺灣，特別提高內（日本）、臺（灣）人之精神融
　　　和，常以致力自他所具的智德之涵養，為本誓。

第四、本宗宗徒，感得教主釋尊之絕大的慈悲，由四恩報謝之
　　　信念，以欲增進社會共存共榮之福祉，為念願要諦。

昭和7年6月21日

臨濟宗妙心寺派管長　東海東達

　　此四條要綱之主旨是大本山東海東達管長希望臨濟宗之信徒，要
秉持釋迦牟尼佛所相傳的實相無相之微妙法門，遵奉花園法皇之聖
旨，體念開山之無相大師的慈悲，在臺灣不分日本人與臺灣人，要能
相互精神融合，共同增進社會之福利。

三　佛教慈愛醫院於高雄市北野町醫舍落成

　　昭和7年，高雄佛教慈愛院新築落成，4月17日午後2時，在同院
舉行落成典禮，官民約五百餘名。夜間自7時起於東側空地放映電
影。不僅免費義診三天，亦請布教師來演講，講師名單如下：

　　臨濟宗布教總監　　　　　　高林玄寶師
　　同聯絡寺廟執事長　　　　　東海宜誠師
　　同宗開教師　　　　　　　　吳義存師
　　同宗開教師　　　　　　　　陳詮淨師
　　南瀛佛教會教師　　　　　　林證峰師
　　其他數氏[69]

　　為能有效經營醫院及布教活動，東海宜誠將佛教慈愛醫院於昭和7年，改組為「財團法人佛教慈愛院」，集合公眾力量來援助醫院的運作，也架設電話，號碼為「二八五○」，[70]以方便聯絡訊息，將慈愛院建造成設備先進的醫院。

　　昭和9年4月17日，佛教慈愛院滿五年之際，該院表揚了創建之時，特為盡力之「洪瑞西氏、陳啟貞氏、上鄭玉記氏、蔡真氏、蔡生氏、林迦氏、黃慶雲氏、胡知頭氏」[71]。其中蔡真更於日後大力協助大港埔分療所之成立。

69　《南瀛佛教》10卷，4號，昭和7年5月，頁59。
70　《南瀛佛教》10卷，8號，昭和7年10月，頁70。
71　〈佛教慈愛院記念式並功勞者表彰〉，《南瀛佛教》12卷，5號，昭和9年，頁38。

（一）財團法人佛教慈愛醫院碑銘

圖4-3-3　財團法人佛教慈愛院功勞者表彰銅碑

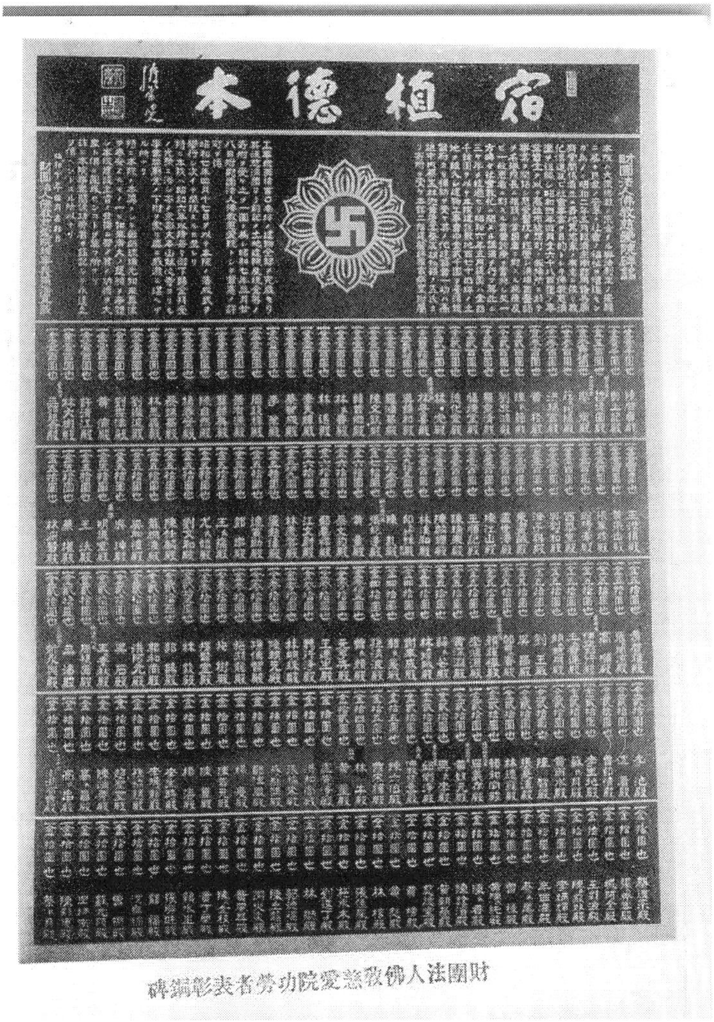

資料來源：感謝黃焄珊先生提供。[72]

---

72 此碑文因戰爭之關係已毀壞。

圖4-3-4　財團法人佛教慈愛院碑銘

財團法人佛教慈愛醫院碑銘

本院ハ大乘佛教ノ宗旨タル興法利生ノ宏願二基キ、民眾ノ安寧ト社會ノ福祉ヲ增進センガ為メ

二、昭和二年五月臨濟宗南部聯絡寺廟齋堂關係者並二各地篤志家ノ有志二依リ、救化傳道及ビ社

會事業ヲ目的トシテ、佛教慈濟團ヲ組織シ、昭和四年四月金六千八百圓ノ事業資金ヲ以テ、高雄

鹽埕町ノ假場所二於テ事業ヲ開始シ、慈愛醫院ヲ經營シ洪瑞西醫師ヲ名譽院長二推請シ、貧困者

二對スル施療及ビ一般患者二對スル實費診療ヲ實施シ、又一方時々社會教化二關スル講演ヲ行フ

等、此二三ケ年ヲ經過セリ、昭和六年五月該團八金四千餘圓ヲ以テ、本院建設敷地百七十四坪ノ

土地ヲ購入シ、建物工事當中金貳千圓ヲ臺灣總督府ヨリ補助ヲ受ケ、其ノ他建築費一切八高雄市

内蔡生、林迦、黃慶雲、蔡真、胡知頭ノ五氏ヨリ寄附ヲ受ケ、本館二階建醫師宿舍病室附屬工事

總面積百〇壹坪ノ建物全部ヲ完成セリ、其後慈濟團ヨリ前記ノ土地建物及現金等ノ寄附ヲ受ケ之

ヲ一團ト為シ、昭和七年三月廿八日附財團法人佛教慈愛院トシテ督憲ノ許可ヲ得。

昭和七年四月十七日ヲ以テ、本院ノ落成式ヲ舉行シ、次イテ開院スル至レリ。

特二本院ハ昭和六年以降每々御下賜金拜受ノ光榮二浴シ、亦夕京都大本山妙心寺ヨリモ事業獎勵

金ノ下附ヲ蒙リ、真二感激二堪ヘザル所ナリ。

特二本院ノ本尊トシテ、藥師琉璃光如來尊像ヲ奉安スルモノ一々如來廣大ノ慈願ヲ奉體シ、本院

建設主旨ノ發揮二努メ、其ノ功德ヲ大家ト俱二圓成センコトヲ冀フ所ナリ。

茲二本院事業關係功勞者ヲ銘記シテ、永遠之ヲ傳ヘンソスル所以ナリ。

昭和十年四月吉祥日

財團法人佛教慈愛院理事長東海宜誠

資料來源：感謝黃焄珊先生提供。

圖4-3-4之譯文：

財團法人佛教慈愛醫院碑銘

　　本院基於大乘佛教之宗旨，興法利生之宏願，為欲增進民眾安寧與社會福祉，昭和2年5月依臨濟宗南部聯絡寺廟齋堂關係者，並各地慈善家熱心努力，以救化傳道及社會事業為目的，組織佛教慈濟團。昭和4年4月以金六千八百圓事業資金，於高雄鹽埕町之暫時場所，開始事業，經營慈愛醫院。推請洪瑞西醫師為名譽院長，實施對貧困者（免費）施療及對一般患者實費診療。另一方面時常舉行有關社會教化之演講等。經過此二、三年，昭和6年5月，該佛教慈濟團以金四千餘圓，購入本院建設土地百七十四坪，建物工事當中，接受自臺灣總督府補助金貳千圓，其他一切建築費受自高雄市內蔡生、林迦、黃慶雲、蔡真、胡知頭五氏捐獻，完成本館兩層建築物。醫師宿舍、病室，附屬工事總面積壹百零壹坪的建物全部完成後，受自慈濟團前記土地建物及現金等捐獻為一團體，為昭和7年3月28日，附財團法人佛教慈愛院，得督憲許可。

　　昭和7年4月17日，舉行本院落成典禮，其次致於開院，特別於昭和6年以降，本院每每蒙受御下賜金，拜受光榮，亦由京都大本山妙心寺發給事業獎勵金，真誠不勝感激。

　　特別作為本院本尊，奉安一尊藥師如來琉璃光如來尊像，奉體如來廣大慈願，致力於本院建設主旨的發揮，蒙願諸賢達共同圓滿其功德。

　　以此銘記本院事業功勞者，永遠傳之。

　　昭和10年4月吉祥日

　　　財團法人佛教慈愛院理事長東海宜誠

此碑文很明確地說明「佛教慈愛醫院」之成立經緯，與「佛教慈愛院」之關係。亦詳記該院奉安藥師如來尊像之原委，期望大眾能共同遵奉佛教慈悲之渡世大願。

（二）佛教慈愛醫院施療事業概況

以下筆者就歷年佛教慈愛醫院之相關醫療狀況，整理如下：

1 昭和7年度（1932）診療成績

表4-3-6　佛教慈愛醫院昭和7年（1932）上半期診療患者人數統計

月　別	一般患者（名）	免費醫治患者（名）
1月	444	43
2月	407	23
3月	537	26
4月	363	46
5月	809	95
6月	817	70
計	3,377	303

備考：四月中因時間關係休診半個月。[73]
資料來源：《南瀛佛教》10卷，8號，昭和7年10月，頁69-70。

2 昭和8年度（1933）診療成績

昭和8年度中的事業成績如表4-3-7及表4-3-8所示：

73　《南瀛佛教》10卷，8號，昭和7年10月，頁69-70。

表4-3-7　佛教慈愛醫院昭和8年（1933）診療成績

免費醫治患者數	551名
自費診療患者數（延）[74]	15,160名
診療日數	229日（上午8時至下午6時）
醫療人員	醫院長一名、專任醫一名、藥劑員一名、護士一名、事務員一名。
診療費用	看診免費，藥價為高雄市日、臺籍醫師看診之半價。

資料來源：《高雄市社會事業概要》，昭和10年5月1日，頁61-62。

表4-3-8　佛教慈愛醫院經費（昭和8年度收支決算）

收入	（圓）	支出	（圓）
御下賜金	300.00	事務費	936.75
補助金	900.00	事業費	4,217.25
捐贈金	1,045.00	基金轉入	300.00
由基金衍生的收入	77.40		
其他	4,176.89	其他	492.78
計	6,499.29		

資料來源：《高雄市社會事業概要》，昭和10年5月1日，頁62-63。

3 昭和9年度（1934）診療成績

昭和9年度的事業成績如下：

昭和九年度比較昭和八年度之患者數，自費診療患者增加一千

---

74 「延」為「到醫院就診」之意。

七百名、免費醫治患者增加一百三十名。而更加事業擴張對內惟、旗後、苓雅寮三方面新設施療所，而再受御下賜金三百圓，及受高雄州三百元，（高雄）市一百五十圓之補助金之光榮也。[75]

4 昭和10年度（1935）診療成績

昭和10年度的事業成績如下：

自費診療患者數　　　15,755人

免費醫治患者數　　　410人

院務理事長一名、院長一名、主任醫一名、事務員一名、藥劑員二名、護士一名、雇用者一名、常用車夫一名。

表4-3-9　佛教慈愛醫院經費　（昭和10年度收支決算）

收入	（円）	支出	（円）
基本財產收入	114	事務費	784.28
事業收入	4,200	事業費	4,763.97
補助金及捐贈金	1,556.95	基本財產轉入	600.00
前年度結餘金	468.96		
其他	331.08		
計	6,670.99	計	6,148.25

資料來源：〔昭和11年〕《高雄市社會事業概要》昭和11年10月5日，頁27-28。

5 昭和12年度（1937）診療成績

昭和12年度的事業成績如下：

---

75 〈佛教慈愛院業務狀勢〉，《宗報》（臨濟宗）昭和10年7月22日，頁4。

表4-3-10　佛教慈愛醫院昭和12年（1937）診療成績

診療日數	363日（全年無休，休新、舊元旦。）
診療時間	本院每日上午8時至下午9時 大港埔診療所每日8時至正午
自費診療患者數	18,052人（本院實費患者數15,114人） （大港埔診療所自費患者數2,938人）
免費醫治患者數	335人（本院醫治患者數289人） （大港埔診療所醫治患者數46人）
本院職員	主任醫師一名、藥局員一名、事務員一名、往診用車夫一名、看護婦一名。
大港埔診療所職員	囑託醫師一名、藥劑員一名、往診用車夫一名、護士一名。

資料來源：〔昭和13年10月〕《高雄州社會事業概要》昭和13年10月，頁96-97。

表4-3-11　佛教慈愛醫院經費（昭和12年度收支決算）

收入	（円）	支出	（円）
獎勵金	300.00	事務費	824.02
事業收入	5,710.00	事業費	6,363.39
補助及捐贈金	1,051.00	基金轉入	300.00
基本財產收入	179.56	對次年度的結餘金	460.74
前年度結餘金	695.00		
雜收入	12.59		
計	7,948.15	計	7,948.15

資料來源：〔昭和13年10月〕《高雄州社會事業概要》昭和13年10月，頁98-99。

6 昭和13年（1938）度診療成績

昭和13年度的事業成績如下：

自費診療患者數　　　　23,429人

免費醫治患者數　　　　499人[76]

表4-3-12　佛教慈愛醫院經費（昭和13年度收支決算）

收入	（円）	支出	（円）
獎勵金助成金	580.00	事務費	956.02
輔助金	450.00	事業費	7,539.19
寄用金	706.00	基金轉入	300.00
由基金增加的收入	195.57		
其他	7,334.26		
計	9,265.83	計	8,795.21

資料來源：〔昭和14年〕《高雄市社會事業概要》（高雄市，昭和14年10月20日），頁31。

7 昭和14年度（1939）診療成績

昭和14年度之事業成績為，自費診療患者數23,829人，免費醫治患者數427人（一日之平均達67人）。[77]

---

76 〔昭和14年〕《高雄市社會事業概要》（高雄市，昭和14年10月20日），頁31。（筆者譯）

77 《南瀛佛教》18卷，8號，昭和15年，頁33。（筆者譯）

（三）佛教慈愛院獲得官方之補助金

佛教慈愛院自昭和6年起，獲得「社會事業御獎勵御下賜金」，筆者整理如下：

表4-3-13　　佛教慈愛院歷年獲得獎助金之名稱

	獲得獎助名稱	獲得之年代
1.	社會事業獎勵御下賜金	昭和6年（1931）2月11日
2.	社會事業獎勵御下賜金	昭和7年（1932）2月11日
3.	社會事業獎勵御下賜金	昭和8年（1933）2月11日
4.	社會事業獎勵御下賜金	昭和9年（1934）2月11日
5.	社會事業獎勵御下賜金	昭和10年（1935）2月11日
6.	社會事業獎勵御下賜金	昭和11年（1936）2月11日
7.	社會事業獎勵御下賜金	昭和12年（1937）2月11日
8.	社會事業獎勵御下賜金	昭和13年（1938）2月11日
9.	社會事業獎勵御下賜金	昭和14年（1939）2月11日
10.	社會事業團體獎勵御下賜金	昭和15年（1940）2月11日
11.	社會事業獎勵御下賜金	昭和17年（1942）2月11日
12.	社會事業團體獎勵御下賜金	昭和18年（1943）2月11日
13.	社會事業團體獎勵御下賜金	昭和19年（1944）2月11日

資料來源：《總督府府報》昭和6年至昭和19年，筆者整理。

又自昭和18年起，每年得到高雄州之獎勵助成金[78]，昭和9年也獲有高雄市之獎勵助成金[79]。

---

78 〔昭和11年6月〕《高雄市社會事業概要》，昭和11年10月5日，頁8。
79 〔昭和11年6月〕《高雄市社會事業概要》，昭和11年10月5日，頁8-9。

圖4-3-5　高雄佛教慈愛院經費補助認可指令案

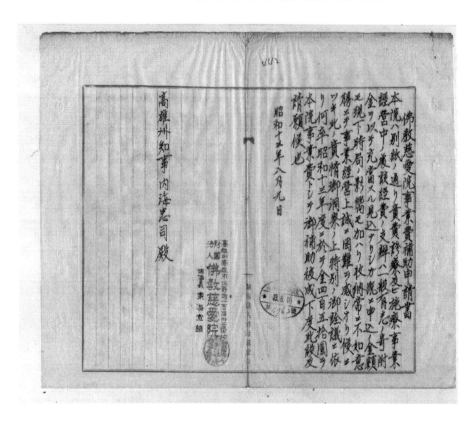

資料來源：「臺灣總督府公文類纂數位化檔案資料庫」。感謝「中央研究院臺灣史研究所檔案館典藏」提供〈高雄佛教慈愛院經費補助認可指令案〉昭和13年9月1日。

（四）佛教慈愛院之設置藥師如來尊像

　　昭和8年4月16日慈愛院於二樓安奉藥師如來尊像，而此佛像是由臺北市豪家陳天來、陳茂通、許松英三位捐錢，特別向京都大本山迎奉來臺，可見北部的信徒也很熱心支援高雄的慈愛醫療事業。

　　佛教慈愛院所奉祠的本尊佛，係承臺北市豪家陳天來、陳茂通、許松英三位的特誌，向京都大本山妙心寺迎請捐獻的。故本年（1933）新曆去四月十六日在該院講堂舉行了奉安式。是日有臺北高林布教監督和各開教師，及高雄州當局的禿（顯雄）社會主事臨席。其他有聯絡寺廟齋堂及同院該關係者們，多數參列之下舉行了莊嚴的盛典。[80]

　　此藥師琉璃光如來尊像，腳踩蓮花、雙手持有如意摩尼珠[81]。金身二尺收納於櫥盒，[82]從京都臨濟宗大本山妙心寺迎請到高雄，安鎮作為慈愛院之本尊佛，蒙承「大本山管長猊下，特為本院之根本精神」[83]。迎奉佛像之舉，凸顯了佛教之醫療救濟，此尊藥師如來佛連結了內地的京都大本山與本島的臺北、高雄，臨濟宗將藥師如來佛信仰之佛教醫療的特色，實現於佛教慈愛醫院。

80　〈財團法人佛教慈愛院事業狀況〉，《宗報》，昭和8年9月18日，頁11-12。「社會之事」為當時之官職。

81　藥師佛亦有手持藥缽之造像。筆者認為此尊藥師佛比較像似手持藥缽。

82　《南瀛佛教》11卷，5號，頁52。原文「金身三尺廚子に納め」。「廚子」為日式收納佛像、佛具之櫥盒。

83　〈高雄佛教慈愛院本尊奉安式〉，《南瀛佛教》11卷，5號，昭和8年5月1日，頁52。

圖4-3-6　佛教慈愛院內藥師尊像

資料來源：《臺灣佛教名蹟寶鑑》，頁 473。

資料來源：感謝日本岐阜縣永昌寺東海亮道和尚提供。

（五）分設診療所

　　由於病患不斷增加，慈愛院於昭和10年7月22日在內帷、旗後、苓雅寮三地新設施療所。[84]之後，佛教慈愛院更積極投入醫療，預計於同市內的大港埔二八八番地新建診療所，於昭和11年12月26日獲得許可新建及開設。[85]並於昭和12年4月15日開始施療，進行更多的醫療

84　〈佛教慈愛院業務狀勢〉，《宗報》（臨濟宗），昭和10年7月22日，頁4-6。

85　〈佛教慈愛院　大港埔診療所新築〉，《社會事業の友》，昭和12年3月1日，100期，頁94。

事業。其創立經緯如下：

> 開設於高雄市我宗唯一社會事業之佛教慈愛院，自昭和四年四
> 月事業創設開始以來已經歷八年，雖見其頗為順利進行，但今
> 年四月以治療同市內大港埔之貧困者及一般患者的自費治療為
> 目的，新設診療所。該建築及設備等諸費需壹千九拾圓，其中
> 四百五拾圓由總督府補助，其他六百四拾圓期望同院職員及市
> 內熱心者。見其完成至今，四月十五日舉行本院總會兼開所
> 式，翌日開始診療。但因同所敷地寄附及每年經費的不足，理
> 事蔡真氏允諾負擔該費，期待將來斯業萬全備齊。[86]

　　大港埔診療所創設費用需一千九十圓，其中總督府補助四百五十
圓，不足之六百四十圓，則由佛教慈愛院院委員及高雄市內之熱心者
完成。該建築物之土地及每年經費不足之額，全由該院理事蔡真出
資。筆者查閱地籍資料，昭和13年5月大港埔二八八番地為水泥之兩
層樓建築物，其所有權人為蔡真等人。該地籍資料請見圖4-3-7至圖4-
3-9。

86　〈佛教慈愛院新規事業——大港埔診療所分設〉，《宗報》（臨濟宗），昭和12年9月1
　　日，頁14。（筆者譯）

圖4-3-7　大港埔二八八番地之日治時期地籍資料一

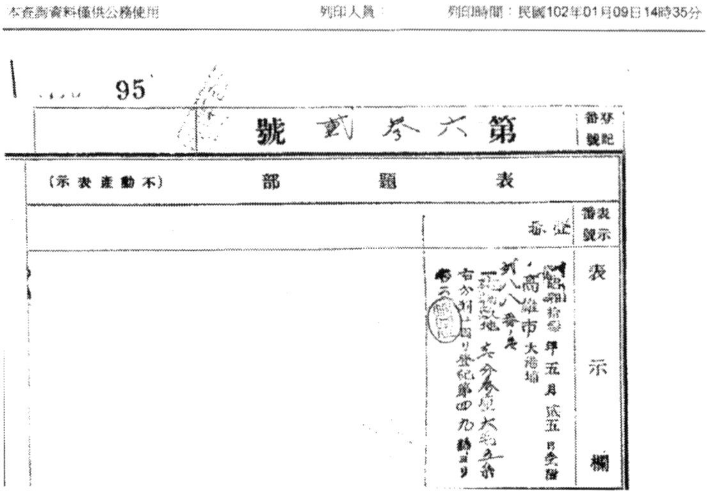

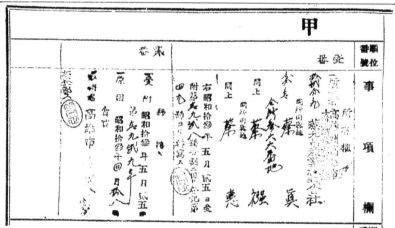

資料來源：高雄市政府地政局新興地政事務所。筆者於2013年1月查閱。

圖4-3-8　大港埔二八八番地之日治時期地籍資料二

資料來源：高雄市政府地政局新興地政事務所。筆者於2013年1月查閱。

圖4-3-9　大港埔二八八番地之日治時期地籍資料三

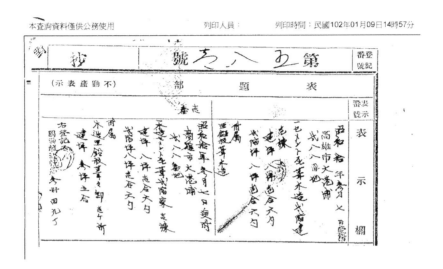

資料來源：高雄市政府地政局新興地政事務所。筆者於2013年1月查閱。

　　佛教慈愛院之醫療給予高雄市民相當之方便，以往只有市區內該院之理事們發放施療券，但從昭和15年度開始，擴大委託市區內的田町、鹽埕町、北野町、大港埔、內帷等各地委員發放施療券，廣為聯繫，為貧困者施療。另外，大港埔分診所原由黃朝枝醫師擔任，但從昭和15年6月起由三塊厝郭醫師接任，實施與總院相同之施療與自費診療。[87]

　　以下筆者就佛教慈愛醫院歷年之就診病患人數整理如表4-3-14。

---

87 《南瀛佛教》18卷，8號，昭和15年，頁33。（筆者譯）

表4-3-14　佛教慈愛醫院歷年之就診病患人數，昭和5年至昭和14年
（1930-1939）

	一般患者數	施療患者數	總患者數	診療日數
昭和5年（1930）	8,691 （94.09%）	546 （5.91%）	9,237	
昭和7年（1932） 上半期1-6月	3,377 （91.77%）	303 （8.23%）	3,680	6個月
昭和8年（1933）	15,160 （96.49%）	551 （3.51%）	15,711	229日
昭和9年（1934）	16,860 （96.12%）	681 （3.88%）	17,541	
昭和10年（1935）	15,755 （97.46%）	410 （2.54%）	16,165	
昭和12年（1937）	18,052 （98.18%）	335 （1.82%）	18,387	363日
昭和13年（1938）	23,429 （97.91%）	499 （2.09%）	23,928	
昭和14年（1939）	23,829 （98.24%）	427 （1.76%）	24,256	

※（%）為該類患者數佔當年度總患者數之百分比。筆者採百分比小數點後第三位
數四捨五入。此表為筆者自行整理。

　　由免費醫治患者數佔總患者數之比例來看，自昭和9年的3.88%至
昭和12年的1.82%有逐漸下降的狀況，筆者認為應有可能是高雄地區
的經濟逐漸好轉，及醫藥衛生之改善，所以免費就診人數比例變少。
而昭和13年之免費醫治患者數佔總患者數之比例較前一年增加，筆者
認為有可能是因昭和12年7月爆發中日戰爭，昭和12年4月15日大港埔

亦開始免費醫治,所以昭和13年貧困的就診病患增多了。昭和14年的免費就診的人數之比例稍比前一年下降,但整體而言九成以上都是自費之病患。

四 財團法人佛教慈愛院後援會

由於信徒的善舉,佛教慈愛醫院得以成立,臨濟宗才能藉此良機進行布教,經歷過大正11年鎮南學林的挫敗,臨濟宗不能再失敗,於是東海宜誠將慈濟團改組為財團法人佛教慈愛院,進行布教事業及佛教慈愛醫院的經營。由於係屬非營利性質的醫院,所以財源、資金的確保是很重要的,於是成立了財團法人佛教慈愛院後援會,以確保財源、人力的支援。昭和8年1月底,開始為期三年的募款,其記載如下:

> 高雄州高雄市北野町。財團法人佛教慈愛院後援會會長臨濟宗布教師東海宜誠外六名,為慈愛院經常費補充,及基本金造成。自昭和八年一月二十六日起,凡三個年間,將向臺南、嘉義、新豐、北門、曾文、新營、東石各郡下,徵收團體費用,總額三千六百圓。目下已得當局批准,名譽會員百圓,特別會員五十圓,贊助會員二十圓,不日將四出募集云。[88]

昭和8年4月16日,慈愛院於二樓安奉藥師如來尊像之時,同時舉行評議會,其中討論了關於該院後援會之要項。[89]因醫院與布教要同時進行,兩者皆需要經費。

---

88 〈高雄慈愛院募集團費〉,《臺灣日日新報》,昭和8年2月4日,日刊,8版。
89 《宗報》昭和8年9月18日,9期,頁11。評議會中無記載後援會之要項內容。

　　東海宜誠為籌措資金於昭和9年9月1日，向大本山提出支援佛教慈愛院之後援捐獻金的請求，其申請書如下：

　　〈佛教慈愛院教化事業補助請願書〉

　　如本院記載於別紙之事業概要書，自昭和4年以來至今五年間，經營救療及教化事業以來，其間誠惶誠恐每年拜受由宮內省之賜予金三百圓，且接受由臺灣總督府高雄州、高雄市等交付之補助金。尤其蒙受由貴本山之前授予創立資金的三百圓，事業的確順利發展。因本院之基本財產未達確立的狀況，所以關係者全體相互策劃，以組織後援團體，致力於累積若干之基金等。近來財界不況不問城鄉所到之處皆受影響，就如本院之後援捐獻金，雖得以往之託存，但其現狀實收頗為困難。即使如教化事業，因經費支付常有困難的實情，於此情況下，依賴貴本山當局特別之審議，務請由昭和10年度以後五年間，每年從社會教化事業中，請補助金額二百圓。特此附上相關文件，特別懇請。

　　昭和九年九月一日
　　高雄州高雄市北野町一町目三十二番地
　　佛教慈愛院理事長本派臺灣開教師
　　東海宜誠[90]

　　該文提到佛教慈愛院雖進行順利，但基本財產之狀況尚未確立，於是欲組成後援團體來確保佛教慈愛院之運作。然而臺灣經濟不佳，

90　《正法輪》811號，昭和10年3月1日，頁181。（筆者譯）

也影響到民眾捐獻意願，於是向大本山請求支援經費，希望自昭和10年起，每年能申請二百圓補助金，並持續五年。

明治44年8月，臨濟禪寺於臺北落成，為臨濟宗在臺的正式道場。大正4年10月，東海宜誠來臺布教，結合臺灣南部臨濟宗信徒的力量，於昭和4年4月在高雄成立「佛教慈愛醫院」，此為佛教界盛事，更是臺灣醫療史上，佛教醫療濟世事業的正式展開，且為確保資金運作永續經營，於昭和7年改組為「財團法人佛教慈愛院」，並再成立「財團法人佛教慈愛院後援會」雙重財團法人來支援醫療與布教。透過慈愛院，臨濟宗更加擴展布教，雖說是醫療救濟的善行，但其最終的目的仍是對臺灣人民的布教。

第四節　小結

「佛教慈愛醫院」可說是臺灣人民用自己的金錢和力量所創建，為南臺灣地區第一所佛教醫院。當時臨濟宗南部的聯絡寺廟數量已佔全臺三分之二，且信眾主動發起欲建蓋平民醫院，加上之前鎮南學林的挫敗經驗，讓臨濟宗轉變布教方向，模仿西洋教會透過醫療來完成布教的目的。以下筆者就臨濟宗「慈愛醫院」的醫療善舉，提出個人之研究心得。

一　臺灣醫療史上第一所有獨立醫舍且分科之佛教醫院

清同治4年（1865）英國基督教長老教會的馬雅各醫師（Dr. J. L. Maxwell）來到臺南，開始行醫及傳道，此為基督教在臺醫療傳道之開始。1871年，馬偕牧師於淡水興建馬偕醫館，1905年遷到現在的臺北馬偕醫院。明治30年，曹洞宗在艋舺開設慈惠院，臨濟宗也於明治

31年3月在澎湖開設施療院，此雖為日本佛教宗派在臺灣之醫療救濟事業的開端，但都只是日籍布教師用個人力量，聘請醫師於布教所為病患治病，且僅維持一年多便宣告結束。

日本領臺30年餘，臨濟宗在昭和4年4月1日於高雄市鹽埕町成立了「佛教慈愛醫院」，而且還設立分院，筆者認為這是臨濟宗集結臺灣人的愛心，臺灣信徒們自己出錢、臺灣醫生志願診療，而創立的佛教醫院。日本佛教在臺也建立醫院，與基督教醫院一起為臺灣民眾治療疾病，更是臺灣佛教醫療史的一大創舉。

臨濟宗的布教教育事業——鎮南學林雖未成功，但在以東海宜誠為首的布教職員的努力下，破除臺民宗教治病之陋俗迷信，且幫助貧民治病，透過佛教醫療濟世之方式，實為更成功的布教。

二 繼鎮南學林後，臨濟宗結合臺灣人的愛心，再造在臺布教事業之高峰

明治44年8月，鎮南山臨濟護國禪寺竣工。大正5年開辦鎮南學林的教育事業，雖然於大正11年廢校，但有此前車之鑑，臨濟宗摸索到經營布教事業的方式需要有財團法人、後援會等的支持。昭和4年，臨濟宗在東海宜誠為首的奔走努力下，「慈愛醫院」得以成立，這在臺日宗教史上是個值得特書的偉業。東海宜誠集結臺灣民眾自發的善心，為了建設平民廉價、不收費的醫療慈善事業，在當時，甚至日本國內也只有在築地本願寺、淺草寺、四天王寺等極為大型寺院才能作到的。[91]

臨濟宗在臺灣，北有「臨濟護國禪寺」、南有「佛教慈愛醫院」，

---

91 野川博之，《台湾三十三観音巡拝》（大阪市，朱鷺書房，2004年），頁8。（筆者譯）

一北一南的據點，凝聚了信徒的團結，並持續擴大布教活動，臨濟宗妙心寺派於昭和4年在臺灣創造了第二個布教事業的高峰。

三　東海宜誠奠定個人在臨濟宗的地位

東海宜誠曾參與過鎮南學林的教育事業，由興辦到廢校，瞭解到事業要能永續經營就不能只靠第一線的事業單位，更需要有後援團體在財力、人力上的援助。尤其分發免費施療證醫治窮民，醫療經費的來源更需費心，所以在昭和8年成立了「財團法人佛教慈愛院後援會」，並擔任會長，來支持經營「財團法人佛教慈愛院」的運作，設計了雙重財團法人來支援此醫療事業及布教活動，證明他是有組織性地來經營「佛教慈愛院」。一般來臺的日籍布教師多不願學習臺語，而東海宜誠抵臺後努力學習，可以用臺語流暢與臺灣人信徒溝通。透過「佛教慈愛院」這據點，東海也更積極地布教，甚至再設大港埔分所診療，並舉行佛教演講。

昭和8年，臨濟宗本山管長表揚東海宜誠籌建「佛教慈愛院」的功績，獲得管長墨跡一幅。昭和15年，他也以社會事業功勞者得到臺灣總督的表彰。他不領薪一直義務擔任「佛教慈愛醫院」理事長，昭和16年又得到大本山贈送花瓶一只。昭和20年日本戰敗，東海宜誠回到日本，大本山為感謝他在臺灣三十年的盡心盡力布教護法，特別授予「特授大本山再住持（大教師位）」之職。戰後他仍心繫臺灣，亦從1954年起多次來臺探訪信徒，並巡看日治時期在臺之建設的布教事業。

圖4-3-10　佛教慈愛院照片之一

資料來源：《臺南新報》昭和7年4月1日。

圖4-3-11　佛教慈愛院照片之二

資料來源：感謝黃焄坩先生提供。該僧侶為東海宜誠。

圖4-3-12　三信平民醫院

民國46年12月01日　三信平民醫院開幕　地點:三信平民醫院

資料來源:感謝高雄市第三信用合作社提供。

※佛教慈愛院於戰後1957年改為三信平民醫院。

圖4-3-13　佛教慈愛院外觀（2012年）

資料來源:2012年1月筆者拍攝。

第五章
結論

　　臺灣於1895年成為日本殖民地，隨著日本軍隊接收臺灣，日本佛教之從軍僧侶亦隨日軍相繼入臺。筆者根據資料的研究，提出日本佛教八宗十四派入臺方式有四：一為日本領臺前，真宗之本願寺派、大谷派已共同派遣布教師來臺視察；二是從軍僧隨日軍入臺，如曹洞宗、真言宗、淨土宗等；三是大本山派布教師到臺；第四種方式為僧侶個人因布教情操來臺。而臨濟宗妙心寺派來臺灣之僧侶的方式為第三、四種。有由大本山派遣至澎湖開教的大崎文溪，也有細野南岳個人自願來臺北布教。日本佛教在臺布教之目的，除了照顧來臺之自家宗派的日本信徒，更企圖在臺灣能傳授自己宗派之佛法，吸收更多的信徒。除此，輔佐總督府統治臺灣，為政治服務之目的亦是無庸置疑的。

　　筆者根據總督府之統計，以日本佛教在臺發展之消長狀況，分為五個時期：一、明治28年至31年（1895-1898）入臺探索期；二、明治32年至34年（1899-1901）初期快速成長期；三、明治35年至38年（1902-1905）急速衰退期；四、明治39年至大正10年（1906-1921）停滯中之主力教派轉換期；五、大正11年至昭和17年（1922-1942）日治後半期之開始成長與發展期。亦提出八宗十四派在臺之布教態度，印證了丸井圭治郎於《臺灣佛教》中之記載，只有曹洞宗與臨濟宗多以臺籍信徒為布教對象。

　　明治30年（1897）2月，臨濟宗妙心寺派之僧侶細野南岳個人渡臺。同年4月大本山派遣大崎文溪氏來臺巡視，發現澎湖島極缺布教

師，不同於其他宗派多以臺北為中心，臨濟宗任命大崎文溪氏在澎湖開教，大崎文溪亦吸收澎湖的觀音亭，納為臨濟宗在臺灣之第一個末寺。相較於其他派別有大本山支援經費，明治32年（1899）臨濟宗大本山未資助對臺灣之布教經費，梅山玄秀來臺後行苦行僧之托缽，使日、臺人士加深了對臨濟宗之印象。在兒玉源太郎總督支援財政下，明治44年（1911）8月，臺北的臨濟護國禪寺竣工，成為第一任護國禪寺住持之梅山玄秀，開始展開在臺的布教——將臺灣作為日、中兩國宗教上合作往來的中繼站。第二任住持長谷慈圓於大正3年（1914）年來臺，開始與本島之重要寺院合作，大正5年（1916）吸收臺南開元寺、嘉義大仙岩、臺北的凌雲禪寺，於當年年底成立鎮南學寮，翌年大正6年（1917）成立官方認可之鎮南學林，教育臺灣既有之寺院僧侶的弟子。

經過五年星霜，因主要負責人相繼往生、後援團體之道友會財政經營不佳、無法即時轉型因應總督府的新教育政策等諸多因素，鎮南學林於大正11年（1922）廢校。原本欲吸收中國、臺灣僧侶的教育事業受挫，使臨濟宗妙心寺派布教方向轉換，開始更積極地吸收臺灣既有之寺廟、齋堂。但這些寺廟、齋堂多集中在臺灣的中南部，於是臨濟宗妙心寺派以臺南開元寺為據點，往南繼續吸收聯絡寺廟、齋堂。

昭和7年（1932），第八任住持高林玄寶到臺，積極於各地舉行聯絡寺廟會議，籌措經費，昭和9年（1934）4月正式成立專修道場以培育臺灣之僧侶。高林玄寶來臺前曾任大本山之執事，負責妙心寺派的運作，相當注重僧才之培育。昭和11年（1936）專修道場第一屆學生畢業，高林除了由專修道場挑選成績優秀者，也積極地吸收弟子，授予「玄」字之戒名，送至大本山留學有30多位。剛好此時名門出身之黃玉霞、黃玉灼姊妹立志提升尼僧之素養，在高林玄寶的介紹下，兩姊妹赴宗榮尼眾學林留學，促成臺灣尼僧相繼赴宗榮尼

眾學林求法之因緣，而澤木弘道尼戰後於臺灣低調布教，也延伸臨濟宗在臺之法脈。除了佛教人才的培育，臨濟宗也在寺院開設國語講習會、佛教講演會、兒童保育之社會事業，昭和15年（1940）起，連續舉辦三屆尼眾講習會，對於提升南部女眾之佛學素養，有相當的貢獻。

昭和4年（1929）東海宜誠集結臺灣人的愛心，於高雄設立佛教慈愛醫院，為貧民免費治病。雖然明治30年（1897）曹洞宗曾於艋舺開設慈惠院為民眾治療，但這只是佐佐木珍龍布教師個人延請醫生為民眾治病。而高雄佛教慈愛醫院則聘請臺灣人醫生，有獨立醫舍、分科的醫療，是正式的醫院，昭和12年（1937）還設置了大港埔分療所。就在慈愛醫院隔壁的佛教慈愛院二樓，供奉著藥師如來尊像，結合佛教信仰與西洋醫學治病方式，因此筆者認為高雄佛教慈愛醫院是臺灣的佛教科學醫療濫觴。

2012年筆者走進「財團法人佛教慈愛院」，看到牆上的「慈愛院附設醫院誌略」，記錄了該院成立的歷史經緯。筆者簡述如下：日本臨濟宗東海宜誠禪師，於1929年旅臺宣教之際，在高雄市創立財團法人佛教慈愛院。繼之於1932年，建於高雄市北野町一丁目三十二番地（今建國四路三〇三號）之院舍落成使用。開始免費診療服務民眾。臺灣光復後，自1946年起，該院舍曾提供高雄市政府平民醫院（即今市立醫院之前身）其後改設為高雄市衛生院（今高雄市衛生院之起源）。1949年，市政府歸還院舍，慈愛院繼續行醫。1957年高雄市第三信用合作社的首任理事主席林瓊瑤（林迦之後代）以三信平民醫院之名，於佛教慈愛醫院原址繼續施醫濟民（見圖4-3-12：三信平民醫院）。1962年，慈愛院收回院舍，自辦免費醫療工作，以迄於今。二次世界大戰中，院舍遭戰機轟炸，致滿身瘡痍，曾予修葺復完，唯久歷年所，難適時用，乃於1988年拆除重建。1989年11月30日新舍竣

工，特以誌之。[1]

　　戰後，佛教慈愛醫院仍秉持著創立之目的，繼續為民眾治病，直到全民健保實施後，人人皆可就醫，則改為提供學校之獎學金，默默地發揚佛教慈愛之精神。[2]

一　研究心得

　　1868年，明治天皇即位，自江戶時期備受德川幕府保護而安逸墮落之日本佛教，因明治政權之廢佛毀釋的鎮壓下，日本佛教各宗派相繼向西方國家觀摩，學習在資本主義發達下基督教會所奉行的慈善事業。明治初期日本國內政治之動盪、社會災難不斷，中期又爆發甲午戰爭，在明治政府財政窘困下無法做到的社會福利，致使日本佛教轉向西洋學習，開始發展社會事業，協助社會下層階級所面臨之生活的困苦。以漢傳佛教為母胎之日本佛教，到了現代也加入了西方教會傳教之特色，發展教育與科學醫療。日本佛教具有鎮國、護國、興國之特色，與政治結合。在總督府之協助下，臨濟宗妙心寺派順利在臺興辦佛教學校，實行幼兒教育等多項事業，為廣渡世人而興辦醫療救濟，此鎮國、護國之特色，為該派在臺發展社會福利事業之一助力。臨濟宗透過創辦學校、佛教道場與醫院之方式進行布教，筆者認為這對當時臺灣社會落後的僧侶教育和科學醫療是有貢獻的。

　　以下筆者依研究心得將臨濟宗妙心寺派在臺發展教育與醫療之歷程，繪圖如圖5-1-1所示：

1　資料來源：「財團法人佛教慈愛院」之「慈愛院附設醫院誌略」。在此銘謝「財團法人佛教慈愛院」。

2　在此感謝「高雄佛教慈愛院」林理事長於2012年初夏電話告知。

圖5-1-1 臨濟宗妙心寺派在臺發展教育與醫療之歷程圖（1895-1945）

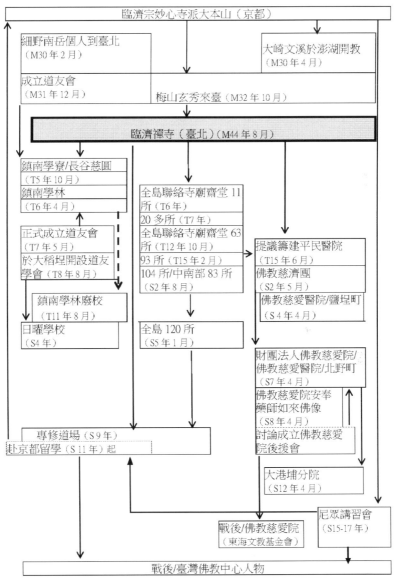

資料來源：筆者自製。M 為「明治」、T 為「大正」、S 為「昭和」年代。因細野南岳是個人到臺北，並非是由大本山派遣至臺，所以筆者未加 ↓。

　　臨濟宗妙心寺派屬於禪宗系統，與臺灣傳承閩南之佛教系統相近，加上該派積極地吸收臺灣原有的寺廟、齋堂，透過教育與醫療之布教方式，臨濟宗妙心寺派成功地吸收了臺灣人信徒，至1942年成為臺灣人信徒數最多之宗派。其中最大的成功因素，筆者認為應是財力較為缺乏，所以該派布教師自第一任住持梅山玄秀為首，紛紛用「以身說法」的方式傳法，成功地凝聚了臺灣人互助之愛心。臺灣人自己出力、捐地、獻財，幫忙建蓋鎮南學林、專修道場、佛教慈愛醫院，發揮佛教之慈愛喜捨之精神。但是日本是依武力取得臺灣，因此自古即具有「為政治服務」性格的日本佛教，是很難讓被統治的臺灣人民真心信服的。高林玄寶、東海昌道尼在臺布教時也提到，要打破臺灣人所傳承的中國系統之佛教信仰、習慣並非易事。而且日本統治時間只有短暫的五十年，日本佛教在臺的根基並不深厚。

　　佛教由印度傳入中國，大量的漢譯佛典奠定漢傳佛教之深厚信仰根基，其中亦融合了中國的儒家、道家之哲學思想，追求個人心性之昇華、以成為自覺圓滿、慈悲渡眾之「覺者」為最高目標。臺灣佛教傳承中國閩南地區之佛教，雖有加入了臺灣地區特有的多元信仰文化，但基本上仍是漢傳佛教之出世的修行方式。臨濟宗在臺的臨濟護國禪寺、鎮南學林、僧侶修行的專修道場、高雄的佛教慈愛醫院，幾乎都是臺灣人自己出資，借掛在臨濟宗之名義下。總督府有記載八宗十四派之臺籍信徒數，但並不意味臺灣人是真心信奉，被統治的臺灣人為了生活、臺灣原本的宗教為了存續，或許「表面式」地依附於日本的佛教宗派。所以1945年中日戰爭日本戰敗投降，當政治之保護傘撤去時，臨濟宗妙心寺派也必須急速撤離臺灣。繼之，來臺的中國僧侶迅速接收、或是佔據了臺灣既有的寺院，以及在戰後當時的臺灣政府對日本的敵對態度、禁止使用日語，經歷過此一政治局勢之巨變，也許會覺得臨濟宗在臺灣的布教事業成果似乎也就瞬間消失，臺灣人又回歸到原本的漢傳佛教之信仰。

　　鎮南學林培養的第一屆學生於1920年畢業，繼之，臨濟宗持續舉行布教講習會。高林玄寶不惜重金，於1936年起陸續送了將近臺灣三十位直系弟子至大本山留學。1940年起，東海宜誠培訓尼僧，舉辦國語講習會、佛教講習會等。臨濟宗培養出之優秀的留日布教人才，在戰後的臺灣社會環境下，低調致力於社會福利事業。細觀戰後臺灣之佛教界，如高林玄寶之直系弟子：臺北內湖金龍寺的陳玄信成立圖書館，臺中寶覺寺的林錦東建造臺日戰死者之慰靈塔，黃玉霞於臺南開元寺、竹溪寺幫忙教導佛學。東海宜誠之直系弟子：高雄龍泉禪寺之隆道（僧），屏東廣修禪寺的素道尼等，臨濟宗訓練出的弟子在佛教界擔任要職，傳承著臨濟宗之「法脈」。另外，非出家僧尼，如黃玉灼女士亦是以臨濟宗之信徒自居，至今仍早晚持誦日文經典，堅持「道風」，與妙心寺派繼續有交流，亦有僧尼持續至花園大學留學。而再次入臺的澤木弘道尼更是默默地行善奉獻，直至圓寂。

　　雖然戰後臺灣人民又多回復信仰漢傳佛教及臺灣原有的多元信仰，但經過五十年的日治時期，臺灣佛教已融入日本佛教現代之「佛學教育」與「入世的科學醫療」的特色。筆者認為日治時期臨濟宗妙心寺派之「臺北臨濟護國禪寺之教育、高雄佛教慈愛醫院之醫療」的布教方式，提升了臺灣僧尼之素質，教導南部地區民眾生病就醫治療、破除迷信治病之觀念，發揮了佛教心性的追求及入世慈悲之精神，亦促成臺灣之佛教科學醫療的開端。

二　研究侷限與未來課題

　　筆者在研究過程中發現臨濟宗之後援團體道友會，除了支持鎮南學林之經費，亦發行刊物、舉辦多種社會教育。1923年起臨濟宗之信徒數開始增加，是否與道友會有關聯，待資料完備後，需再考究道友

會與臨濟宗妙心寺派之關係，以釐清道友會之運作經緯。此外有關個人來臺布教之細野南岳、支援臨濟宗且曾經是兒玉源太郎總督之翻譯官的松本無住，此二人所扮演的角色，以及在臺布教三十年的東海宜誠也應另文再考察。

其次，基督教由教會出資，在臺成立基督教醫院，傳教士幫忙醫治，而高雄佛教慈愛醫院則幾乎都是臺灣同胞自己出資、出力。臺灣醫療史中，多以基督教醫療為主軸，而忽略了此佛教慈愛醫院的存在，只有《高雄醫療史》中有些許介紹，期待日後能有更多「佛教科學醫療」、臺灣地區的藥師如來佛信仰之相關研究。

在臨濟宗妙心寺派在臺之諸多布教事業中，本文著眼於教育與醫療。此外，臨濟宗與臺灣寺廟之關係，以及受過臨濟宗訓練之臺籍僧尼之作為，可做為延伸研究之課題。日後亦可跟其他宗派比對，探討各派在臺之佛教事業的特色。亦請各界賜教。

走筆至此，筆者於緒論中已申明，僅以佛教之觀點來闡述此段日本統治下的臺灣佛教史。根據史料記載，此尊「佛教慈愛院本尊藥師如來尊像」是臺灣眾人愛心捐款，形化而成，東海宜誠和尚在日本製作請來臺灣，成為民眾身心之寄託。戰後，東海宜誠和尚心繫此尊藥師佛像，多次赴高雄找尋，（筆者尋訪曾是東海宜誠和尚之弟子的李居士告知筆者）得知是被信徒請回。東海宜誠和尚之第二代法脈東海亮道和尚在圓寂前，將「佛教慈愛院本尊藥師如來尊像」及「財團法人佛教慈愛院功勞者表彰銅碑」（此碑文因戰爭之關係，已損毀不見。）兩張照片寄給臺南的黃焄珊師兄，雖無附隻字說明，但尋出佛像之心，隱約見於言外，祈成此佛再現之願。

慈愛無國界，亦能跨越政治，筆者合掌衷心期盼，來日有緣人士能展無私大愛，讓此尊屬於臺灣全民的「佛教慈愛院本尊藥師如來尊像」再耀琉璃慈愛之光，亦必為臺日佛教交流之盛事。

參考文獻

一　中文

（一）專書

《臺灣醫療四百年》，臺北市，經典雜誌，2006，初版。

丁福保，《佛學大辭典》，臺北市，佛陀教育基金會，2002。

中村元著、江支地譯，《慈悲》，臺北，東大，1997。

王見川、李世偉主編，《臺灣宗教資料彙編》，臺北，博揚，2009，第2輯，第4冊。

王見川、李世偉著，《臺灣的宗教與文化》，臺北，博揚，1999，初版。

江燦騰，《日據時期臺灣佛教文化發展史》，南天，臺北市，2001，初版。

江燦騰，《台灣佛教百年史之研究》，南天，臺北市，1996，初版。

江燦騰，《臺灣佛教史》，臺北市，五南，2009，初版。

何綿山，《臺閩佛教源流與互動》，臺北市，中國佛教會，2010。

吳敏霞，《日據時期的台灣佛教》，太平慈光寺，臺中縣太平市，2007，初版。

宋光宇，《宗教與社會》，臺北市，東大，1995。

宋光宇，《論語心解：從心性的修煉和體悟探索《論語》的真實意涵》，臺北市，萬卷樓，2008。

施德昌，《臺灣佛教名蹟寶鑑》，民德寫真館編，1941。

范純武、王見川、李世偉，《臺灣佛教的探索》，臺北縣蘆洲市，博揚文化，2005年，初版。

徐州竹林寺編，《淨檢法師與徐州竹林傳奇》，北京市，宗教文化出版
　　　社，2012。

徐　　壽，《臺灣全臺寺院齋堂名蹟寶鑑》，臺南，國清寫真館，1932。

高市醫師公會，《高雄醫療史》，高雄市，高雄市醫師公會編，1998。

國家文化總會，《走讀臺灣：澎湖縣》，臺北市，2009。

張曼濤，《中國佛教史論集・臺灣佛教篇》，臺北市，大乘文化，
　　　1979。

張勝彥，《臺灣開發史》，臺北縣，國立空中大學，1996，初版。

梁湘潤、黃宏介，《臺灣佛教史》，臺北市，行卯出版，1995，2版。

莊永明，《臺灣醫療史，以臺大醫院爲主軸》，臺北市，遠流，1998。

郭璞，《山海經》（三）海內北經第十二，北京市，中華，1985。

陳永興，《臺灣醫界人物誌》，臺北市，望春風文化，2004，初版。

陳永興，《臺灣醫療發展史》，臺北市，新自然主義，2003，4版。

陳玲蓉，《日據時期神道統治下的臺灣宗教政策》，臺北，自立晚報，
　　　1992。

陳清香，《台灣佛教美術　供像篇》，臺北市，藝術家，2008，初版。

陳清香，《台灣佛教美術的傳承與發展》，臺北市，文津，2005，初版。

陳清香，《台灣宗教藝術》，空中大學，臺北縣蘆洲市，2003，初版。

陳鵬仁，《日本文化史導論》，臺北市，致良，2009。

陳鵬仁譯，《中日關係史》，臺北市，水牛，1900。

陸奧宗光著，陳鵬仁譯，《甲午戰爭：中日世紀之戰》，臺北市，開今
　　　文化出版，1994。

湯用彤，《隋唐佛教史稿》，武漢，武漢大學出版社，2008，1版。

遠山三樹，《霸王樹》，幸榮俱樂部，臺灣，1933年。

黃秀政、張勝彥、吳文星，《臺灣史》，臺北市，五南，2002，初版。

黃富三、曹永和主編，《臺灣史論叢》，臺北市，眾文，1980。

黃葉秋造，《鎮南記念帖》，臺北市，鎮南山臨濟護國禪寺，1913。

鈴木滿男，《日本人在臺灣做了什麼》，臺北市，前衛，2002，初版。

臺灣省文獻委員會編，《臺灣省通志卷二人民志宗教篇》（上）、（下），臺北市，眾文，1980。

趙榮珣，《中國第一比丘尼淨檢傳》，北京市，宗教文化出版社，2008。

劉枝萬，《南投縣風俗志宗教篇稿》，南投縣，文獻委員會編纂組，1961。

慧嚴法師，《心遊佛教文化交流》，高雄市，春暉，2012，初版。

鄭卓雲，《台灣開元寺誌略稿》收錄於《臺灣宗教資料彙編》第二輯，第4冊，臺北市，博揚，2010。

戴浩一，顏尚文主編，《台灣史三百年面面觀》，嘉義縣民雄鄉，中正大學臺灣人文研究中心，2008，初版。

顏尚文主編，《臺灣佛教與漢人傳統信仰研究》，嘉義縣民雄鄉，中正大學臺灣人文研究中心，2008，初版。

釋忠定等編輯，《元亨寺志》，高雄市，打鼓巖元亨寺，2010。

釋慧嚴，《臺灣佛教史論文集》，高雄市，春暉，2003，初版。

釋慧嚴，《臺灣與閩日佛教交流史》，高雄市，春暉，2008，初版。

闞正宗，《物華天寶話開元：臺南市二級古蹟開元寺文物精華》，臺南，臺南開元寺，2010。

闞正宗，《臺灣日治時期佛教發展與皇民化運動：「皇國佛教」的歷史進程（1895-1945）》，博揚，臺北，2011。

闞正宗，《臺灣佛教一百年》，東大圖書公司，臺北市，初版，1999。

闞正宗，《臺灣佛教史論》，宗教文化出版社，北京，2008，1版，簡體版。

（二）論文

1 期刊論文

王見川，〈略論日僧東海宜誠及其在台之佛教事業〉，《圓光佛學學報》第3期，1999年3月，頁357-382。

江燦騰，〈日治時期高雄佛教發展與東海宜誠〉，《中華佛學學報》卷16，2003年7月，頁211-231。

江燦騰，〈日據時期臨濟宗妙心寺派日僧東海宜誠來台經營佛教事業的策略及其成效〉（一）、（二）《妙林》9卷1月號，1997年，頁37-40；2月號，頁23-27。

江燦騰，〈臺灣近代（1895-1945）佛教史研究之再檢討〉，《佛學研究中心學報》第10期，2005年。國立臺灣大學佛學研究中心編輯委員會編輯，臺北市，國立臺灣大學佛學研究中心。

李志夫，〈佛教對中日文化影響之比較〉，《中華佛學學報》第11期，1998，臺北，中華佛學研究所，頁103-117。

松金公正，〈日據時期日本佛教之台灣佈教──以寺院數及信徒人數的演變為考察中心〉，《圓光佛學學報》第3期，1999，2月，頁192-222。

林欐嫚，〈由訪談玄祐尼（黃玉灼女士）中──論日治時期臨濟宗妙心寺派在臺之尼僧教育〉，《圓光佛學學報》第22期，2013年12月，頁219-258。

釋慧嚴，〈再檢視日治時代臺灣佛教界從事的教育事業〉，《中華佛學學報》第16期，2003，臺北，中華佛學研究所，頁169-210。

闞正宗，〈日治台灣佛教的特點與研究〉，《圓光佛學學報》第18期，2012年6月，頁97-138。

闞正宗，〈日僧佐佐木珍龍的臺灣開教：佛教曹洞宗在殖民初期

（1895-1901）的活動〉，《圓光佛學學報》第21期，2013年6月，頁125-161。

闞正宗，〈從「從軍僧」到「臺灣開教使」──日據初期（1895-1912）佛教各宗的臺灣開教〉，《護僧》第45期，中華佛教護僧協會，2006年12月，頁8-30。

2 論文集論文

王見川，〈日據時期台灣佛教史二論〉，《台灣佛教學術研討會論文集》，1996年12月，頁195-209。

江燦騰，〈日據時代台灣北部曹洞宗大法派的崛起　覺力禪師與大湖法雲寺派〉，「台灣佛教學術研討會」論文集，1996年12月，頁47-84。

李志夫，〈台灣佛教教育之回溯、檢討與展望〉，《文化與當代世界：慶祝印順導師百歲嵩壽學術論文集》，現代佛教學會編輯，臺北市，文津，2005。

香光尼眾佛學院主編，《比丘尼的天空：佛教僧伽教育國際研討會論文集》2009佛教僧伽教育國際研討會論文集，財團法人伽耶山基金會，臺北市，2010。

陳清香，〈妙禪法師的生平履歷再考〉，「台灣佛教通史學術研討會」論文集，2014年6月。

闞正宗，〈日治台灣佛教的特點與研究〉，《台灣佛教論壇──從清朝、日治到當代台灣佛教文集》，2011年1月9日。

3 學位論文

王宣蘋，《日治時期留學日本的尼僧》，國立臺灣師範大學臺灣史研究所碩士論文，2013。

李元弘，《當代藥師法門之實踐——以臺灣及日本關西地區為例》，玄
　　　奘大學宗教學系碩士班碩士論文，2008。

康云主，《日據時代的基督教政策初探——以韓國與台灣基督教為
　　　例——》，國立臺灣大學歷史學研究所碩士論文，2000。

提寬法師，《日據時期台灣佛教『教育事業』之研究》，圓光佛學研究
　　　所碩士論文，2000。

闞正宗，《日本殖民時期臺灣「皇國佛教」之研究「教化、同化、皇
　　　民化」下的佛教（1895-1945）》，國立成功大學歷史學系博
　　　士論文，2010。

（三）古籍

（宋）王溥，《唐會要》，北京，中華書局，1998，卷49。

《三國志》魏書三十，北京，中華，1966。

《後漢書》（十）〈傳〉九，北京，中華，1966

《漢書》地理志第八下，北京，中華，1966。

《論衡》卷八、卷十九，北京，中華，1966。

二　日文

（一）專書

《日本殖民地史》③，臺灣，東京，每日新聞社，1987。

《殖民地社會事業關係資料台灣編》第2冊，近現代資料刊行會，
　　　2000。

《臺灣史料稿本》，出版地不詳，臺灣總督府史料編纂會，1900、
　　　1917。

《臺灣事情》，臺灣總督府，1935。

《親鸞聖人御消息集》收藏於《国訳大蔵経：昭和新纂》宗典部，第
　　　　4卷，東京，東方書院，1932。

万朝報社新日本史編纂局，《新日本史》第3卷，東京，万朝報社，
　　　　1926。

三浦周行，《中等教育日本史教科書・上級用》，東京，開成館，1913。

丸井圭治郎，《臺灣佛教》，出版地不詳，出版單位不詳，出版年不詳。

土屋詮教，《明治佛教史》，東京，三省堂，1939。

土屋詮教，《日本宗教史》，東京，早稲田大学出版部，1907。

土屋詮教，《宗教教育問題の帰結》，東京，大雄閣，1928。

大内青巒，《明治天皇と仏教》，東京，鴻盟社，1912。

大國督，《臺灣カトリック小史》，臺北市，杉田書店，1941。

大富秀賢，《明治天皇ト真宗》，京都，西村護法館，1912。

大橋捨三郎，《真宗本派本願寺臺灣開教史》，真宗本派本願寺臺灣別
　　　　院，臺北市，1935。

小林洵，《日本僧侶の位置》，京都，興教書院，1889。

小室裕充，《近代仏教史研究》，京都市，同朋社，1987，初版。

山本忍梁，《東寺沿革略誌》，京都，教王護国寺，1916。

山県玄浄，《百錬之鉄腸》，京都，燈会，1897。

川上孤山著、荻須純道補述，《増補妙心寺史》，思文閣，京都，
　　　　1975。

川手晴雄，《日本の近現代史：過去の過ちを未來の戒めに》，臺北市，
　　　　尚昂文化，2010，初版。

中央大学人文科学研究所編，《近代日本の形成と宗教問題》，東京都，
　　　　中央大学出版部，1993改訂版。

仏教聯合会編，《日本佛教要覽》，東京，仏教聯合会，1925。

文部省宗教局編，《宗教要覽》，東京，文部省宗教局編，1916。

文部省普通学務局編，《社会教育講演集》，東京，帝国地方行政学
　　　　会，1921。

水谷寿、横田満，《大谷派近代年表》京都，大谷派本願寺編纂課，
　　　　1924。

加藤美侖，《日本文化吾等の仏教常識》，東京，朝香屋書店，1923 。

北田耕也，《明治社会教育思想史研究》，東京，学文社，1999。

北畠玄瀛，《本願寺》，京都，本派本願寺教務部，1919。

古典保存會編，《元興寺緣起：醍醐寺本》，東京，古典保存會，
　　　　1927。

司法省大臣官房庶務課編，《德川禁令考》62卷後聚40卷・第五帙，
　　　　東京，司法省調查課，1932。

平安專修学院 編，《仏教各宗大意》下卷，京都，興教書院，1926。

本多辰次郎，《皇室と仏教》，東京，東方書院，1933。

田中善立，《臺湾と南方支那》，東京市，新修養社，1913。

田村圓澄，《図說日本仏教の歷史》，東京都，佼成出版社，1996。

矢吹慶輝，《思想の動向と仏教》，東京，大雄閣，1933。

石川一郎，《江戶文学俗信辞典》，東京，東京堂，1989。

石川源一郎，《臺灣名所寫眞帖》，臺北，商報社，1899。

石井進 等，《詳說日本史》B，東京，山川出版社，2014。

石井研堂，《明治事物起原》，東京，橋南堂，1908，

石井善市郎，《京都名勝鑑：鮮明写真入》，京都，1916。

石村貞一，《仏教各宗大意》，東京，石村貞一，1886。

吉田久一，《日本佛教近代社會史研究》，東京，吉川弘文館，1964。

安藤元節，《臺灣大觀》，日本合同通信社，東京市，1932。

池田英俊等編，《福祉と仏教》救いと共生のために，東京都，平凡
　　　　社，2000，初版。

西谷順誓，《仏教とは何ぞや》，京都，法林館，1916。

辻善之助，《日本仏教史概説》，東京，好学社，1948。

辻善之助，《日本文化と佛教》，東京，大日本圖書社，1937。

辻善之助，《皇室と日本精神》，東京，大日本出版，1944。

辻善之助，《慈善救済史料》，東京，金港堂書籍，1932。

佐竹智応，《本願寺第二十一世明如上人御伝絵鈔》，京都，顕道書院，1904。

佐佐木珍龍，《從軍實歷夢遊談》，東京，鴻盟社，1900。

妙心寺大觀編輯委員會，《妙心寺大觀》，京都，妙心寺派宗務本所，1974。

妙心寺派宗務本所編，《大本山妙心寺開創六百年記念・再興本源円通通国師四百五十年遠諱大法会記録》，京都，妙心寺派宗務本所，1937年。

志田利著，《仏教と社会福祉》，京都市，平樂寺書店，2005，初版。

杉山靖憲，《臺灣名勝舊蹟誌》，出版地不詳，臺灣總督府，1916。

村崎長昶，《臺北写真帖》，臺北，新高堂書店，1913。

参業会，《大阪府仏教各宗聯合寺院名簿》，大阪，参業会編纂部，1913。

国民新聞社編，《明治天皇聖德奉頌講演集》，東京，国民新聞社，1921。

服部敏良，《室町安土桃山時代医学史の研究》，東京，吉川弘文館，1971。

東洋経済新報社，《明治金融史》，東京，東洋経済新報社，増訂4版，1912。

東海亮道編、野川博之著，《台湾三十三観音巡拝》，大阪市，朱鷺書房，2004。第1版，第1刷。

杵淵義房，《臺灣社会事業史》，内湖庄（臺北州），德友会，1940。

林蘇峰，《高林玄宝大和尚鼎談錄》，日本美濃，郷土を語る会，1962。

長岡乘薫，《通俗仏教百科全書》第3卷，東京，開導書院，1891。

柏原祐泉，《日本仏教史》[4]近代，吉川弘文館，東京，1986。

狩谷望之，《古京遺文》，東京，随筆集誌発行所，1893。

秋野孝道，《曹洞宗意講話》，東京，一喝社，1914。

祖風宣揚会，《皇室と真言宗》，京都，六大新報社，1915。

神長倉真民，《閥族の解剖》，東京，四方社，1917。

高雄州，《高雄州社會事業概要》，（昭和十三年十月）出版地不詳，
　　　　發行者不詳，1938年。

高楠順次郎，《国民と宗教》，東京，丙午出版社，1909。

高楠順次郎、望月信亨，《聖德太子御伝叢書》，東京，金尾文淵堂，
　　　　1942。

堀江八郎，《南征史》，東京，春陽堂，1897。

常盤大定，《日本佛教の研究》，東京，春秋社松柏館，1943。

曹洞宗尼僧團本部，《曹洞宗尼僧史》，東京，曹洞宗尼僧團本部，
　　　　1955。

梶浦 逸外，《仏教東漸七十年》，岐阜，正眼寺，1962。

淺野研真，《日本佛教社會事業史》，東京，凡人社，1934。

富士川游，《日本医学史》，東京，裳華房，1904。

富井隆信，《明如上人御一代略伝》，京都，興教書院，1903。

森清人，《教育敕語謹話》，東京，直靈出版，1943。

渡辺幾治郎，《日本社会問題史観》，東京，大日本文明協会事務所，
　　　　1925。

渡辺幾治郎，《皇室と社会問題》，東京，文泉社，1925。

菊池寬，《明治文明綺談》，東京，六興商会出版部，1943。

袴谷憲昭，《日本仏教文化史》，東京，大藏出版，2005。

雄山閣，《類聚伝記大日本史》第七卷，東京雄山閣，1936。

黑板勝美，《日本書紀私記》，東京都，吉川弘文館，1999。

黑板勝美，國史大系編修會編《日本書紀》卷22，東京都，吉川弘文館，1986。

黑板勝美‧國史大系編修會編，《日本書紀》卷19，東京都，吉川弘文館，1986。

黑板勝美編‧新訂增補國史大系12《扶桑略記》，東京都，吉川弘文館，1999。

椿本義一，《台湾大観》，東京，大阪屋号書店，1923。

源光圀 修，《大日本史》仏事志1，德川篤敬，東京，1900。

道元，〈辨道話〉收錄於《正法眼藏》，東京，国母社，1896。

道端良秀，《中国仏教史全集》第1卷，東京，東京都書苑，1985。

道端良秀，《日中仏教友好二千年史》，東京都，大東出版社，1987，初版。

臺湾総督府，《臺湾総督府統計書》第1-46回，臺北，臺湾総督府，1912-1944。

臺灣總督府文教局社會課，《臺灣に於ける神社及宗教》，臺北市，臺灣總督府文教局社會課，1943。

增田福太郎，《臺灣本島人の宗敎》，東京市，財團法人明治聖德記念學會，1935。

澎湖廳，《澎湖事情》，臺北市，澎湖廳，1936。

蔡錦棠，《日本帝國下臺灣の宗教政策》，東京，同成社，1994。

橋川正，《日本仏教と社会事業》，東京，丙午出版社，1925。

橋川正，《日本仏教文化史の研究》，京都，中外出版，1924。

鍋島直樹、長上深雪、嵩満也編，《仏教生命観の流れ》緣起と慈悲，京都市，法藏館，2006，初版。

鎌田茂雄，《仏教の来た道》，東京，講談社学術文庫，2003。

（二）論文

1 期刊論文

吉田政博，〈戦国期における陣僧と陣僧役〉，《戦国史研究》，東京，
　　　　戦国史研究會，吉川弘文館，30號，1995年8月，頁1-11。

名和月之介，〈仏教と軍事援護事業──日清戦争における西本願寺
　　　　教団の事業を端緒として──〉，《四天王寺国際仏教大学紀
　　　　要》第40號，2005年9月，頁10-28。

名和月之介，〈明治中期における仏教慈善事業の形成について〉，
　　　　《四天王寺国際仏教大学紀要》，大学院第4号、人文社会学
　　　　部第39号、短期大学部第47号，2005年3月，頁29-44。

名和月之介，〈感化救済事業と仏教──内務省救済行政と仏教との
　　　　結合様式についての一考察──〉《四天王寺国際仏教大学
　　　　紀要》第44号，2007年3月，頁89-123。

松金公正，〈日本統治期における妙心寺派台湾布教の変遷──臨済
　　　　護国禅寺建立の占める位置──〉，《宇都宮大學國際學部研
　　　　究論集》第12號，2001年10月，頁137-162。

松金公正，〈日本植民地初期台湾における浄土宗布教方針の策定過
　　　　程（上）〉，《宇都宮大学国際学部研究論集》第13号，2002
　　　　年3月，頁213-232。

松金公正，〈日本植民地初期台湾における浄土宗布教方針の策定過
　　　　程（下）〉，《宇都宮大学国際学部研究論集》第14号，2002
　　　　年10月，頁87-109。

松金公正，〈植民地時期台湾における　日本仏教寺院及び説教所の設
　　　　立と展開〉《台灣史研究》第16號，1998年10月，頁18-33。

胎中千鶴，〈日本統治期台灣における臨濟宗妙心寺派の活動──

1920～30年代を中心に ─ 〉《台灣史研究》第16號，1998年，頁3-17。

胎中千鶴，〈日本統治期台湾の仏教勢力 ─ 1921年南瀛仏教会成立まで〉《史苑》58卷2號，立教大學史學會編，1998年3月。

三　期刊

《太陽》（1896-1922），德島，太陽新聞社。

《正法輪》（1894-1941），京都，臨濟宗妙心寺派。

《佛教》100-104號，1895，東京，佛教學會。

《宗報》（1931、1933、1935、1937），臺南，臨濟宗妙心寺派。

《宗報》第1-23號，（1896-1897），東京，曹洞宗。

《社會事業の友》第100期，臺北市，臺灣社會事業協會，1937年3月。

《南瀛佛教》（1923-1944），臺灣。1941年起更名為《臺灣佛教》。

《高雄市社會事業概要》，1936年6月、1939年，高雄市。

《高雄州社會事業概要》，1938年10月。

《密嚴教報》（1894-1895），東京，密嚴教報社出版。

《曹洞教報》第1-33號，（1895-1896），東京，曹洞教報社。

《淨土教報》第290-519號，（1897-1902），京都，淨土教報社。

《傳燈》（1894-1895），京都，真言宗傳燈會。

《圓通》（1933-1938），臺灣，臨濟宗。

《實業之臺灣》1919年1月1日，108期，臺灣，實業之臺灣社。

《臺灣自治評論》3卷，1期，1938年1月1日，臺灣，自治評論社。

《臨濟時報》（1941-1944）。《正法輪》於1941年5月起，改名為《臨濟時報》創刊919號，但仍延續《正法輪》之號數。

《禪文化》第17號，昭和34年（1959）9月1日，京都，妙心寺大本山。

《護僧》，中華佛教護僧協會第45期，高雄市，2006年12月。

四　報紙

《方面時報》18期，1936年5月20日，東京，東京市社会局。

《明教新誌》CD-ROM版（1894-1895），高野山大學附屬圖書館監修。

《臺南新報》（1925-1932），臺南，臺南活版社。

《臺灣日日新報》（1898-1944），臺灣，臺灣日日新報社。

《臺灣愛國婦人新報》（1931-1941），臺北市，愛國婦人會臺灣本部。

五　其他

CBETA中華電子佛典協會，網址：http://www.cbeta.org/

CBETA電子版，網址：http://ccbs.ntu.edu.tw/

〈近代化が進んだ仏教界〉2011年7月11日。「ふつうのお寺」，網
　　　址：http://futsu-no-otera.jp/?p=3139

《總督府檔案》（1895-1945）

講談社カラー版《日本語大辞典》，東京，講談社，1989。

石原幸作，〈臺北市地圖〉，臺灣日日新報社發行，1930。洪德揚，〈北
　　　投湯守觀音考〉，網址：www.btcc.org.tw/web/94tc/show2A/
　　　hong.doc

素道尼親手履歷手稿。

東海宜誠親筆手稿經歷書。

臺灣總督府，《臺灣總督府統計書》，臺北，臺灣總督府（1898-1942）。

臺灣總督府府（官）報資料庫。

国立公文書館アジア歴史資料センター。網址：https://www.jacar.go.jp/

圖、表目錄

一　圖

二 表

附錄表

附錄表一　陣中尊號

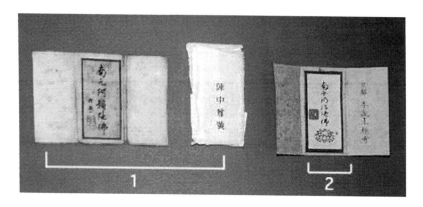

出征兵士所被配與的名號（出征兵士に配られたお名号）

1.真宗大谷派　2.本派本願寺派

資料來源：http://aki.or.jp/peace/peace_exhibition/1004-15.html

附錄表二　明治36年至昭和17年（1903-1942）之日本佛教各派在臺寺院數

年份	本願	大谷	日蓮	淨土	曹洞	臨濟	高野	深草	天臺	總計
明 36	1	-	1	-	-	1	-	-	-	3
明 37	2	-	1	-	1	1	-	-	-	5
明 38	3	-	1	-	1	1	-	-	-	6
明 39	3	-	1	-	1	1	-	-	-	6
明 40	3	-	1	1	2	1	-	-	-	8
明 41	3	-	1	1	2	1	-	-	-	8
明 42	3	-	1	1	2	1	-	-	-	8
明 43	3	-	1	1	3	1	1	-	-	10
明 44	3	-	1	2	3	1	1	-	-	11
大 1	3	-	1	2	3	1	1	-	-	11
大 2	4	-	1	2	3	1	1	-	-	12
大 3	7	-	1	2	4	2	1	-	-	17
大 4	10	-	1	2	4	2	1	-	-	20
大 5	11	-	1	3	5	3	1	-	-	24
大 6	11	-	2	3	5	3	1	-	-	25
大 7	11	-	2	3	5	3	1	-	-	25
大 8	11	-	2	3	5	3	1	-	-	25
大 9	12	-	2	3	5	4	1	-	1	28
大 10	12	1	2	3	5	4	1	-	1	29
大 11	12	2	2	3	5	4	1	-	1	30
大 12	15	2	2	3	5	4	1	-	1	33
大 13	15	2	2	3	5	4	1	-	1	33
大 14	15	2	2	3	6	4	1	-	1	34
昭 1	15	2	2	3	7	6	1	-	1	37
昭 2	15	2	2	3	7	6	1	-	1	37
昭 3	15	2	2	4	8	7	1	-	1	40
昭 4	15	2	2	5	9	7	1	-	1	42
昭 5	15	2	3	5	9	9	1	-	1	45
昭 6	15	2	3	6	9	10	2	-	1	48
昭 7	15	2	3	6	10	11	2	-	1	50
昭 8	15	2	3	6	10	12	2	-	1	51
昭 9	15	2	3	6	11	13	2	-	1	53
昭 10	16	2	3	6	12	13	2	1	1	56
昭 11	16	2	3	6	12	13	3	1	1	57
昭 12	16	4	3	7	12	13	4	1	1	61
昭 13	16	5	3	7	12	13	4	1	1	62
昭 14	16	5	3	6	13	13	4	1	1	62
昭 15	16	5	3	6	14	14	4	1	1	64
昭 16	16	5	3	6	14	15	4	1	1	65
昭 17	16	5	3	6	14	15	4	1	1	65

資料來源：歷年《臺灣總督府統計書》，筆者整理。

附錄表三　明治31年至昭和17年（1898-1942）信奉佛教（各派）之日籍信徒數

年份	本願	大谷	淨土	曹洞	臨濟	真言	醍醐	深草	天臺	日蓮	顯本	本門	木邊	華嚴	總計
明31	1780	579	130	425	25					70					3009
明32	2848	758	480	283	38					340					4747
明33	2096	1546	390	933	230	200				443					5838
明34	6194[1]		280	2429	265	1717				1700					12585
明35	6231		1193	2669	328	1717				1715					13853
明36	2485	1426	1648	2936	495	1478				1630					12098
明37	4779	838	1376	1776	675	227				1565					11236
明38	4235	525	1416	2986	1110	427				461					11160
明39	5784	651	2506	2509	590	1213				572					13825
明40	7283	624	2655	2736	751	1407				581					16037
明41	8048	624	1947	3165	765	1555				806					16910
明42	8298	988	2329	5735	765	1123				878					20116
明43	7783	1313	2851	6488	812	1175				1037					21459
明44	10270	1942	1579	6061	432	1240				1756					23280
大1	12999	2325	2809	8557	978	1333			120	2008					31129
大2	14238	2090	3630	9113	1052	2007			168	2284					34582
大3	15682	1643	4305	8389	1525	2251			152	2199					36146
大4	17050	1053	4705	8531	1180	2863			160	2931					38473
大5	22112	2615	4594	8251	735	2356			150	2479					43292
大6	17616	2778	8448	3975	950	1745			416	2220					38148
大7	16760	2940	8486	4183	660	1517			381	1895					36822
大8	19557	4655	7472	4094	680	2093			381	2857					41789
大9	12179	5340	5605	4540	1080	3571			550	2662		85			35612
大10	12159	2770	5933	4509	1040	3646			1250	2439	93	205			34044
大11	10934	2758	6477	4858	1030	3707			1597	2848	271	519			34999

1　真宗本願寺派與真宗大谷派於明治34、35年（1901、1902）數據合併為真宗。

附錄表三（續）

年份	本願	大谷	淨土	曹洞	臨濟	真言	醍醐	深草	天臺	日蓮	顯本	本門	木邊	華嚴	總計
大12	28585	5208	7036	9996	2768	4413			1825	6238	287	542			66898
大13	25174	6924	7958	10875	2975	4767			1480	6275	328	576			67332
大14	24149	6338	9527	10465	4039	6931			2258	5667	428	726			70528
昭1	26457	6727	9195	14282	5054	5277			2409	4229	625	1787			76042
昭2	28958	8724	11203	14269	4951	5093			1325	4563	1078	1280			81444
昭3	28651	9354	11032	15850	5623	5254			1330	4146	1398	1366			84004
昭4	31491	10303	11435	16225	6081	5009		120	2930	4489	1527	1635			91245
昭5	33016	12034	10529	17415	5776	5427		420	2447	4888	1592	1460			95004
昭6	31243	12776	13643	17914	6354	11046		520	2472	5010	1586	1550			104114
昭7	33973	13534	13563	19250	6233	11598		650	2490	5063	1649	1608			109611
昭8	33916	14371	14208	19864	6127	13444	132	581	2539	5117	1668	1704			113671
昭9	34250	15882	14302	18293	6622	6726	9532	601	2560	5486	1698	1719			117671
昭10	26690	16069	14289	20422	6371	6985	11455	951	2512	4489	1645	2156			114034
昭11	36927	14181	12358	19284	4431	6740	11310	951	2505	5218	1652	2246			117803
昭12	42912	20545	12795	17849	5265	6955	324	962	1505	4372	969	1501			115954
昭13	40775	18459	13392	18222	5151	7035	324	942	1480	4401	1011	1551			112743
昭14	42250	19353	13348	18555	5144	9199	435	862	1425	4561	563	1071			116766
昭15	46335	19482	13300	17918	4370	9847	1423	726	1580	4839	576	1188	235		121819
昭16	32574	18151	14699	15941	8670	11811[2]		1515	1571	4223[3]		1087[4]	261	100	110603
昭17	44099	22843	13719	12848	4150	10786		2350	1611	4400		1264	900		118970

資料來源：歷年《臺灣總督府統計書》。

2　真言宗（高野派）與真言宗醍醐派於昭和16年（1941）合併為真言宗。

3　日蓮宗與顯本法華宗於昭和16年（1941）合併為日蓮宗。

4　本門於昭和16年（1941）起改為法華宗。

附錄表四　明治31年至昭和17年（1898-1942）信奉佛教（各派）之臺籍信徒數

年份	本願	大谷	淨土	曹洞	臨濟	真言	醍醐	深草	天臺	日蓮	顯本[5]	本門	木邊	華嚴	總計
明31	8260	11768	180	4532	76					300					25116
明32	7569	7029	7924	1258	73					500					24353
明33	9544	7707	4130	14071	82					1150					36684
明34	45424		2969	12598	130	707				5870					67698
明35	39776		3306	13890	139	707				5000					62818
明36	16899	3577	3253	13321	-	908				5683					43641
明37	8996	500	2627	10891	250										23264
明38	791	500	2115	5570	333					5599					14908
明39	1008	504	2420	5495	335	2				5455					15219
明40	993	504	3244	5810	338	2									10891
明41	631	504	2303	5299	337	6									9080
明42	1092	504	2700	5643	337	6									10282
明43	1168	525	1798	6662	82										10235
明44	2039	483	1124	7084	97										10827
大1	2241	596	1675	8049	357	11				132					13061
大2	2143	623	1870	8041	376	36				10					13099
大3	2072	613	2214	8592	375	15				59					13940
大4	4001	603	2296	11937	370	40				8					19255
大5	1615	50	409	21169	305	1									23549
大6	884	200	1693	5636	1020	36				11					9480
大7	749	200	3101	4436	1020					17					9523
大8	1497	200	4663	4875	1085	56				27					12403
大9	1683	359	2560	7504	140					20					12266
大10	1631	85	2679	7287	163	18			17	336					12216
大11	2922	57	2626	12830	297	30			20	30	13	3			18828
大12	4292	362	2652	27232	6092	43			20	105	13	4			40815
大13	6032	417	2358	20956	8068	32			25	115	15	7			38025
大14	5424	367	2402	24219	12170	28			35	171	23	4			44843
昭1	6154	324	2259	20522	12321	28				66	20	65			41759
昭2	3440	370	1950	20580	12992	30			43	53	20	24			39502
昭3	4468	380	3324	22733	12773	30			48	154	20	32			43962
昭4	4757	414	3959	22055	16901	79			3	50	23	49			48290

5　明治31年（1898）日蓮宗八品派改名為本門法華宗，同妙滿寺派改為顯本法華宗獲得認可。

附錄表四（續）

年份	本願	大谷	淨土	曹洞	臨濟	真言	醍醐	深草	天臺	日蓮	顯本[6]	本門	木邊	華嚴	總計
昭 5	6599	429	4004	22867	16186	34			45	142	25	56			50387
昭 6	3963	430	3890	22422	17624	34			45	150	24	56			48638
昭 7	4876	433	2451	25243	19885	38			45	137	4	149			53261
昭 8	5498	445	2418	25853	19142	123			45	140	8	158			53830
昭 9	5676	444	2413	23292	19181	293			45	144	11	158			51657
昭 10	5341	244	2353	22188	19416	316		95	45	141	14	88			50241
昭 11	4178	446	1922	18568	15933	507		95	45	158	62	34			41948
昭 12	4346	16306	2921	15928	18622	429		100	45	60	41	12			58810
昭 13	5096	15967	3834	17453	16966	429		100	45	63	39	30			60022
昭 14	8100	1779	6088	17436	16656	1297			70	132	56	27			51641
昭 15	9500	2170	4419	24318	17044	1843	402	57	53	200	61	37		500	60604
昭 16	10514	3543	6532	19723	18919	3133		229	45	354		47		380	63419
昭 17	10025	4627	5422	22786	26099	9058		275	46	1440		43	25		79846

資料來源：歷年《臺灣總督府統計書》。

6　明治31年（1898）日蓮宗八品派改名為本門法華宗，同妙滿寺派改為顯本法華宗獲得認可。

附錄表五　明治31年至昭和17年（1898-1942）基督教與佛教之布教師人數，日籍、臺籍信徒總數

年份	基督教				佛教			
	布教師	日籍	臺籍	日、臺信徒總數	布教師	日籍	臺籍	日、臺信徒總數
明31	102	150	9998	10148	72	3009	25119	28128
明32	70	170	9665	9835	62	4747	24353	29100
明33	80	149	9444	9593	39	5838	36684	42522
明34	98	196	13089	13285	58	12585	67698	80283
明35	124	152	15835	15987	54	13853	62818	76671
明36	125	296	12759	13055	52	12098	43641	55739
明37	131	281	14787	15068	47	11236	23264	34500
明38	136	315	14760	15081	49	11160	14908	26068
明39	148	433	17321	17760	46	13825	15219	29044
明40	153	425	18981	19421	52	16037	10891	26928
明41	173	1527	18745	20280	57	16910	9080	25990
明42	180	529	20568	21103	61	20116	10282	30398
明43	176	795	21777	22576	60	21459	10235	31694
明44	188	1641	23799	25444	69	23280	10827	34107
大 1	188	985	25646	26638	87	31129	13061	44190
大 2	183	2083	19862	21955	91	34582	13099	47681
大 3	186	1395	23141	24542	79	36146	13940	50036
大 4	189	1552	24100	25652	90	38473	19255	57728
大 5	196	1408	27415	28877	98	43292	23549	66942
大 6	208	1854	26784	28693	78	38148	9480	47630
大 7	217	1923	27064	29014	57	36822	9523	46345
大 8	219	2050	32052	34128	56	41789	12403	54192

附錄表五（續）

年份	基督教				佛教			
	布教師	日籍	臺籍	日、臺信徒總數	布教師	日籍	臺籍	日、臺信徒總數
大 9	221	1948	33295	35282	62	35612	12266	47878
大10	231	1990	33807	35847	64	34044	12216	46260
大11	222	2057	33526	35637	61	34999	18828	53828
大12	212	1985	34675	36725	60	37266	22930	60197
大13	216	2203	36664	38938	62	40293	21023	61317
大14	222	2331	35383	37771	70	44615	20775	65393
昭1	223	2374	38177	40606	72	44594	17380	61912
昭2	226	2627	41379	44083	76	45542	15203	60880
昭3	244	2975	42512	45538	84	48452	15289	63783
昭4	243	3298	43144	46496	89	49675	17093	66822
昭5	247	3735	44165	47940	89	50791	15921	66720
昭6	261	3776	45415	49264	89	55852	15200	71093
昭7	276	4009	46129	50202	93	57118	14553	71690
昭8	280	4167	47181	51399	103	60944	15394	76369
昭9	269	4319	46551	50953	110	67481	16071	83587
昭10	271	4089	52316	56462	111	59878	15273	75202
昭11	268	3486	48860	52393	114	58409	14622	73162
昭12	300	3712	49544	53278	119	44656	15922	60700
昭13	268	3772	50110	53900	125	40025	17008	57129
昭14	285	3917	51425	55466	135	41321	21414	62781
昭15	287	3488	55203	58798	139	42486	28453	71055
昭16	280	5482	69076	74670	154	42854	35116	78156
昭17	275	3731	65370	69189	159	66083	40925	107230

資料來源：歷年《臺灣總督府統計書》，筆者整理。

附錄表六　大正12年至昭和17年（1923-1942）臨濟宗於各州、廳之臺籍、日籍信徒數

州別	臺北州			新竹州			臺中州			臺南州			高雄州			花蓮港廳			澎湖廳			合計		
	臺籍	日籍	合計	臺籍	日籍	合計	臺籍	日籍	合計	臺籍	日籍	合計	臺籍	日籍	合計	臺籍	日籍	合計	臺籍	日籍	合計	臺籍	日籍	總計
大12	5545	1285	6830	0	0	0	0	0	0	0	0	0	100	180	280	0	0	0	0	0	0	5645	1465	7110
大13	7584	1680	9264	0	0	0	0	0	0	0	0	0	0	200	200	0	0	0	0	0	0	7584	1880	9464
大14	10779	2090	12869	0	0	0	0	0	0	0	0	0	0	195	195	0	490	490	0	0	0	10779	2775	13554
昭1	10560	2941	13501	0	0	0	0	0	0	0	0	0	320	22	342	0	490	490	0	0	0	10880	3453	14333
昭2	10766	3100	13866	0	0	0	0	0	0	0	0	0	350	22	372	0	493	493	0	150	150	11116	3765	14881
昭3	10220	2545	12765	180	0	180	0	0	0	0	0	0	1350	0	1350	10	400	410	0	150	150	11760	3095	14855
昭4	12878	2765	15643	520	0	520	0	0	0	0	0	0	1420	0	1420	10	400	410	0	250	250	14828	3415	18243
昭5	11948	2965	14913	505	0	505	120	0	120	120	0	120	2030	0	2030	100	310	410	0	148	148	14703	3423	18126
昭6	11948	2965	14913	520	0	520	844	0	844	120	0	120	2680	0	2680	30	350	380	0	650	650	16142	3965	20107
昭7	12775	3018	15793	520	0	520	1150	0	1150	120	0	120	3627	0	3627	50	480	530	0	360	360	18242	3858	22100
昭8	12772	3158	15930	520	0	520	1251	0	1251	120	0	120	2650	0	2650	50	500	550	0	480	480	17363	4138	21501
昭9	12800	3300	16100	520	0	520	1300	0	1300	120	0	120	2400	0	2400	50	550	600	0	373	373	17190	4223	21413
昭10	12863	3016	15879	520	0	520	1327	0	1327	120	0	120	2411	0	2411	60	560	620	0	380	380	17301	3956	21257
昭11	8772	2389	11161	520	0	520	1328	0	1328	120	0	120	2074	0	2074	63	651	714	0	380	380	12877	3420	16297
昭12	8782	2517	11299	520	0	520	1330	0	1330	120	0	120	2074	0	2074	92	562	654	0	380	380	12918	3459	16377
昭13	8433	6936	15369	520	0	520	786	0	786	120	0	120	2220	0	2220	95	600	695	3	380	383	12177	7916	20093
昭14	6976	2947	9923	520	0	520	802	0	802	130	0	130	2120	0	2120	95	505	600	0	380	380	10643	3832	14475
昭15	5303	2468	7771	520	0	520	851	0	851	200	0	200	1801	22	1823	95	600	695	20	380	400	8790	3470	12260
昭16	5300	6800	12100	530	0	530	1121	0	1121	512	208	720	1801	35	1836	50	500	550	30	800	830	9344	8343	17687
昭17	3835	1170	5005	400	0	400	635	0	635	4037	316	4353	4088	19	4107	55	545	600	20	370	390	13070	2420	15490

資料來源：歷年《臺灣總督府統計書》，筆者整理。

附錄表七　大正12年至昭和17年（1923-1942）曹洞宗、真宗本願寺派於臺南州、高雄州之臺籍信徒數

州別	曹洞宗		真宗本願寺派	
	臺南州	高雄州	臺南州	高雄州
大12	6948	0	125	542
大13	4100	0	135	850
大14	7100	0	135	1283
昭1	5200	0	135	1270
昭2	5305	0	135	1073
昭3	7210	0	135	1523
昭4	6270	0	187	1573
昭5	7351	0	187	1623
昭6	7351	0	187	178
昭7	7451	0	187	348
昭8	7500	0	187	983
昭9	8010	0	187	715
昭10	6250	1422	187	723
昭11	3020	1422	187	407
昭12	3183	1422	187	407
昭13	3285	1422	187	480
昭14	3391	1512	85	80
昭15	5535	2680	100	93
昭16	850	2567	197	150
昭17	4442	1138	195	150

資料來源：歷年《臺灣總督府統計書》，筆者整理。

附錄表八　臺灣佛教臨濟宗諸山演派法脈表

臨濟下	臨濟下派	崗山派	赤山派	開元寺派（觀音山派）	月眉山派
演派世代	內字法名	外字字號	外字	外字	外字
50	仁	福	-	-	-
51	聖	善	-	-	-
52	果	成	-	-	-
53	常	寶	梵	-	善
54	演	妙	妙	-	德
55	寬	義	頌	-	普
56	宏	永	微	-	修
57	惟	開	深	-	紹
58	傳	心	懷	-	真
59	法	圓	復	精	有
60	印	天	成	圓	由
61	證	地	寶	淨	
62	悟	覺	蓮	妙	
63	會	悟	善	定	
64	融	古	根	慧	
65	堅	今	長	融	
66	持	萬	茲	通	
67	戒	光	潤	光	
68	定	普	顯	輝	
69	永	照	化	普	
70	紀	-	願	照	
71	祖	月	力	法	
72	宗	清	昇	應	

附錄表八（續）

臨濟下	臨濟下派	崗山派	赤山派	開元寺派（觀音山派）	月眉山派
演派世代	內字法名	外字字號	外字	外字	外字
73	心	輝	-	自	
74	源	鼎	-	如	
75	廣	新	-	-	
76	續	仁	-	-	
77	本	德	-	-	
78	覺	大	-	-	
79	昌	振	-	-	
80	隆	家	-	-	
81	能	風	-	-	
82	「仁」	「福」	-	-	

資料來源：釋忠定等編輯《元亨寺志》（高雄市，打鼓巖元亨寺，2010），頁40。

附錄表九　日本佛教各宗派對照表

內容　　　　　宗派	開山和尚（謚號）	禮拜對象	課誦經點	宗派要義
天臺宗	最澄（傳教大師）	釋迦佛、觀音菩薩	法華經、諸真言	諸法實相、一念三千
真宗本願寺派	親鸞（見真大師）弘長2年11月28日	阿彌陀佛	阿彌陀經、無量壽經、觀無量壽經	信心往生、平生業成、稱名報恩
真宗木邊派		阿彌陀佛		
真宗大谷派	光壽（教如上人）慶長19年10月15日	阿彌陀佛		
臨濟宗妙心寺派	關山慧玄（無相大師）	釋迦佛、觀音菩薩	金剛般若經	教外別傳、不立文字、直指人心、見性成佛
曹洞宗	道元（仏性伝東国師、承陽大師）	釋迦佛、觀音菩薩	金剛般若經	教外別傳、不立文字、直指人心、見性成佛
淨土宗	法然（圓光大師）	阿彌陀佛	阿彌陀經、無量壽經、觀無量壽經	往生淨土、救濟本願、念佛勝易、臨終來臨
淨土宗西山深草派	護空（鑑智國師）	阿彌陀佛	阿彌陀經、無量壽經、觀無量壽經	
真言宗高野派	空海（弘法大師）	釋迦佛、觀音菩薩	大日經、金剛頂經、蘇悉地經	金胎兩部、六大周遍、三種成佛、三密相應
真言宗醍醐派	聖寶（理圓大師）			
日蓮宗	日蓮（日蓮大菩薩、立正大師）	釋迦佛、觀音菩薩	法華經、無量義經、觀普賢經	本門開顯、破邪顯正、三大祕法

附錄表九（續）

內容＼宗派	開山和尚（謚號）	禮拜對象	課誦經點	宗派要義
顯本法華宗	日什上人			
本門法華宗	日隆上人			
華嚴宗	良弁	毘盧舍那佛	華嚴經	事事無礙、一即一切

資料來源：平安專修学院 編《仏教各宗大意》上卷（京都，興教書院，1926）。

註：平安專修学院 編《仏教各宗大意》下卷（京都，興教書院，1926）。西谷順誓《仏教とは何ぞや》（京都，法林館，1916）。《大阪府仏教各宗聯合寺院名簿》（参業会編纂部，1913），頁1-12。筆者整理。

附錄表十　各宗派本山一覽表

內容 宗派	本山	寺院名	山號	別名・俗稱	所在地
天臺宗	總本山	延曆寺	比叡山	山門・山・北嶺・天台山・台嶺・叡岳・	滋賀縣滋賀郡版本村
真宗本願寺派	本山	本願寺	龍谷山	本派本願寺・西六條・西本院寺・お西さん	京都市下京區堀川通
真宗大谷派	本山	本願寺	－	大谷派本願寺・東本願寺・お東さん	京都市下京區常葉町
真宗木邊派	本山	錦織寺	遍照山	天神護法錦織之寺	滋賀縣野州郡中里村
臨濟宗妙心寺派	本山	妙心寺	正法山	－	京都府葛野郡花園村
曹洞宗	大本山	永平寺	吉祥山	－	福井縣吉田郡比谷村
	大本山	總持寺	諸嶽山	－	神奈川縣橫濱市鶴見
淨土宗	總本山	知恩院	華頂山	大谷寺知・恩教院	京都府下京區林下町
淨土宗西山深草派	總本山	誓願寺			京都府下京區新京極通櫻町
真言宗高野派	總本山	金剛峯寺	高野山	－	和歌山縣伊都郡高野村
真言宗醍醐派	總本山	醍醐寺	深雪山	－	京都府宇治郡醍醐村
	大本山	三寶院			同上
日蓮宗	總本山	久遠寺	身延山	妙法華院	山梨縣南巨摩郡身延村

附錄表十（續）

內容 宗派	本山	寺院名	山號	別名・俗稱	所在地
顯本法華宗	總本山	妙滿寺	妙塔山	－	京都市上京區榎木町
本門法華宗	大本山	光長寺	德永山	－	靜岡縣駿東郡金山村
華嚴宗	大本山	東大寺	－	大華嚴寺・恒說華嚴寺・城大寺・總國分寺・金光明四天王護國寺	奈良市

資料來源：雄山閣《類聚伝記大日本史》第七卷，雄山閣，東京，1936。頁377-382。「－」為無記載，筆者整理。

附錄表十一　日本佛教各派教師等級名稱

宗派＼級數	天臺宗	真宗大谷派※1	臨濟宗妙心寺派※2	曹洞宗	淨土宗※3	淨土宗西山深草派	真言宗高野派	真言宗醍醐派	日蓮※4	顯本法華宗	本門法華宗	華嚴宗	真宗本願寺派※5	真宗木邊派※6
特			歷住				大僧正							
一	大僧正	大僧正	再住		大僧正	大僧正	權大僧正	僧正	大僧正	大僧正	僧都	大僧正		
二	權大僧正	權大僧正	前住	教師	正僧正	權大僧正	中僧正	權僧正	權大僧正	權大僧正	權僧都	僧正		
三	僧正	僧正	住持	教師	權僧正	中僧正	權中僧正	大僧都	僧正	僧正	僧都	權僧正		
四	權僧正	權僧正	準住	教師	大僧都	權中僧正	少僧正	權大僧都	權僧正	僧都	僧都	大僧都		
五	大僧都	大僧都	東堂	准教師	權大僧都	少僧正	權少僧正	中僧都	大僧都	權僧都	僧都	權大僧都		
六	權大僧都	權大僧都	西堂	准教師	少僧都	權少僧正	大僧都	權中僧都	僧都	大學統	僧都	少僧都		
七	僧都	僧都	塔主	准教師	權少僧都	大僧都	權大僧都	少僧都	權僧都	權大學統	權僧都	權少僧都		
八	少僧都	權僧都	前堂	准教師	律師	權大僧都	中僧都	權少僧都	大講師	中學統	權少僧都	律師		
九	權少僧都	律師	首座		權律師	中僧都	權中僧都	律師	講師	權中學統	大講師	權律師		
十	大律師	權律師	藏主		讚眾	權中僧都	少僧都	權律師	權講師	少學統	權大講師	大法師		
十一	中律師	法師位	知客		徒眾一一	少僧都	權少僧都	教師試補	准講師	權少學統				
十二	律師	滿位	沙彌			權少僧都	律師		一級試補	學士				
十三	權律師	入位				擬講	權律師		二級試補	權學士				
十四	教師試補					准擬講	試補		三級試補	學士補				
十五						擬講補			四級試補					

資料來源：《佛道各派教師等級名稱》〈宗教制度調查資料〉第2輯，附頁1-4。

※1：真宗大谷派將「權律師」定為「僧綱」，「法師位」以下定為「僧位」。

※2：臨濟宗妙心寺派將九級以上定為「教師」，「十級以下為「教師補」。

※3：淨土宗將一至八級稱為「教師」，九級以下稱為「教師補」。

※4：日蓮宗將「准講師」以上定為「教師」，「一級試補」以下為「教師試補」。

※5：真宗本願寺派，未定教師等級。

※6：真宗木邊派，未定教師等級。

謝誌

　　末學合掌，感謝諸位賢達之協助。

　　首先衷心感謝臺南黃玉灼女士，告知昭和年代赴日，於臨濟宗妙心寺派之尼寺──宗榮尼眾學林及花園大學之留學經驗，奠定末學對當時臨濟宗培養尼僧之架構概念。亦銘謝高雄陳專美女士，告訴末學於1942年參加臨濟宗所舉辦的尼眾講習會之過程。繼之，感恩臺灣佛教耆老吳老澤老師，多次告知日治及戰後時期親身經歷。此外，特別感謝日本木村俊彥教授，指導日本佛教及臨濟宗妙心寺派之相關歷史。謝謝日本兵庫縣教育大學講師得能弘一先生，教導末學有關日本史的知識。也感謝青山俊董尼之特別指導。

　　其次，誠摯感謝審查教授：釋慧嚴教授、陳鵬仁教授、張勝彥教授、顏尚文教授、宋光宇教授，及指導教授陳清香教授熱忱暨嚴謹的教導、指正，末學獲益匪淺。此外，釋慧嚴教授及陳鵬仁教授，皆孜孜不倦地逐一修正末學之譯文，在此特別致謝。

　　接著，感謝日本的東京大學大學院法學政治學研究科附屬近代日本法政史料センター・明治新聞雑誌文庫、佛教大學圖書館淨土宗文獻室、花園大學圖書館、成田山佛教圖書館、國立國會圖書館、アジア歷史資料センター、岐阜縣之永昌寺等。臺灣的圓光佛學研究所圖書館特藏室、國家圖書館、國立臺灣圖書館、國史館臺灣文獻館數位典藏資料庫、典藏日據與光復初期檔案目錄、臺灣大學圖書館、師範大學圖書館、中國文化大學圖書館、屏東廣修禪寺、高雄龍泉禪寺等。謝謝各單位協助提供資料。

此外，要感謝黃焄珊先生、屏東廣修禪寺達性法師、圓光佛學研究所性一教務長、證淨師父，以及「高雄佛教慈愛院」林理事長、文化大學師長們的指導、家禎、俊安、秀玉助教、同班同學們的協助。最後要感恩摯愛的雙親、家人的支持，及小川美佐子小姐、古田先生、學姐張淑惠小姐、學弟游能睿先生、林MOMO先生、蔡依芬小姐、沈聖棋先生、葉佳名先生、傅建耀先生等人。

最後，末學再次合掌，感謝眾多賢達之助緣，得以成就本拙作。謝謝。

2018年1月1日

彩色圖表

圖2-2-26　明治36年至昭和17年（1903-1942）各宗派寺院變化數圖表

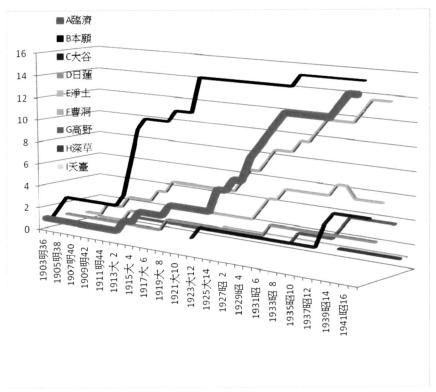

資料來源：歷年《臺灣總督府統計書》，筆者繪製。見附錄表二：明治36年至昭和17年（1903-1942）之日本佛教各派在臺寺院數。

圖2-2-27　明治31年至昭和17年（1898-1942）主要教派（真宗本願寺
派、真宗大谷派、曹洞宗、淨土宗、臨濟宗）之臺籍信徒總數的變化圖

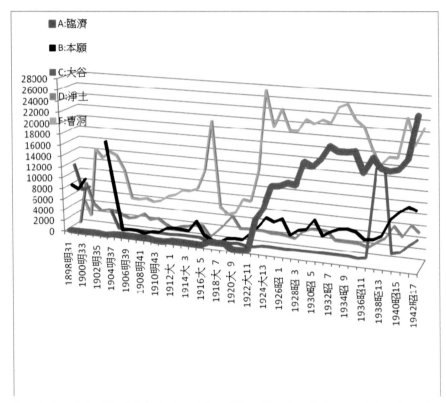

資料來源：歷年《臺灣總督府統計書》，筆者繪製。見附錄表四：明治31年至昭和
17年（1898-1942）信奉佛教（各派）之臺籍信徒數。

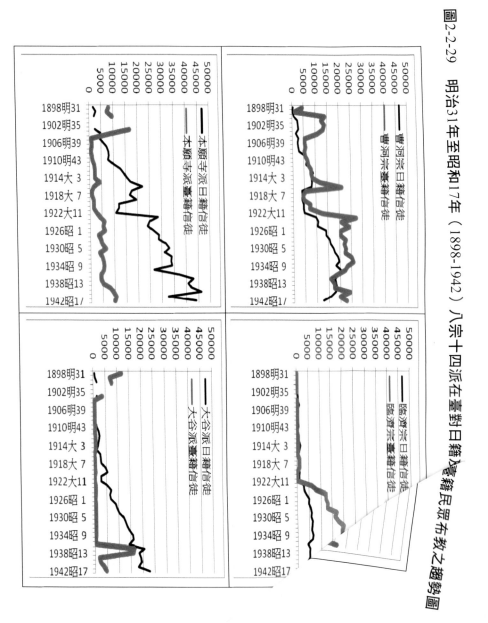

圖2-2-29　明治31年至昭和17年（1898-1942）八宗十四派在臺對日籍及臺籍民眾布教之趨勢圖

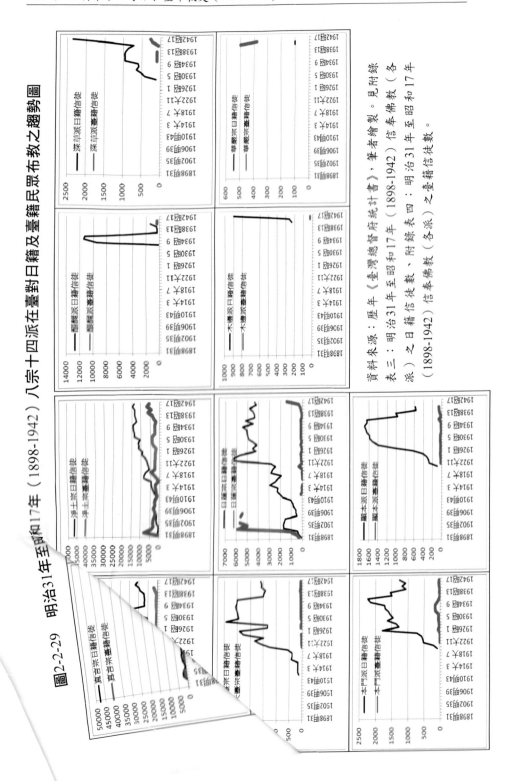

圖2-2-29　明治31年至昭和17年（1898-1942）八宗十四派在臺對日籍及臺籍民眾布教之趨勢圖

資料來源：歷年《臺灣總督府統計書》，筆者繪製。見附錄表三：明治31年至昭和17年（1898-1942）信奉佛教（各派）之日籍信徒數、附錄表四：明治31年至昭和17年（1898-1942）信奉佛教（各派）之臺籍信徒數。

圖2-3-6　明治30年（1897）各宗在臺各地之布教師人數及配置的立
體圖

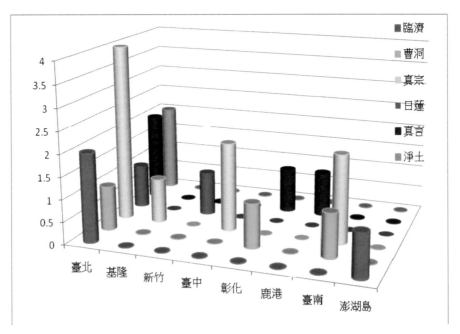

資料來源：筆者根據〈台湾を如何にせん（上）〉,《正法輪》68號。明治30年7月15
日，頁5。筆者繪製。澎湖之布教師應是大崎文溪，另於臺北的兩位布教師，其中
一位應是細野南岳。

圖4-2-3　大正12年至昭和17年（1923-1942）臨濟宗各州、廳之臺籍信徒總數比對

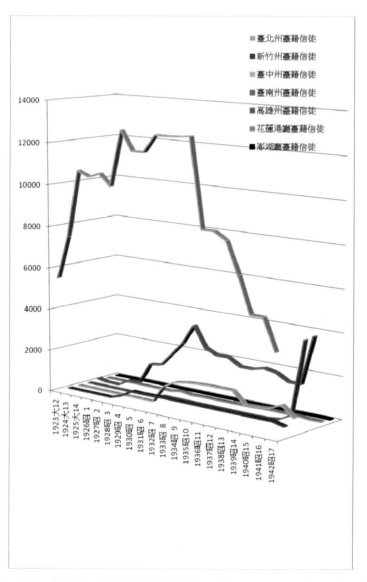

資料來源：歷年《臺灣總督府統計書》數據見附錄表六：大正12年至昭和17年臨濟宗於各州、廳之信徒數。

哲學研究叢書・宗教研究叢刊 0702007

臨濟宗妙心寺派在臺布教史（1895-1945）

作　　者　林欐嫚

責任編輯　邱詩倫　廖宜家

特約校稿　林秋芬

發 行 人　林慶彰

總 經 理　梁錦興

總 編 輯　張晏瑞

編 輯 所　萬卷樓圖書股份有限公司

　　　　　臺北市羅斯福路二段 41 號 6 樓之 3

　　　　　電話 (02)23216565

　　　　　傳真 (02)23218698

發　　行　萬卷樓圖書股份有限公司

　　　　　臺北市羅斯福路二段 41 號 6 樓之 3

　　　　　電話 (02)23216565

　　　　　傳真 (02)23218698

　　　　　電郵 SERVICE@WANJUAN.COM.TW

香港經銷　香港聯合書刊物流有限公司

　　　　　電話 (852)21502100

　　　　　傳真 (852)23560735

ISBN 978-986-478-086-0

2019 年 7 月初版一刷

定價：新臺幣 620 元

如何購買本書：

1. 劃撥購書，請透過以下郵政劃撥帳號：

　　帳號：15624015

　　戶名：萬卷樓圖書股份有限公司

2. 轉帳購書，請透過以下帳戶

　　合作金庫銀行 古亭分行

　　戶名：萬卷樓圖書股份有限公司

　　帳號：0877717092596

3. 網路購書，請透過萬卷樓網站

　　網址 WWW.WANJUAN.COM.TW

大量購書，請直接聯繫我們，將有專人為

您服務。客服：(02)23216565 分機 610

國家圖書館出版品預行編目資料

臨濟宗妙心寺派在臺布教史(1895-1945) / 林
欐嫚著. -- 初版. -- 臺北市 ： 萬卷樓, 2019.07
　　面 ；　公分
ISBN 978-986-478-086-0(平裝)

1.佛教史 2.臨濟宗 3.日據時期 4.臺灣

228.33　　　　　　　　　　　106007815